Burgenländisches Jahrbuch für Politik 2011/2012

Georg Pehm, Peter Plaikner (Hg.)

Burgenländisches Jahrbuch für Politik 2011/2012

facultas.wuv

Bibliografische Information der Deutschen Nationalbibliothek

Die Deutsche Nationalbibliothek verzeichnet diese Publikation
in der Deutschen Nationalbibliografie;
detaillierte bibliografische Daten sind im Internet unter
http://d-nb.de abrufbar.

Typografische Gestaltung, Satz: Ekke Wolf, typic.at
Umschlaggestaltung: Atelier Tiefenthaler
Druck: Facultas AG
Printed in Austria

ISBN 978-3-7089-0752-9

Gedruckt mit Unterstützung durch das Amt
der Burgenländischen Landesregierung im Rahmen
der Jubiläumsgabe anlässlich „90 Jahre Burgenland"
und Unterstützung des Bundesministeriums
für Wissenschaft und Forschung in Wien

2011 90 Jahre burgenland

Inhalt

Vorwort

Die Frage nach dem Sinn eines Burgenländischen Jahrbuchs für Politik lässt sich am besten durch einen Antwortdiebstahl klären: Weil es sie gibt. So hat einst George Mallory erklärt, warum er den höchsten Berg der Welt besteigen will. Wer sich nun wundert, was dieser mit dem Burgenland zu tun haben soll, wird auf dessen erhabenstem Hügel fündig: Zumindest die Vertikaldaten des Geschriebenstein (884 m) erinnern an den Mount Everest (8848 m). So heißt er schon etwas länger, als das zweitjüngste Bundesland Österreichs seinen Namen trägt. 88 Jahre hat es von dieser Benennung (1865) bis zu seiner Erklimmung (1953) gebraucht. Das erste Burgenländische Jahrbuch für Politik erscheint nun 90 Jahre nach dessen Taufe (1921).

Dieser verquere Vergleich soll nicht die Arbeit an diesem Werk überhöhen – obwohl: Hier sind Idealisten am Werk. Die 41 Autorinnen und Autoren liefern ihre Beiträge durchwegs unentgeltlich. Ebenso tun dies die Künstler/innen. Warum? – Weil es sie gibt, die burgenländische Politik.

Und das ist gut so.

Es gibt sie in einem beachtlichen und überproportionalen Maße. Das reicht vom Bundeskanzler, den die meisten Bundesländer noch nie gestellt haben, bis zur Bundesregierung mit aktuell drei Burgenländern, während andere Regionen in ihr nicht vertreten sind. Auch das könnte Thema dieses Jahrbuchs sein, doch dessen Premiere bezieht sich noch nicht auf die zahlreichen Botschafter/innen der Region, sondern auf das Daheim. Um Politik im und für das Land. Aus einer Vielzahl von Perspektiven. Wissenschafter/innen und Journalist/inn/en, Geistliche und Pädagog/inn/en, Manager/innen und Politiker/innen, Schauspieler/innen und bildende Künstler/innen entwerfen ein breites Bild eines schmalen Landes. Den liebevollen Sichtweisen von innen steht eine respektvolle Draufschau von außen gegenüber. Sie alle verstehen Politik nicht eingeengt als Tageszwist der Parteien, sondern ausufernd als Möglichkeit der gesellschaftlichen Gestaltung.

Das heißt aber nicht, dass hier nicht nachgefühlt wird, warum die Sozialdemokratie in keinem Bundesland eine höhere Quote erreicht und die Volkspartei hier prozentuell dennoch kaum hinter ihren einstigen Hochburgen Salzburg und Steiermark liegt. Bei den jüngsten Nationalratswahlen holte die SPÖ im Bundesland mit der geringsten Bevölkerung mehr Stimmen als in den drei westlichsten Bundesländern, aber auch die ÖVP fand hier in absoluten Zahlen mehr Zustimmung als im doppelt so großen Kärnten und nahezu gleich viel wie in ihrer Hochburg Vorarlberg.

Spiegelverkehrt daher das Bild für die Oppositionsparteien: Die Freiheitlichen bleiben in der pannonischen Ebene deutlich unter ihren Möglichkeiten, ebenso die Grünen. Und dass eine Partei, nämlich die Liste Burgenland, den Einzug in das Landesparlament mit der exakt dafür erforderlichen Stimmenanzahl erreichte, ist bisher einmalig. Derart datengestützte Analysen und stimmungsvolle Einschätzungen wechseln sich in diesem Jahrbuch ebenso ab wie verschiedene Textsorten – vom wissenschaftlichen Schreiben bis zum journalistischen Essay.

Dafür sind wir, als Herausgeber, zu großem Dank verpflichtet: Ein besonders herzliches „Dankeschön!“ gilt in erster Linie allen Autorinnen und Autoren für ihre Texte sowie den Künstlerinnen und Künstlern für ihre kreativen Beiträge: „Sie sind das Buch“, kann man mit gutem Grund und in Anlehnung an kollektiv erbrachte Leistungen im Sport formulieren.

Darüber hinaus danken wir jenen, ohne die dieses Projekt gar nicht gestartet werden hätte können: Da sind wir einerseits Landeshauptmann Hans Niessl verpflichtet, der aus Mitteln der Jubiläumsgabe des Landes Burgenland die Finanzierung dieses Projekts ermöglicht hat; und andererseits danken wir dem Verlag facultas.wuv für die Bereitschaft, dieses Buch zu publizieren.

Für die verständnisvolle und umsichtige Betreuung möchten wir uns bei Sabine Kruse bedanken, bei Sandra Illibauer-Aichinger für das Korrektorat, bei Ekke Wolf für Innenlayout, Satz und die Gestaltung der Grafiken und bei Martin Tiefenthaler für die Covergestaltung. Sonja Mürkl hat mit ihrem organisatorischen Geschick wertvolle Unterstützung bei der Realisierung dieses Bandes geleistet – auch dafür vielen Dank.

Nicht zuletzt möchten wir einen privaten Dank anschließen – an all jene lieben Menschen und Freunde, die auf uns immer wieder zugunsten dieses Werks verzichten mussten, auf das wir nun doch ein wenig stolz sind.

Also lässt sich die Frage nach dem Sinn eines solchen Jahrbuchs für Politik wohl doch besser ohne Antwortdiebstahl klären: Weil sie es wert ist. In Hedwighof, in Apetlon, liegt zwar der tiefste Punkt Österreichs. Doch die Politik im Burgenland steht höher als andernorts.

Georg Pehm und Peter Plaikner
Herausgeber

Abschnitt I

Wahlen und Parteien

Sigi Strobl

Maria Beyrl, Peter Filzmaier, Flooh Perlot

Offene Zweierbeziehung

Parteienlandschaft Burgenland

Auf den ersten Blick unterscheidet sich die Parteienlandschaft im Burgenland nicht wesentlich von jener in anderen Bundesländern oder auf Bundesebene in Österreich. SPÖ, ÖVP, FPÖ und Grüne sind im burgenländischen Landtag vertreten, zusätzlich gibt es seit der Wahl 2010 eine fünfte Partei in Mandatsstärke, die Liste Burgenland (LBL).

Doch Besonderheiten lassen sich schnell finden: Das Burgenland ist eines von nur vier österreichischen Bundesländern, in denen bei Landtagswahlen nach 1945 die Position der stärksten Partei (hier von der ÖVP zur SPÖ) gewechselt hat. Seither war deren erster Platz zwar nie gefährdet, anders als in ebenfalls von dominanten Parteien geprägten Ländern wie Nieder-, Oberösterreich oder Tirol waren absolute Mandatsmehrheiten im Burgenland seit den 1980er-Jahren aber eher die Ausnahme denn die Regel. Dass sich dies im politischen Alltag relativiert, ist auf das Proporzsystem zurückzuführen, welches über die verhältnismäßige Verteilung der Regierungssitze und das Mehrheitsprinzip der dortigen Entscheidungen die Bedeutung der Sitzzahl im burgenländischen Landtag etwas verringert.

Für FPÖ und Grüne war das Burgenland lange Zeit ein schweres Umfeld und ist es teilweise noch immer. Nur in Kärnten zogen die Grünen später in den Landtag ein. Die FPÖ war ihrerseits in der Zweiten Republik – entgegen der langen Kontinuität in anderen Bundesländern – real mit dem Ausscheiden aus dem Landtag konfrontiert und ist erst seit 1987 wieder durchgehend mit Mandaten im Regionalparlament vertreten.

Was das Burgenland mit anderen Ländern teilt, ist hingegen die überdurchschnittliche Stärke von SPÖ und/oder ÖVP im Vergleich zu deren bundesweiten Stimmanteilen. Immerhin sind beide Parteien gut zehn bis 15 Prozentpunkte stärker als bei der Nationalratswahl 2008.

Historisches zu den Parteien

Das Burgenland ist das jüngste Bundesland Österreichs und stellt aufgrund seiner Geschichte und der dadurch bedingten sozioökonomischen und soziokulturellen Charakteristika einen Sonderfall unter den Bundesländern dar. So hatte das Burgenland während der Ersten Republik noch ein ausgeprägtes Mehrparteiensystem mit dem niedrigsten Konzentrationsgrad unter allen Bundesländern und wies nach 1945 ein ebenso markantes klassisches Zweiparteiensystem mit überdurchschnittlich hohem Konzentrationsgrad auf, welcher erst 1987 deutlich zurückgegangen ist (siehe Tabelle 1).

Die Parteien des Dritten Lagers verschwanden nach 1945 fast völlig von der politischen Bildfläche, sowohl VdU als auch FPÖ (mit Ausnahme der Unterstützung zur Landtagswahlrechtsreform 1975) blieben als Oppositionsparteien landespolitisch bis 1987 praktisch bedeutungslos. Dazu kam, dass die sowjetische Besatzungsmacht die Aktivitäten des VdU, der im Gegensatz zu den beiden Großparteien auch über keine anerkannte Führungspersönlichkeit verfügte, behinderte. Die KPÖ hingegen wurde zwar von der ehemaligen Sowjetunion als neue dritte staatstragende Partei protegiert, war aber de facto nur in der Zeit des provisorischen Landesausschusses bis zum Herbst 1945 ein relevanter Machtfaktor (vgl. Schaller 1992, 29). Sie schied bereits bei den ersten Landtagswahlen 1945 aus der Regierung, 1956 dann aus dem Landtag und verlor somit noch während der Besatzungszeit ihre politische Bedeutung.

In weiterer Folge begünstigten der Wiederaufbau und die Modernisierung eines im Vergleich zum restlichen Österreich schwach entwickelten Landes zunächst eine enge Kooperation der beiden Großparteien und damit die Bildung eines Zweiparteiensystems. Dazu kam, dass es in den Jahren 1953 bis 1968 keine absoluten Mehrheiten für eine der beiden Parteien gab. Stärkste Kraft war bis 1964 die ÖVP. Auch der Mehrheitswechsel 1964/68 und die Übernahme des Amtes des Landeshauptmanns durch die SPÖ führten kaum zu grundlegenden Änderungen einer bis in die 1970er-Jahre andauernden Zusammenarbeit und der freundschaftlichen Umgangsformen der landespolitischen Eliten (vgl. Schaller 1992, 30). Erst die zunehmende Dominanz der SPÖ (siehe Tabelle 1) hat die Konkurrenzorientierung mittelfristig erhöht, womit sich schließlich auch die öffentliche Inszenierung landespolitischer Kontroversen entsprechend verstärkte.

Der beinahen Bedeutungslosigkeit der Kleinparteien in den 1960er- und 1970er-Jahren, die nicht zuletzt mit erheblichen organisatorischen Defiziten und einer relativ bescheidenen Mitglieder- und Funktionärsbasis korrespondierten (vgl. Schaller 1992, 49), folgte schließlich 1987 eine Trendumkehr, die mit der Parteiübernahme der FPÖ durch Jörg Haider verfestigt wurde. „Die Grüne

Tabelle 1: Entwicklung der Stimmanteile der Parteien im Burgenland bei Landtagswahlen

	SPÖ	ÖVP	FPÖ	Grüne	LBL	KPÖ
1945	44,9	51,8	0			3,3
1949	40,4	52,6	3,9			2,9
1953	44,7	48,4	3,6			3,2
1956	46	49,2	2,9			1,9
1960	46,2	48,2	4,6			1,1
1964	48,2	47,3	3,6			
1968	50,3	46,6	2,2			
1972	50,5	45,9	3,1			
1977	52	45,1	2,3			
1982	53,2	43	3			
1987	47,3	41,5	7,3	2,2		
1991	48,1	38,2	9,74	3,35		
1996	44,45	36,06	14,55	2,49		
2000	46,55	35,33	12,63	5,4		
2005	52,23	36,34	5,7	5,2		
2010	48,3	34,6	9	4,2	4	

Angaben in Prozent.
Quelle: Amt der Burgenländischen Landesregierung: Landtagswahlen/Gemeinderatswahlen Burgenland, http://wahlen.bgld.gv.at/ (20.10.2011).

Alternative" konnte allerdings erst bei den Landtagswahlen 2000 den Einzug in den Landtag feiern. 2010 schließlich zog eine fünfte Partei – Liste Burgenland – in den Landtag ein.

Betrachtet man Strukturen und Entwicklungstendenzen des burgenländischen Parteiensystems nach 1945 und insbesondere den Wechsel der Positionen der stimmenstärksten Partei (seit 1964 die SPÖ), so zeigen sich eindeutige Zusammenhänge zwischen Veränderungen in der Berufsstruktur und der Parteienpräferenz (vgl. Schaller 1992, 31). Weit länger als die übrigen Bundesländer war das Burgenland von der Landwirtschaft und einer verspäteten Industrialisierung geprägt. Der primäre Strukturwandel von der Landwirtschaft zu

Industrie und Gewerbe erreichte in den 1960er-Jahren seinen Höhepunkt, der sekundäre in Richtung Dienstleistungsgesellschaft ist erst in den 1970er-Jahren angelaufen.

Insgesamt war die SPÖ klare Gewinnerin des Strukturwandels, zunächst im Norden, ab den 1960er-Jahren dann vor allem in den südlichen Bezirken. Der Trend zu starken SPÖ-Gewinnen in noch primär agrarisch geprägten, aber vom raschen Strukturwandel erfassten Gemeinden und Bezirken setzte sich auch bei den Landtagswahlen 1977 und 1982 fort. Bei den Landtagswahlen 1987 verloren dann beide Großparteien, wobei aber weiterhin die SPÖ-Verluste in Agrargebieten unterdurchschnittlich waren, die der ÖVP hingegen überdurchschnittlich. Interessant ist, dass in bereits modernisierten Industrie- und Dienstleistungsgemeinden die SPÖ mehr Stimmen verlor als die ÖVP. Die Grün-Alternativen konnten nur in Dienstleistungsgemeinden markante Stimmengewinne feiern, während die FPÖ als Hauptgewinnerin ziemlich gleichmäßig zulegen konnte (vgl. Schaller 1992, 31).

Es muss an dieser Stelle aber darauf hingewiesen werden, dass der sozioökonomische Strukturwandel zwar einen wichtigen Erklärungsfaktor für das Wahlverhalten der burgenländischen Wähler/innen darstellen mag (vgl. Schaller 1992, 33), aber auch andere entscheidende Parameter, wie etwa die politische Stimmungslage, Spitzenkandidat/inn/en, Wahlkampfthemen etc., die Wahlentscheidung wesentlich beeinflussten.

Parteien und Wahlen im Burgenland

Parteienwettbewerb im Burgenland war ab 1945 für lange Zeit gleichbedeutend mit einem Zweikampf zwischen SPÖ und ÖVP. Noch stärker als im Bund handelte es sich hier um ein de facto Zweiparteiensystem. Bis 1982 erhielten die beiden stimmenstärksten Parteien bei Landtagswahlen regelmäßig klar über 90 Prozent der gültigen Stimmen und einen Mandatsanteil im burgenländischen Landtag zwischen 94 und 100 Prozent. Der größte Umbruch in dieser Phase war, dass die ursprüngliche Stimmenmehrheit der ÖVP 1964 zugunsten der SPÖ kippte.

Eine solche Verschiebung ist in den Parteikonstellationen in Österreichs Bundesländern durchaus beachtlich, andere derartige Entwicklungen gab es sonst nur 1999 in Kärnten (von der SPÖ zur FPÖ), 2004 in Salzburg (von der ÖVP zur SPÖ) und 2005 in der Steiermark (von der ÖVP zur SPÖ). Angesichts der zeitlichen Nähe dieser Ereignisse ist der Mehrheitswechsel im Burgenland in den 60er-Jahren ein Einzelfall.

Tabelle 2: Entwicklung der Mandate im Burgenland bei Landtagswahlen

	SPÖ	ÖVP	FPÖ	Grüne	LBL	KPÖ	Gesamt
1945	14	17	1			1	33
1949	13	18	1				32
1953	14	16	1			1	32
1956	15	16	1				32
1960	15	16	1				32
1964	16	15	1				32
1968	17	15	0				32
1972	16	15	1				32
1977	20	16	0				36
1982	20	16	0				36
1987	17	16	3				36
1991	17	15	4				36
1996	17	14	5				36
2000	17	13	4	2			36
2005	19	13	2	2			36
2010	18	13	3	1	1		36

Quelle: Amt der Burgenländischen Landesregierung: Landtagswahlen/Gemeinderatswahlen Burgenland, http://wahlen.bgld.gv.at/ (20.10.2011).

Seither konnte die SPÖ ihren ersten Platz trotz Gewinnen wie Verlusten relativ ungefährdet verteidigen. Was diese angedeutete Stabilität verdeutlicht, ist, dass es seit der Wahl 1968 praktisch kein Kopf-an-Kopf-Rennen der großen Parteien mehr gegeben hat. Die Schere ist im Gegenteil von anfangs knapp einem Prozentpunkt Unterschied auf zuletzt rund 14 Prozentpunkte Differenz auseinandergegangen.

Ein langsames Aufbrechen des Zweierverhältnisses begann 1987 mit dem Wiedereinzug der FPÖ, die bei dieser Gelegenheit erstmals drei Sitze erzielte und ihren früheren Stimmenanteil praktisch verdoppelte, wodurch die Parteienkonzentration erstmals unter die für ein Zweiparteiensystem entscheidende 90-Prozent-Marke sank. Dieser Erfolg ist vor dem Hintergrund des Obmann-Wechsels der Partei zu Jörg Haider 1986 in Innsbruck zu sehen und als Trend in mehreren Bundesländern sowie national nachvollziehbar.

Das Ergebnis der Landtagswahl 1987 markierte insofern einen entscheidenden Einschnitt, als die ÖVP trotz Stimmenverlusten ihre Mandatsstärke halten konnte und gemeinsam mit der FPÖ über eine rechnerische Mehrheit im Landtag verfügte. So konnte die ÖVP zwar ihren Verhandlungsspielraum im Landtag erhöhen, in der Landesregierung hatte die im Landtag nur mehr mit relativer Mehrheit ausgestattete SPÖ aber weiterhin die absolute Mehrheit. Somit ergab sich erstmals eine Situation wechselnder Mehrheitsverhältnisse im Landtag und in der Landesregierung. De facto führte jedoch die „Einbindung der ÖVP in die Regierungsverantwortung [...] dazu, dass die Oppositionsstrategie der ÖVP nicht aufging" (Schaller 1992, 62).

Das Ergebnis der vorgezogenen Wahlen 1991 konnte schließlich keine Partei zufriedenstellen, auch an den bisherigen Machtverhältnissen änderte sich nichts, außer dass keine der beiden Großparteien den Landeshauptmann mehr alleine wählen konnte. Da sowohl die SPÖ als auch die ÖVP die Unterstützung der FPÖ ausgeschlossen hatten, waren beide auf eine Kompromisslösung angewiesen. Erstmals sollte es auch zu einer gemeinsamen Regierungserklärung kommen, künftig sollte kein Partner mehr den anderen überstimmen können (vgl. Schaller 1992, 75).

Ähnliches gilt für die Wahlen 1996, mit Ausnahme der neuerlichen Zugewinne der FPÖ. Nach dem Wiedereinzug in den Landtag konnte die FPÖ von den Verlusten der Großparteien unterschiedlich stark profitieren. So gingen die Gewinne der FPÖ anfangs zulasten der SPÖ, in den 1990ern aber – trotz teils größerer Stimmenverluste der SPÖ – eher auf Kosten der Mandate der ÖVP.

2000 kam der Aufstieg der FPÖ im Burgenland zum Erliegen, gleichzeitig erweiterten die Grünen den Landtag durch ihren Einzug auf vier Parteien. Die jüngste Landtagswahl 2010 hat der FPÖ einen zusätzlichen Sitz eingebracht, die Grünen hingegen haben ein Mandat verloren. Die erstmals angetretene Liste Burgenland (LBL) schaffte den Einzug knappest möglich. Insgesamt ist es damit trotz der größeren Zahl an Parteien im Landtag realistischer, eher von einem hinkenden Zweiparteiensystem denn von einem tatsächlichen Mehrparteiensystem im Bundesland zu sprechen.

Trotz des Erfolgs der LBL war das Burgenland insgesamt betrachtet in der Zweiten Republik kein guter Boden für neue Parteien. Alle antretenden Gruppierungen scheiterten deutlich am Einzug, am prominentesten darunter war vermutlich das Liberale Forum. Dieses erzielte 1996 rund 1,4 Prozent und blieb von der Mindestprozenthürde (4 Prozent) klar entfernt.

Wahlmotive

Einen Blick auf die aktuelle Wahrnehmung der Parteien in der Bevölkerung erlaubt die Wahlmotivforschung, die im Jahr 2010 zur Landtagswahl im Auftrag des ORF durchgeführt wurde (vgl. ISA/SORA 2010). Vorweg ist zu sagen, dass sich die Resultate mit Befunden in anderen Bundesländern decken. Für Wähler/innen der Landeshauptmannpartei SPÖ war demnach der Verbleib von Hans Niessl an der Spitze des Burgenlandes das wichtigste Motiv, gefolgt vom Eindruck, dass die Partei die richtigen Interessen vertrete, und einer Wahlentscheidung auf Basis von Tradition. Für ÖVP-Wähler/innen war demgegenüber das Brechen der absoluten Mehrheit der SPÖ gemeinsam mit dem Stammwähler/innen-Motiv und der Interessenvertretung wichtig, außerdem spielte die Kompetenz der Partei in Wirtschaftsfragen eine Rolle.

Das Auftreten gegen Zuwanderung war das meistgenannte Motiv für eine Stimme für die FPÖ. Eine große Rolle spielte auch die Einschätzung, dass die FPÖ auf die wichtigen Themen setze, und der Wunsch, dass die Partei in die Landesregierung kommen solle. Das Kippen der absoluten Mehrheit der SPÖ war für rund 64 Prozent der FPÖ-Wähler/innen ein sehr wichtiges Motiv.

Verbundenheit und allgemeines Themenvertrauen waren damit für die Wähler/innen wichtiger als aktuelle und konkrete Anlässe, Arbeitsplatzfragen oder der durch das Innenministerium angekündigte und dann abgesagte Bau eines Asyl-Erstaufnahmezentrums in Eberau – rund um das Thema war ein Konflikt zwischen der Landesregierung und der Bundesministerin ausgebrochen, der in einer deutlich abschlägigen Volksbefragung im Burgenland gipfelte – waren demgegenüber nebensächlich. Diesen Eindruck bestätigen im Groben auch die erhobenen Wahlmotive 2005 (vgl. OGM 2005), wobei ein direkter Vergleich aufgrund anderer Methode und Fragestellung nicht möglich ist.

Für die Zukunft interessant sind die ebenfalls in der Wahltagsbefragung 2010 erhobenen Meinungen der Bevölkerung zur Abschaffung des Proporzes und zur subjektiven Rolle der absoluten Mehrheit. Im Burgenland, das neben Oberösterreich, Niederösterreich, Kärnten und der Steiermark noch an dieser Form der Regierungsbildung festhält, sprach sich unter allen Parteianhänger/inne/n jeweils eine Mehrheit von rund zwei Drittel für die Abschaffung dieser Sitzvergabe aus.

Dass der Parteienwettbewerb im Burgenland analog zum Parteiensystem von einem Gegenüber von SPÖ und ÖVP geprägt ist, lässt sich an der Frage nach der Bedeutung der absoluten Mehrheit für die persönliche Wahlentscheidung zeigen. Für je 66 Prozent der Anhänger/innen dieser beiden Parteien spielte der Faktor eine sehr oder eher große Rolle für ihre Festlegung, unabhängig vom Vorzeichen, sprich unabhängig davon, ob es um den Erhalt oder das Brechen dieser Mehrheit ging. FPÖ-Wähler/innen maßen der Frage hingegen weniger Bedeutung zu.

Exkurs: Gemeinderatswahlen

Ein weiterer Indikator für die Stabilität des Parteiensystems und die starke Position von SPÖ und ÖVP gegenüber anderen Parteien – der aufgrund des Umfanges einer detaillierten Ausführung hier nur angeschnitten werden kann – waren die Gemeinde- und Bürgermeister/innenwahlen 2007. Angesichts der 3117 zu vergebenden Mandate bewegten sich hier die Verluste und Gewinne in einem Spektrum von maximal minus 43 (FPÖ) bis plus 34 (ÖVP) Sitzen im gesamten Bundesland, und damit in einem sehr gemäßigten Rahmen (siehe Tabelle 3). Am Stimmenanteil von SPÖ und ÖVP veränderte sich nur wenig, mit zusammen rund 90 Prozent Stimmenanteil blieb ihre Dominanz über die anderen Parteien erdrückend. Noch höher fielen die summierten Ergebnisse der Bürgermeister/innenwahl aus – gemeinsam erreichten SPÖ und ÖVP knapp 94 Prozent –, was den schwierigen Stand von neuen bzw. anderen Listen unterstreicht.

Das bedeutet freilich nicht, dass es in einzelnen Gemeinden und Bezirken nicht doch zu großen Stimmverschiebungen gekommen ist, insgesamt bestätigten die Wahlen aber die verhältnismäßige Starrheit der Parteianteile im Burgenland in den vergangenen Jahren. Auch das stärkere Plus für SPÖ und ÖVP fünf Jahre zuvor von rund vier bzw. rund zwei Prozentpunkten ist als eher mäßige Veränderung zu werten und stand vermutlich mit den bundesweiten Verlusten der FPÖ zu dieser Zeit in Zusammenhang.

Trends und Fazit

Die Zukunft der Parteien im Burgenland ist längerfristig schwer abschätzbar. Zieht man die Erfahrung der Vergangenheit heran, so liegen ein sehr langsames Zurückgehen der Stimmanteile von SPÖ und ÖVP und ein moderates Zulegen der FPÖ und eventuell auch wieder der Grünen nahe. Einer solchen – auch an bundesweiten Entwicklungen orientierten – Prognose ist entgegenzuhalten, dass die SPÖ im Burgenland schon zu lange ihre starke Position hält, als dass man von einer rein verspäteten Normalisierung im Sinne einer Angleichung an nationale Ergebnisse sprechen könnte. Zudem zeigen Beispiele in anderen

Tabelle 3: Ergebnis der Gemeinderats- und Bürgermeister/innenwahlen 2007

	GRW 2007	Veränderung zu 2002 in %	Sitze	Veränderung in Sitzen	BGW 2007	Veränderung zu 2002 in %
SPÖ	47,67	–1,28	1546	–10	49,32	–1,08
ÖVP	43,09	–0,05	1377	34	44,31	1,18
FPÖ	2,93	–2,16	53	–43	1,17	–2,71
Grüne	1,39	0,45	20	7	0,37	0,25

Quelle: Amt der Burgenländischen Landesregierung: Landtagswahlen/Gemeinderatswahlen Burgenland, http://wahlen.bgld.gv.at/ (20.10.2011).

Bundesländern, dass Landesparteien sich klar entgegen einer österreichweiten Tendenz entwickeln können.

Für FPÖ und Grüne heißt das umgekehrt, dass sie nicht automatisch mit zerfallenden Großparteien und damit leicht zu gewinnenden Wähler/innenstimmen rechnen können. Die FPÖ, die auch zu ihrer Hochzeit im Burgenland Mitte der 1990er-Jahre gute zehn Prozentpunkte hinter der Bundespartei lag, ist zweifelsohne in der Parteienlandschaft verankert. Eine Regierungsbeteiligung bei Beibehaltung des Proporzes ist ebenfalls denkbar. Zieht man aber in Betracht, dass die FPÖ österreichweit vor allem von SPÖ-Stimmen gezehrt hat, so fällt die Schwäche der Landesgruppe angesichts der SPÖ-Anteile an der Wähler/innenschaft besonders auf. Umgekehrt formuliert könnte man dieser Sichtweise zufolge die Schwäche der FPÖ auf die Stärke der SPÖ zurückführen.

Die Grünen schafften 2010 nur hauchdünn den Wiedereinzug in das Regionalparlament. Obwohl sie seit Anfang der 1990er-Jahre kandidieren und seit gut zehn Jahren auch im Landtag vertreten sind bleiben sie eine marginalisierte Partei, die sichtbar Mühe hat, sich gegenüber den Großparteien zu positionieren und zu etablieren.

Ein Grund für die vergleichsweise geringe Ausbeute dieser beiden Parteien mag in der ländlichen Struktur des Bundeslandes liegen, welches über sehr wenige bzw. nur kleine Ballungszentren verfügt und viel mehr von kleinen Gemeinden geprägt ist. Das macht eine starke lokale Parteiorganisation für Wahlkämpfe notwendig, der Aufbau einer derartigen Struktur – vor allem gegenüber bereits verankerten Parteien – ist aber nur langfristig und unter erheblichem Ressourcenaufwand möglich. Die Schwäche von FPÖ und Grünen bei den Gemeinderatswahlen 2007 verdeutlicht hier den Aufholbedarf.

Dazu kommt die Medienlandschaft im Burgenland, welche neben den Mutationen österreichweiter Blätter keine eigene regionale Tageszeitung kennt (die reichweitenstarke „Burgenländische Volkszeitung“ erscheint nur wöchentlich). Dieses Fehlen medialer Kanäle wertet die Bedeutung der Parteiorganisation nochmals auf.

Der Erfolg der Liste Burgenland ist zwar ein Indiz dafür, dass im Burgenland neue Parteien Chancen haben. Relativierend muss man aber hinzufügen, dass die Spitzenakteure und -akteurinnen dieser Gruppierung bei ihrem Antreten keine Neupolitiker/innen, sondern bereits beispielsweise als Bürgermeister/innen tätig und Mitglieder einer der alten Parteien waren. Das Beispiel LBL eignet sich daher nur bedingt als Hinweis auf das Potential von Neugründungen. Nichtsdestoweniger ist eine Erweiterung des Parteienspektrums bei entsprechender Themenlage und geeigneter Personen wie in ganz Österreich denkbar.

Literatur

ISA (Institut für Strategieanalysen)/SORA (Institute for Social Research and Consulting) (2010). Wahltagsbefragung zur Landtagswahl Burgenland 2010 im Auftrag des ORF, abrufbar unter: http://www.strategieanalysen.at/bg/isa_sora_bgld_2010.pdf (20. 10. 2011).

OGM (Gesellschaft für Marketing) (2005). Wahltagsbefragung zur Landtagswahl Burgenland 2005 im Auftrag des ORF.

Schaller, Christian (1992). Parteien und Wahlen im Burgenland, in: Dachs, Herbert (Hg.): Parteien und Wahlen in Österreichs Bundesländern 1945–1991, Oldenburg, 27–83.

Gertrude Spieß

Rückblick und die Hoffnung bleibt

Die politische Arbeit der SPÖ für und mit Frauen im Burgenland

Das Wissen um die Vergangenheit schärft das Bewusstsein für die politische und gesellschaftliche Entwicklung.

Es war einmal ... und liegt doch erst vierzig Jahre zurück, da saßen bei den Bezirkskonferenzen der SPÖ Frauen Burgenland viele Frauen mit Kopftüchern, ihre Handtaschen fest umklammernd, im Saal. Busse mit ausgeklügelten Fahrplänen für alle Gemeinden des Bezirkes hatten für die Möglichkeit ihrer Teilnahme gesorgt.

Wenige dieser Frauen hatten eine höhere Schulbildung oder eine abgeschlossene Berufsausbildung. Heiraten, Familie und Kinder waren noch *die* gängigen Lebensperspektiven für die Frauen.

Frauen besaßen keinen Führerschein geschweige denn stand ihnen ein Auto zur Verfügung. Sitzungen im Bezirk und im Land konnten ohne das Angebot von Bussen nicht organisiert werden. Sie fanden immer unter der Woche und tagsüber statt. Die Wochenenden waren tabu, denn da kamen die Männer, die als Pendler in anderen Bundesländern arbeiteten, nach Hause.

Gesellschaftliche Bedingungen spiegeln sich in Parteiarbeit wider

Frauen waren fleißige und emsige Funktionärinnen, die oft die Parteiarbeit ihrer abwesenden Männer übernahmen – kassieren gehen, Zeitung und Einladungen austragen, Wahlfonds sammeln, daneben als „Frauenarbeit" Muttertagsfeiern, Kindermaskenbälle, Weihnachtsfeiern gestalten ...

Die Funktionsträger (Gemeinderäte, Bürgermeister, Mitglieder der Bezirks- und Landesorganisationen) blieben die Männer. (Dies ist allerdings auch heute noch vielfach so, obwohl in gemilderter Form!)

Die 70er- und 80er-Jahre

Unter den sozialdemokratischen Bundesregierungen in den 70er- und 80er-Jahren vollzog sich in Österreich ein rasanter gesellschaftlicher und sozialer Wandel:

- Ein neues Familienrecht wurde eingeführt.
- Der Mutter-Kind-Pass half die Säuglingssterblichkeit zu senken.
- Die Heiratszulage löste einen Hochzeitsboom aus.
- Schulfreifahrten, Gratisschulbücher, der Ausbau der Höheren Schulen und des Berufsbildenden Schulwesens verbesserten die Chancen und erleichterten den Zugang zur Bildung.

Und im Burgenland wurden diese Chancen genutzt, die vor allem für die Frauen Entwicklungsmöglichkeiten schufen, welche mit Fug und Recht als „historisch" bezeichnet werden können. So maturieren und studieren heute mehr Mädchen als Burschen und eine Berufsausbildung ist für Mädchen praktisch eine Selbstverständlichkeit, wenn auch die Berufswahl noch immer meist den alten Rollenbildern der Frauen entspricht.

Gleichzeitig begann man in den Gemeinden mit dem Ausbau der Kindergärten. Die Ausbildung der Kindergartenpädagoginnen wurde auf Maturaniveau angehoben. Damit wurde ein erster Schritt zur Hebung des Status der Kindergärtnerinnen geschaffen. Langsam wurde das Bild der Kindergärten von der Aufbewahrungs- und Abschiebestätte für sozial schwache Kinder in das einer Bildungseinrichtung gewandelt.

In dieser – historisch betrachtet – kurzen Zeit hat sich die soziale, wirtschaftliche und gesellschaftspolitische Situation der burgenländischen Frauen fulminant geändert.

Wandel und Engagement in der SPÖ Frauenorganisation

Mit der Ernennung von vier Staatssekretärinnen – eine davon explizit zuständig nur für Frauenfragen – wurde ein politischer Paukenschlag gesetzt, der auch die politische Frauenarbeit bis hinein in unsere Ortsorganisationen veränderte. In sogenannten „Frauen Cafés" wurde von Expertinnen zu politischen und frauenspezifischen Themen referiert und breit diskutiert. Politische Forderungen und Anliegen wurden mittels Straßenaktionen und Frauentagsveranstaltungen transportiert. Es gab Friedensaktivitäten, Diskussionsveranstaltungen mit Moderatorinnen. Mit neuen Formen und Abläufen der Frauenkonferenzen, gestaltet von Künstlerinnen, mit Filmvorführungen und Frauenkabaretts wurden neue, junge Frauen angesprochen und zur Mitarbeit animiert. Kurse zur Stärkung des Selbstbewusstseins und Selbstwertgefühls von Frauen durch weibliche Trainerinnen sollten mithelfen, Frauen und Funktionärinnen zur Durchsetzung frauenpolitischer Anliegen zu gewinnen.

Diese neuen Formen, die politischen Forderungen und das neue selbstbewusste Auftreten der Frauen wurden nicht immer positiv aufgenommen. Oft führten sie zu heftigen Diskussionen auch innerhalb der Frauenorganisation und zu Ermahnungen durch männliche Vorsitzende: „Unsere Frauen wollen das nicht!" (Womit die Frauen in den burgenländischen Gemeinden gemeint waren, die besitzergreifend als „unsere" Frauen apostrophiert wurden und von denen „mann" ja genau wusste, was sie wollten).

Auf dem Weg nach oben blieb und bleibt die Luft dünn!

Aber natürlich wurde und wird die traditionelle Frauenarbeit und Parteiarbeit weiter getan und organisiert. Das führt – wie immer – zur Doppelbelastung der Frauen und hält sie davon ab, noch zusätzlich Funktionen und Mandate zu übernehmen.

Denn trotz all dem Einsatz, dem Engagement und dem Fleiß der Frauen und trotz der neuen Ideen, der neuen Gestaltung und der neuen Formen der Frauenarbeit wurde und wird bis heute die Luft bei der Verteilung von Mandaten, Positionen und Funktionen immer dünner. Und je höher die Funktion, desto dünner wird sie. Das belegt etwa auch die derzeitige Situation im Burgenländischen Landtag: Von insgesamt 36 zu vergebenden Mandaten besetzen sieben Frauen – fünf gehören der sozialdemokratischen Fraktion, je eine der ÖVP bzw. der FPÖ an.

Gesellschaftlicher Wandel, Quotenregelungen, frauenpolitischer und medialer Druck und ein langsames Umdenken männlicher Funktionäre haben einen Prozess in Gang gesetzt, der – obwohl mühevoll und langsam – nicht mehr reversibel ist. So sichern fixe Listenplätze Frauen in jedem Bezirk des Burgenlandes eine Abgeordnete zum Burgenländischen Landtag zu (allerdings nur dann, wenn mehr als ein Mandat zu vergeben ist!).

Gleichzeitig müssen sich Frauen aber nach wie vor einem doppelten Auswahlverfahren stellen. Zuerst in den Frauengremien und zusätzlich auch in den Parteigremien, die mehrheitlich noch immer von Männern besetzt sind. Auswahl und Wahl von Frauen werden zusätzlich von örtlichen, regionalen oder institutionelle Interessen mitbeeinflusst.

Diesem permanenten (doppelten) Selektionsdruck stellen sich Frauen nicht gerne. Darüber hinaus sind sie nach wie vor viel mehr von Selbstzweifeln geplagt als Männer und halten diesen Druck auch oft nicht aus. Nur wenige sind bereit diese „(Tor)Tour" zu gehen.

Die Folge: Diese Vorgangsweise erschwert die Besetzung von Positionen und Funktionen mit Frauen und dient darüber hinaus auch noch als Argument der Legitimation oder Erklärung für Besetzungen mit männlichen Kandidaten. Engagierte und kompetente Frauen von „außen" ins Team zu holen oder zur Kandidatur zu gewinnen, stößt meist von vornherein auf erbitterten Widerstand männlicher Funktionäre, aber natürlich auch weiblicher Funktionärinnen.

Blick nach vorne

Gedanken und Überlegungen, Frauen für politische Arbeit zu gewinnen, müssen Folgendes einbeziehen: Frauen denken und arbeiten anders als Männer! Dies bedeutet keine Wertung, sondern erfordert einfach andere, neue Strukturen und Verhaltens- und Organisationsformen. (Macho sein ist out!)

Frauen denken und handeln „biografisch". Zuerst stellen sie sich die Fragen: „Kann ich das? Wenn ja, wie schaffe ich das?! Was muss ich tun? Das traue ich mich nicht! Da gibt es bessere! Und überhaupt, wird meine Familie das akzeptieren? Was sagen die anderen, die Kolleginnen?"

Daraus gilt es Schlüsse zu ziehen und etwa folgende Maßnahmen zu ergreifen:

- Werte der Sozialdemokratie sichtbar, erkennbar und bewusst machen: Demokratie, Solidarität, Gendergerechtigkeit, soziale Gerechtigkeit sind Grundwerte, denen Frauen in ihrem Denken und Tun hohen Stellenwert beimessen.
- Ziele konkret formulieren: Dies gelingt sehr gut auf kommunaler Ebene, muss aber auch auf regionaler Ebene erkennbar und vermittelbar sein. Je höher die Ebene, umso genauer muss das Ziel für die Kandidatinnen formuliert sein. „Was ist mein Ziel, mit dem ich mich identifiziere und für das ich mich einsetze?"
- Kommunikation: miteinander reden. Neben den elektronischen Kommunikationsmitteln, die die organisatorische und politische Arbeit erleichtern und heute auch bestimmen, ist die persönliche Kommunikation vor allem bei und für Frauen eine der wichtigsten Formen der Kommunikation. Fragen, die im Vorfeld für alle Ebenen geklärt werden sollten:
  - Nach oben: Wer ist mein Ansprechpartner/meine Ansprechpartnerin? Wer

ist für die vorgebrachten Anliegen, Probleme, Lösungen der Aufgaben in meinem Bereich zuständig?
  - Auf Augenhöhe: Mit wem kommuniziere ich und kooperiere ich? Wer ist mein kritischer Freund/meine kritische Freundin und Ansprechpartner/in in Krisensituationen?
  - Nach unten: Wer ist meine Zielgruppe, mit der ich arbeite und für die ich politisch arbeite?
- Aufgaben und Tätigkeiten klären: Frauen arbeiten gerne im Team und sind selten Einzelkämpferinnen. Gleichzeitig wollen oder müssen sie ihre Verantwortung für Familie und Kinder im gleichen Ausmaß wahrnehmen. Daher sind die Vertretungen in den Gremien, die Termine, der Tätigkeitsbereich und die Aufgabenverteilung im Vorfeld zu klären und festzulegen. Zeitmanagement ist ein wichtiger Faktor, um Ausstieg und Burn-out hintanzuhalten.
- Quotenregelungen sind nach wie vor vonnöten. Quoten müssen auch weiterhin auf allen Ebenen umgesetzt, eingefordert und sanktioniert werden. Die Umsetzung und Durchsetzung dieser Forderung muss aber zum Auftrag und zur Aufgabe der männlichen Funktionäre werden. Erst dann werden sich die Organisationsstrukturen und -formen, Verhaltensweisen und die Zusammenarbeit ändern.
- Nicht zu vergessen: Stärken stärken, Diskussions- und Gesprächskompetenz ausbauen, Konflikt- und Krisenfähigkeit stärken.

Fazit

Dieser Artikel spiegelt nur meine sehr persönlichen und subjektiven Gedanken wider. Vieles konnte nur angedeutet, vieles musste weggelassen werden, weil es den Umfang dieses Artikels gesprengt hätte. Auf die namentliche Nennung von Frauenvorsitzenden, Funktionärinnen und Mandatarinnen habe ich verzichtet, da es zu einem rein subjektiven Auswahlverfahren geführt hätte und den Leistungen all der vielen engagierten Frauen nicht gerecht geworden wäre.

Eine historisch wissenschaftliche Aufarbeitung der Geschichte der Sozialdemokratischen Frauenorganisation des Burgenlandes harrt noch immer ihrer Erfüllung und würde endlich eine wertvolle Anerkennung der Arbeit und des Engagements für die Hunderten von unermüdlichen Funktionärinnen bedeuten.

Erwin Schranz

Zweiter mit Verantwortung

Situation, Herausforderungen und Zukunft der ÖVP

Die ÖVP ist seit Jahrzehnten eine klassische Regierungspartei. Auf allen Ebenen, von den Gemeinden über die Länder bis in die Bundesregierung, trägt sie administrative Verantwortung. Aufgrund des Proporzsystems in der burgenländischen Landesverfassung kann sie dieser Aufgabe gar nicht entgehen und will es in Wirklichkeit wahrscheinlich auch nicht. Ist doch damit eine interne Machtverteilung in ihrer bündemäßigen Gliederung („Teilorganisationen") abgesichert. Trotz einiger Anläufe, ähnlich wie in einigen westlichen Bundesländern ein Mehrheitsrecht einzuführen (vgl. Schranz 1998, 545ff), hat die ÖVP letztlich im entscheidenden Moment immer zurückgeschreckt, wenn es um die Realisierung dieser in der öffentlichen Meinung forcierten, mehr demokratische Beweglichkeit verheißenden Regierungskonstellation ging. Gerade in der aktuellen Diskussion aber könnte so auch gegen den heftig beklagten politischen Stillstand angekämpft werden.

Seit 1964, dem großen politischen Turn-around mit Verlust der ÖVP-Mehrheit und dem ersten sozialistischen Landeshauptmann im Burgenland, hat die ÖVP ständig prozentuell Stimmenanteile verloren, kurz unterbrochen 2005, als die FPÖ fast zertrümmert wurde und 6,88 Prozent verlor, die ÖVP aber nur bescheidene 1,05 Prozent davon „erbte", währen die SPÖ 5,63 Prozent dazugewann (vgl. Khol et al. 2011, 590).

Die ÖVP sieht sich als Sammelpartei verschiedener Interessengruppen (vgl. Halper/Danich 2010, 169ff). Das ist ihre Stärke und Schwäche zugleich. Sie hat zwar ein relativ breites Wählerschichten-Fundament, aber zu wenig griffige Themen, weil zuvor intern schon eine thematische Verdünnung und Verwässerung stattfindet.

Als Partei mit christlich-sozialer Programmatik kann sie die große Mehrheit christlich orientierter Wähler römisch-katholischer wie evangelischer Konfession ansprechen, die ländlich-bäuerliche Bevölkerung mit traditionellen, wertkonservativen Ansichten bei der Stange halten, aber auch dem gebildeten, kritischen Sinn-Sucher, dem schöpfungsorientierten Natur-Bewahrer oder alternativen Wählern, denen die Grundsätze der Bergpredigt etwas bedeuten, ein politisches Angebot machen.

Die liberale Linie wiederum kann moderne Bürger Richtung ÖVP bewegen, insbesondere Wirtschaftstreibende und gemäßigt Fortschrittliche in gesellschaftspolitischen Fragen. Zwar machen Selbständige nur einen Bruchteil der Gesamtbevölkerung aus, doch werden sie in der Gesellschaft und in der öffentlichen Meinung mit ihren Problemen stark wahrgenommen. In der ÖVP zeigt sich immer wieder ein fast unüberbrückbar scheinender Interessengegensatz zwischen wirtschaftsliberalen Forderungen und bäuerlichen Anliegen und Arbeitnehmerinteressen. Als Kompromiss kommt meistens der kleinste gemeinsame Nenner heraus, der den Durchschnittswähler nicht mehr sehr beeindruckt.

Eine Schwächung erfuhr die ÖVP auch durch den raschen soziologischen Wandel, der ihr bereits 1964 den Verlust der Mehrheit bescherte. Die bäuerliche Bevölkerung, traditionell stark der ÖVP verhaftet, ist seit dem Zweiten Weltkrieg von einer berufsmäßigen Mehrheit in der Bevölkerung auf etwa drei Prozent abgesunken. Auch die Kleingewerbetreibenden haben ein ähnliches Schicksal erlitten. Große Betriebe im europäischen Sinn sind erst gar nicht vorhanden oder halten sich ihre politischen Optionen in alle Richtungen offen. Kaum entdeckt wurden bisher die stark wachsenden EPU (Ein-Personen-Unternehmer), von denen es in Österreich bereits etwa 250 000 gibt und die besonders im Dienstleistungsbereich und in der IT-Branche tätig sind.

Die Stärke der ÖVP bei Kammerwahlen in der Landwirtschaft und in der Wirtschaft zeigt einen sehr dichten organisatorischen Durchdringungsgrad von ÖVP-Kernschichten. Die Macht der Kammern ist aber ein zweischneidiges Schwert: Einerseits werden gewisse Berufsgruppen, ähnlich in der Arbeiterkammer durch die SPÖ, dadurch bei der Stange gehalten, andererseits kommt es immer wieder – und oft zur Unzeit – zu Zurufen besonders aus Wirtschaftskreisen, die eine mühsam aufgebaute ÖVP-Linie durchkreuzen.

Die Tatsache, dass das Burgenland ein klassisches Pendlerland ist, dessen Pendleranteil ständig wächst, wirkt sich auch ungünstig hinsichtlich der ÖVP-Präferenzen aus, werden doch viele Pendler in Wien eher sozialdemokratisch beeinflusst, wenn sie nicht gar etwa als Seewinkler bei den Wiener Gartenbaubetrieben einen (roten) Job finden.

Ein steter bürgerlicher Aderlass erfolgt durch die starke Sogkraft für akademische Berufe in die Bundeshauptstadt, weil ganz einfach nicht ausreichend qualifizierte Top-Jobs im Burgenland verfügbar sind. So wie noch in den 1920er-Jahren wenig qualifizierte Burgenländer nach Amerika auswandern mussten, kehren heute viele besser Ausgebildete dem Burgenland den Rücken auf Nimmerwiedersehen, eventuell fühlen sie sich in der Pension nochmals ihrem Heimatdorf verbunden und ziehen als Spätrückkehrer und Zweitwähler ins ererbte Häuschen.

Einen Wählerverlust musste die ÖVP auch, zuletzt in geringerem Ausmaß als die SPÖ, in Richtung FPÖ verzeichnen. In einer ersten Welle führte eine gewisse Neiddiskussion und dann die Ausländerfrage teilweise auch bei einfachen Funktionären zu einem Aderlass, der später besonders der SPÖ zu schaffen machte und in erster Linie junge Leute aus dem Arbeitermilieu in die Arme Haiders und Straches trieb.

Die ÖVP konnte dennoch wichtige Impulse für das Land Burgenland setzen:

- In der Verkehrspolitik zeigte die ÖVP große regionale Verbundenheit. Der Einsatz für manch eine Straße oder gegen unsinnige Schnellstraßen (zum Beispiel Verlängerung der S 31 über Bernstein), vor allem der Einsatz für die Bahn im Raume Oberwart unterstrich ihr regionales Engagement. Leider wurde die nach dem Zusammenbruch des kommunistischen Regimes geforderte Bahnverbindung Oberwart – Steinamanger trotz anfänglicher ungarischer Unterstützung von der Mehrheitspartei nicht mitgetragen, sodass es heute nicht nur keine Zugverbindung zur 100 000 Einwohnerstadt Steinamanger gibt, sondern (erwartungsgemäß) sogar die Bahnlinie Oberwart – Friedberg für den Personenverkehr gekappt wurde, was für die Region und ihre wirtschaftliche Entwicklung ein böses Menetekel ist. Oder liegen die Stärken der ÖBB eher in großseitigen Inseratenvergaben als in der Bewerbung und verlässlichen Bedienung regionaler Bahnverbindungen? Und die geforderte Südost-Spange mit einer Anbindung des Südburgenlandes an Wien scheint wie eine Luftblase zerplatzt.
- Die Grenzöffnung ab 1989 und die Durchsetzung des Ziel-1-Gebietes mit kräftigen EU-Förderungen haben dem Burgenland gutgetan. Die gleichzeitig erfolgte teilweise Privatisierung und der von der ÖVP forcierte Wirtschaftsanschub, Stichwort Burgenland-Milliarde, hat das Burgenland wirtschaftlich vorangebracht. – Die touristische Entwicklung erfuhr einen kräftigen Impuls durch den Thermenausbau in mehreren Landesteilen, wobei der Bau der Burgenland-Therme in Bad Tatzmannsdorf, jetzt Avita-Therme, hervorgehoben werden muss, weil im Gegensatz zu den anderen Thermen private Investoren einen wesentlichen Teil des Startkapitals zur Verfügung stellten. Damit bietet das Burgenland eine erfolgreiche ganzjährige Alternative zum österreichischen Skitourismus.
- Die direkte Demokratie konnte mit Volksabstimmungen, Volksbegehren, Volksbefragungen und Bürgerinitiativen im Volksrechtegesetz erstmals verankert werden.[1] Die Parteibuchwirtschaft lag lange Zeit wie ein lähmender

Hauch über dem Land. Durch eine Initiative der ÖVP und eine angekündigte Volksabstimmung zu einem „Objektivierungsgesetz" konnte ein unabhängiger Richter als Vorsitzender einer Objektivierungskommission bei Stellenbesetzungen durchgesetzt werden. So konnten den ärgsten parteipolitischen Bestellungen, vor allem im Bildungsbereich, die Giftzähne gezogen werden. Hier gilt es aber noch wachsam zu sein, damit nicht eine Aushöhlung der hehren Grundsätze erfolgt und die Objektivierungskommission nicht nur als Mäntelchen zum Kaschieren parteipolitischer Umtriebe herhalten muss.

- ÖVP-Impulse in der Sozial- und Gesundheitspolitik zeigen, dass auch ohne Geld, sondern sogar durch Einsparungen Verbesserungen möglich sind. Die von der ÖVP hartnäckig durchgesetzte Hauskrankenpflege (vgl. Schranz 1990, 687ff) wurde zuerst von den Sozialisten vehement abgelehnt, bis sie dann einstimmig im Landtag beschlossen werden konnte. Heute werden dadurch 25 Prozent der Pflegebedürftigen zu Hause in den vertrauten vier Wänden betreut und ausufernde Spitals- und Heimkosten können eingespart werden; Ähnliches wird erreicht durch gesundheitsfördernde Initiativen im Rahmen der Sozial- und Gesundheitssprengel.
- In Umweltfragen konnte die ÖVP federführend mit der Einrichtung des Nationalparks Neusiedler See – Seewinkel in grenzüberschreitender Kooperation langfristig zur Bewahrung einer einzigartigen Naturlandschaft beitragen und zugleich den Tourismus ankurbeln. Der Kampf zur Abwehr eines äußerst gefährlichen und umweltschädlichen Lignitkraftwerks in Westungarn nahe Bildein durch eine grenzüberschreitende Basisaktion über die Initiative des Autors erwies sich als erfolgreich – letztlich unterstützt von allen Bevölkerungsgruppen und Parteien.[2]

Vor welchen Herausforderungen steht die ÖVP, welche Chancen eröffnen sich ihr?

- Die ÖVP wird nicht umhinkommen, deutlicher Flagge zu zeigen, nämlich dass sie selbst ihre christlich orientierten Werte ernst nimmt und sie nicht in blindem Gehorsam neoliberalistischem Druck aus Industrie- und Wirtschaftskreisen nachgibt. Dazu gehört aktuell die Frage der Verteilungsgerechtigkeit. Schlagwörter wie leistungsgerechte Entlohnung und „Reichensteuer" bewegen in krisenhaften Zeiten und gehen tief in alle Bevölkerungsschichten. Sie können nicht einfach „ausgesessen" werden: Der Einsatz für die Schwächeren in der Gesellschaft entspricht zutiefst einem christlichen Grundprinzip.
- Eine solide Arbeitnehmerpolitik trägt Früchte: Immer wieder erzielen engagierte Betriebsräte und Personalvertreter im Bundesdienst, auch in einigen landesnahen Betrieben und in einigen Großbetrieben dank ihres persönli-

chen Einsatzes beachtliche Erfolge. Selbst im Landesdienst konnte etliche Jahre eine ÖAAB-FCG Mehrheit verteidigt werden.

- Das verkrustete Bündesystem wird aufgelockert werden müssen. Obwohl sechs (formell gleichberechtigte) Teilorganisationen vorhanden sind, teilen sich die drei Bünde ÖAAB, Wirtschaftsbund und Bauernbund regelmäßig das Fell des Bären (nach Landtagswahlen). Das spiegelt sich auch – mit kleinen, für Aufsehen sorgenden Ausnahmen – in der drittelparitätischen Zusammensetzung der ÖVP-Mitglieder in der Landesregierung wider, nicht immer zum Vorteil der notwendigen Sachkompetenz. Eigentlich könnte der Seniorenbund als allmählich stärkste Teilorganisation personalpolitisch der Königsmacher sein. Letztlich kann ein ausgeprägtes Persönlichkeitswahlrecht der ÖVP nur guttun, weil so der Wähler letztgültig über die Mandatsvergabe entscheidet; parteiintern schaffen es dann nur überzeugende Persönlichkeiten statt farbloser „Bündeapparatschiks".
- Die ÖVP ist besonders in den Gemeinden dank vorzüglicher Kleinarbeit und geschickter kommunaler Personal-Rekrutierung gut aufgestellt. Obwohl sie bei der Landtagswahl 2010 nur 34,62 Prozent Stimmenanteil erreichte, kam sie hingegen bei der letzten Gemeinderatswahl 2007 auf 43,09 Prozent und bei den Bürgermeisterwahlen auf 44,31 Prozent, also um zehn Prozent mehr als bei der Landtagswahl. Sie stellt im Land nur um zehn Bürgermeister weniger als die SPÖ. Sollte das nicht den Landespolitikern zu denken geben? Ohne starke, hochqualifizierte Persönlichkeiten für Landtag, Nationalrat und Landesregierung wird die ÖVP nicht auskommen. Sie müsste die Auswahl ihrer Kandidaten aufgrund der beachtlichen Personalreserven bewusst stärker nach Fähigkeiten vornehmen als nach einem Bünde- und Mitläufersystem. Tatsache ist allerdings auch, dass etwa Akademiker im Landtag in allen Parteien nur mehr spärlich vertreten sind und dort trotz wachsendem Bevölkerungsanteil immer weniger werden.
- In der Ausländerfrage hat die ÖVP einen in der Bevölkerung akzeptierten Mittelweg gefunden, der gelegentlich durch unsensible und unkoordinierte Äußerungen konterkariert wird, zum Beispiel auch durch die damalige Innenministerin Maria Fekter – siehe die Diskussion zum Auffanglager Eberau im Wahljahr 2010. Die Gratwanderung zwischen biblischen Ansprüchen, humanitären Anforderungen und praktischer Realpolitik bei einem großen Ausländeransturm an den Grenzen verlangt bewusste Integrationsarbeit an der Basis. Für die ÖVP-Klientel wären weder simple Ausländer-raus-Parolen noch eine angestrebte „Macht hoch die Tür, die Tor macht weit"-Politik vertretbar. Noch kaum sichtbar sind gezielte Anstrengungen, die schon im Lande befindlichen Ausländer offensiv anzusprechen und (parteipolitisch) zu integrieren, obwohl dies der neue Staatssekretär Kurz engagiert versucht

und es in der Praxis und in den kirchlichen Gemeinschaften des Öfteren problemlos geschieht.

- In der Frauenpolitik versucht die Parteiführung immer wieder, teils mit fraglichem Erfolg, Frauen zu platzieren. Tatsächlich engagierte und kritische Frauen erfahren aber oft wenig Rückhalt und der parteipolitische Wind bläst ihnen ins Gesicht, oder sie folgen dem Mainstream und werden da und dort als Quotenfrauen berücksichtigt. Dabei leisten Frauen gerade in den kleinen Gemeinschaften wertvolle Basisarbeit und verdeutlichen damit nicht nur eine familienorientierte Grundhaltung, sondern erfüllen zugleich den Servicegedanken der Partei mit Leben. Eine praktische Grundhaltung in Familienfragen unter Berücksichtigung moderner Ausdrucksformen, auch in der arbeitsteiligen Welt, spricht Wählerinnen wahrscheinlich ohnehin mehr an als linke aktionistische und feministische Auftritte.
- In Europafragen verstärkte die ÖVP Burgenland das bundesweite Image der ÖVP als die Europapartei. Die stärkste Zustimmung bei der EU-Beitritts-Volksabstimmung betrug im Burgenland etwa 75 Prozent, österreichweit 66 Prozent. Das Ziel-1-Gebiet eröffnete dem Burgenland tatsächlich große Hoffnungschancen, die durch eine spürbare positive Wirtschaftsentwicklung erfüllt wurden. Auch die Phasing-out-Phase bringt noch Vorteile. Das Europaforum, unter Vorsitz des jeweiligen VP-Landesparteiobmannes, bewährte sich als Informations- und Kommunikations-Drehscheibe. Kritisch anzumerken ist allerdings, dass seitens der ÖVP kein EU-Parlamentarier aus dem Burgenland bundesweit durchgesetzt werden konnte und sogar die (stellvertretende) Vertretung im Brüsseler Ausschuss der Regionen (AdR), vergleichbar dem Bundesrat auf nationaler Ebene, im Jahre 2002 in einem personalpolitischen Tauschverfahren der SPÖ überlassen wurde, sodass die ÖVP in entscheidenden europapolitischen Gremien nicht präsent ist und damit auch der direkte Informationsfluss fehlt. – Der Schwerpunkt Europa verdient trotz EU-Bashing besonders in der Boulevardpresse größere Beachtung in der Europapartei ÖVP. Das wird sich zwar kurzfristig nicht unbedingt in Wählerstimmen niederschlagen, kann aber mittelfristig wirtschaftliche Impulse und Arbeitsplätze bringen und den Blick der ÖVP über den dörflichen Kirchturm hinaus signalisieren. Auch die Sprachenvielfalt im Land kann dieser Zielsetzung dienlich sein.

Die Zukunft der ÖVP wird daran gemessen werden, ob sie in ihrer Programmatik und aktuellen Arbeit den Spagat schafft und auseinanderstrebende Interessen kombinieren kann zwischen

- liberalem Gedankengut und christlich-sozialer Praxis,
- dem „kleinen Mann von der (Dorf-)Straße" und den „Großkopferten",

- den Anliegen Selbständiger und von Arbeitnehmern,
- der g'standenen Landbevölkerung und Zuwanderern,
- der Verankerung in der Dorfgemeinschaft und Weltoffenheit,
- der Tradition und der Moderne.

Dabei wird es darauf ankommen, dass nicht nur der kleinste gemeinsame Nenner erreicht wird, der für Wahlerfolge in der Regel zu wenig ist, sondern dass aus antagonistischen Gegensätzen eine Synthese, ein verbesserter praktischer Ansatz gewonnen wird, der größere Bevölkerungskreise anspricht und die Entwicklung weitertreibt. Könnte nicht das höhere Bildungsniveau im Lande (inzwischen höchster Maturanten-Anteil aller Bundesländer) der ÖVP nützen, wenn die Wähler nicht mehr so leicht auf allzu simple Vereinfacher-Formeln hineinfallen, sondern auch in der Politik divergierende Sachverhaltsdarstellungen und kritische Hinterfragungen schätzen lernen?

Die ÖVP hat durch hartes Training damit leben gelernt, nicht in klassenkämpferischer Manier, sondern in toleranten, internen Diskussionsprozessen mit unterschiedlichen Ansichten umzugehen. Sie kann daher vielleicht am ehesten aus gesellschaftspolitischen Spannungen heraus sinnvolle, bereichernde und überzeugende Lösungsansätze für die Zukunft bieten.

Anmerkungen

1 Bgld. LGBl. 43/1981, 44/1981, 45/1981, 46/1981.

2 Vergleiche „Selbständiger Antrag der Landtagsabgeordneten DDr. Erwin Schranz und Kollegen auf Fassung einer Entschließung betreffend die Verhinderung des geplanten Lignitabbauprojektes im westungarischen-südburgenländischen Grenzraum" in der 39. Sitzung der XVIII. Gesetzgebungsperiode vom 13. 11. 2003, Stenografische Landtagsprotokolle, 5407ff.

Literatur

Halper, Dietmar/Danich, Peter (2010). Keine Zukunft ohne Herkunft. Die Arbeit am neuen ÖVP Grundsatzprogramm, in: Khol, Andreas/Ofner, Günther/Karner, Stefan/Halper, Dietmar (Hg.): Österreichisches Jahrbuch für Politik 2009, Wien.

Khol, Andreas/Ofner, Günther/Karner, Stefan/Halper, Dietmar (2011). Österreichisches Jahrbuch für Politik 2010, Wien.

Schranz, Erwin (1990). Die Hauskrankenpflege als Ausweg? – Zwischen menschlicher Entwurzelung und Kostenexplosion im Gesundheitswesen, in: Khol, Andreas/Ofner, Günther/Stirnemann, Alfred (Hg.): Österreichisches Jahrbuch für Politik 1989, Wien.

Schranz, Erwin (1998). Überlegungen zur Landeshauptmann-Direktwahl und zum Proporz- oder Mehrheitssystem in den Landesregierungen, in: Khol, Andreas/Ofner, Günther/Stirnemann, Alfred (Hg.): Österreichisches Jahrbuch für Politik 1997, Wien.

Michael Floiger

Soziale Heimatpartei im Grenzland

Situation, Herausforderungen und Zukunft der FPÖ Burgenland

Die Freiheitlichen verstehen sich in doppelter Hinsicht als „Burgenland-Partei“: Erstens haben unsere freiheitlichen Vorfahren den größten Beitrag zur Entstehung dieses Landes geleistet. Es waren deutsch-freiheitliche Frauen und Männer, die es als Erste wagten, dem nach 1867 stark zunehmenden Magyarisierungsdruck Widerstand zu leisten – Karl Wollinger und die mutige Rosa Werner im Süden des Landes, Mag. Adalbert Wolf und Dr. Karl Amon im Norden, der gebürtige Ödenburger Dr. Alfred Walheim in Wien, um nur einige zu nennen. Sie haben Verfolgung und Gefängnis auf sich genommen. Sie waren die Väter des Landes und haben ihm auch seinen Namen gegeben. Zweitens sind die Freiheitlichen keinen Sonderinteressen verpflichtet und von keinen Interessenverbänden, Kammern, Gewerkschaften, Banken, von keinen Lobbys oder Geldgebern abhängig. Sie nehmen für sich in Anspruch, einzig und allein dem Land und seinen tüchtigen und liebenswerten Menschen verpflichtet zu sein. Die Freiheitlichen sind weder Klassenpartei noch konfessionell gebunden. Einzig die freiheitlichen Grundwerte, wie sie unsere liberalen Vorfahren erstritten haben, die Freiheit in allen Lebensbereichen, die Chancengleichheit und das Bekenntnis zu einer echten Demokratie sind unantastbar. Vom burgenländischen Freiheitlichen wird ein patriotisches Bekenntnis zu Österreich verlangt, daneben ist ein Bekenntnis zur großen deutschen Sprach- und Kulturgemeinschaft möglich. Die Bezeichnung als „Partei“ wird von Freiheitlichen gerne vermieden, Bewegung oder Wertegemeinschaft wird vorgezogen, auch um den Unterschied zu den großen „Mitgliederparteien“ zu betonen.

Unter dem Dach der angesprochenen Grundwerte ist viel Platz für alle jene Burgenländer, die mit den relativ starren Machtstrukturen in unserem Land, mit dem Proporz und der Aufteilung des Landes in rote und schwarze Erbhöfe nicht glücklich sind. Dieses System hat in der Vergangenheit allzu viele Skandale, allzu viele Zugriffe – verdeckt, manchmal auch unverschämt offen – auf Geld, Einfluss und Macht ermöglicht. Nach dem rasanten Aufstieg ab 1987 haben die Freiheitlichen im Landtag viel dazu beigetragen, dieses System unter Kontrolle zu halten. Leider blieb auch die freiheitliche Bundespartei in der schwarzblauen Koalition von Missbräuchen nicht verschont. Die Freiheitlichen des Burgenlandes haben schon sehr früh gegen dieses Nehmer-System rebelliert. Die Überwindung des schweren Rückschlages kostete viel Kraft. Erst mit der Landtagswahl von 2010 konnte diese Phase überwunden werden. Die Freiheitlichen zogen mit drei, nahezu vier Mandaten in den Landtag ein und sind damit wieder eine Stimme, die gehört werden muss.

Keine Partei wie jede andere

Die freiheitliche Gemeinschaft unterscheidet sich in vielerlei Hinsicht von den Mitgliederparteien. Die Parteibindung ist relativ schwach entwickelt. Das ist nicht verwunderlich, kann doch ein Parteibeitritt keinerlei Versprechen auf Förderung, auf Posten oder Wohnung, auf Karriere oder materielle Vorteile bieten. Ganz im Gegenteil, wer sich aktiv und in der Öffentlichkeit zu den Freiheitlichen bekennt, muss noch immer mit Misstrauen, Benachteiligung, Verunglimpfung rechnen. Dies gilt vor allem im öffentlichen Dienst und in jenen Bereichen, die stark parteipolitisch dominiert sind, wie etwa die Versorgungsunternehmen. Eine Ochsentour des Aufstieges in der Partei mit entsprechenden Aussichten auf Belohnung der Loyalität gibt es nicht, ebenso wenig wie „Posten“ in der Partei. Wer beitritt oder gar die Knochenarbeit freiwilliger Organisationsarbeit auf sich nimmt, tut es also meist aus Idealismus. Es sind selbstbewusste und starke Persönlichkeiten, die sich nicht einschüchtern lassen, die auch nicht vom Wohlwollen eines Mächtigen abhängig sind. Das kann als Vorteil gesehen werden. Die Kehrseite ist, dass es häufiger zu Konflikten kommt als in den Großparteien, wo Aufmüpfigkeit unter den Teppich gekehrt wird. Jeder, dem etwas nicht passt, kann sich leicht aus der Organisation verabschieden. In den Medien, die ja den Freiheitlichen nicht eben wohl gesonnen sind, werden derartige Vorgänge meist als „Streitereien“ gedeutet.

Die Mitglieder- wie auch die Wählerstruktur unterscheidet sich markant von den anderen Parteien. Auffallend ist zunächst der sehr hohe Anteil an jungen Menschen, der sich besonders in den vergangenen Jahren massiv vergrößert hat. Damit verbunden ist ein gelegentlich gerügter oberflächlicher „Aktionismus“, dem weltanschauliche Fundamente fehlen. Aber dieses Problem haben wohl auch die anderen Parteien. Leicht unterrepräsentiert sind in der burgenländischen FPÖ die Frauen. Besonders interessant ist die soziale Struktur. Hier wird vor allem deutlich, dass die FPÖ eines gewiss nicht ist – eine Partei von „Modernisierungsverlierern" und Deklassierten, die einem primitiven „Populismus" auf den Leim gehen. Ganz im Gegenteil, es sind überdurchschnittlich viele Freiberufler, Selbständige, Angestellte und gut verdienende Facharbeiter, die Sympathien für die Freiheitlichen haben und die natürlich auch gegen die Vernichtung des Mittelstandes durch Steuerdruck und Abhängigkeit ankämpfen. Mag sein, dass darunter auch manche „Wutbürger" sind – die aber durchaus zu engagierten „Mutbürgern" werden können.

Soziale Heimatpartei

Der Begriff „Soziale Heimatpartei" fasst den Kern gegenwärtigen Selbstverständnisses und wichtiger Zukunftsvorstellungen prägnant zusammen, griffig und natürlich stark verkürzt. Mit dem Bekenntnis zur Heimat werden alle jene linken und linksliberalen Utopisten, die vom ewigen Frieden und Wohlstand im globalisierten Einheitsbrei träumen, bewusst herausgefordert. Heimat ist ja nicht eben zeitgeistig und „in". Mit „Blut und Boden" und isolierter Selbstgenügsamkeit oder Schrebergartenmentalität hat unser Heimatbegriff freilich nichts zu tun. Anders als die politischen Gegner oft unterstellen, sind wir selbstverständlich für Weltoffenheit. Unser Dorf und unser Land sind nicht der Nabel der Welt, die Jungen müssen hinaus, um sich zu bewähren. Das ist gute burgenländische Tradition. Bei allen Vorteilen geistiger und räumlicher Mobilität sind die Wurzeln der Herkunft aber unverzichtbar. Heimat muss als Rückzugsort, in dem man notfalls geistige, wirtschaftliche und soziale Sicherheit finden kann, erhalten bleiben. Diese starke Bindung ist ja ebenfalls eine für uns Burgenländer typische Eigenschaft. Wir sind auch keine „Anti-Europäer". Das zu einende Europa als Friedensgemeinschaft oder auch als Grundwertegemeinschaft ist zu würdigen. Wir sind allerdings gegen eine neue übernationale Politikerkaste, die jedes Maß verloren hat, gegen die Regulierungswut von Institutionen, die nur mangelhaft demokratisch legitimiert sind, gegen Zentralismus und einen „Wohlstandstransfer", der weniger den Menschen als dem Groß- und Spekulationskapital dient. Viele Politikbereiche sollten – angesichts der faszinierenden Vielfalt Europas – im Bereich nationalstaatlicher Politik bleiben (Agrarpolitik, Wirtschaftspolitik, Sozialpolitik ...). In vielen Fällen ist eine „Auslagerung" nach Brüssel ein Rückschritt. Wir hegen auch nicht die Illusion, dass der Nationalstaat überflüssig geworden ist. In unseren östlichen Nachbarstaaten beobachten wir die Wiedergeburt eines starken, manchmal übertriebenen nationalen Selbstbewusstseins. Im Hinblick auf eine schon lange erhobene freiheitliche Forderung, nämlich ein für ganz Europa gleiches und verbindliches Volksgruppenrecht, das Verstöße auch sanktioniert, hat die EU bisher versagt.

Den Freiheitlichen wird gelegentlich „Fremdenfeindlichkeit" vorgeworfen, von politischen Gegnern, die gezielt dieses Schlagwort als Keule einsetzen, aber auch von liebdienerischen, manchmal uninformierten Journalisten. Wir sind der Meinung, dass derjenige, der die Kultur des eigenen Volkes kennt und schätzt, auch alle anderen achtet. Das Asylrecht im ursprünglichen Sinn, als Schutz für verfolgte, an Leib und Leben bedrohte Menschen, ist selbstverständlich heilig, nicht aber dessen Missbrauch. Zuwanderung ist in manchen Fällen begrüßenswert. Es muss jeder Gesellschaft aber zugestanden werden, dass sie sich diese Zuwanderer, die ja am schwer verdienten Sozialsystem Anteil haben wollen und auch sollen, aussuchen darf. Nicht jeder ist willkommen. Integration sehen wir – ganz im Einklang auch mit der Migrationsforschung – als zumeist langsamen und mühevollen Prozess, der natürlich jeder Gesellschaft neben manchen Vorteilen auch Reibungsverluste beschert. Diese sind umso größer, je größer die kulturelle Distanz der Einwanderer ist. Parallelgesellschaften ohne Integrationswillen sind jedenfalls zu vermeiden. „Multikulti" einer naiven oder sich ganz bewusst naiv stellenden Linken ist jedenfalls gescheitert.

Eintreten für die Familien

Mit unserem Heimatbegriff untrennbar verbunden ist die sozialpolitische Komponente. Unsere Väter, die Landbündler, haben sich schon in der Anschlusszeit und in der Zwischenkriegszeit als die Vertreter der burgenländischen, vor allem südburgenländischen Klein- und Kleinstbauern gegen den Großgrundbesitz, aber auch gegen abgehobene Politiker und Beamte gesehen. Sie haben Bildungsvereine, Sparkassen, Unterstützungsvereine aufgebaut. Diese Tradition, für die Menschen unseres Landes überall dort einzutreten, wo es zu sozialer Benachteiligung kommt, setzen wir fort. Dies umso mehr, als wir diese Aufgabe von einer immer überheblicher werdenden „Elite" zunehmend vernachlässigt sehen. Unser Eintreten gilt den Familien, besonders den Familien mit Kindern, den doppelt und dreifach belasteten Müttern, den Mietern, den oft mit einer spärlichen Rente abgespeisten Landsleuten, die sich in einem langen Arbeitsleben krumm und krank gearbeitet haben, den Senioren, die heute unter zerfallenden Familienverbänden leiden, und vielen mehr …

Herausforderungen

Herausforderungen gibt es viele. Der Partei fehlt es an Geld für die leider sehr teuren und oft unsinnigen Materialschlachten der Wahlkämpfe, es fehlt an personellen Ressourcen und es fehlt am Zugang zu den Medien. Diese Defizite müssen durch mehr Einsatz und neue Möglichkeiten, etwa die Nutzung der elektronischen Medien, ausgeglichen werden. Die größte Herausforderung ist es, mit bescheidenen Mitteln neue Sympathisanten und Wähler zu gewinnen. Das wird freilich mit den herkömmlichen Methoden angesichts der „Politikmüdigkeit" vieler Menschen nicht gelingen. Die Zukunft gehört auch nicht der straff geführten „Kaderpartei" mit ihren „Berufsapparatschiks", sie gehört der offenen und flexiblen Organisation. Die Freiheitlichen sehen in der unmittelbaren Mitsprache der Bürger, in der direkten Demokratie den einzigen Weg, wieder mehr Engagement und Qualität in den politischen Prozess zu bringen.

Grete Krojer

Vom Umfragesieger zur echten Alternative

Situation, Herausforderungen und Zukunft der Grünen

Wozu braucht es Grüne, wenn alle Parteien ohnehin Grüne Politik machen? Auf den ersten Blick scheinen viele Politiker/innen – in allen Parteien – *grün* zu sein.

So setzt sich zum Beispiel Umweltminister Berlakovich mediengerecht – mithilfe von teuren Inseraten – für Energieunabhängigkeit ein. Er bezeichnet sich gerne als der wahre Grüne. Gleichzeitig fördert seine Regierung den Bau von elf neuen Gaskraftwerken in Österreich in der Höhe von vier Milliarden Euro. Dazu wird eine neue Gaspipeline um zehn Milliarden Euro quer durch Europa gebaut, was auch von österreichischer Seite unterstützt wird. Bei all den Themen ist der Umweltminister auf Tauchstation!

Obwohl ständig vom Klimaschutz die Rede ist, hat sich in Österreich – im Gegensatz zu anderen europäischen Ländern – der CO_2-Ausstoß erhöht. Die Bundesregierung hat den Ausbau der erneuerbaren Energien in den letzten Jahren zum völligen Stillstand gebracht, mit der klaren Konsequenz, dass das Nichterreichen unserer CO_2-Reduktionsziele Österreich Strafzahlungen in der Höhe von einer Milliarde Euro kosten wird.

Auch das Burgenland gibt sich ökologisch: 100 Prozent Stromgewinnung aus erneuerbarer Energie ist das Ziel. Das ist zugegeben ein schönes Ziel, welches durchaus auch erreicht werden kann. Erst bei genauerem Hinsehen erkennt man, dass es sich dabei in erster Linie um eine Förderung der landeseigenen BEWAG handelt, die den Großteil der Förderung der Windenergie erhält, während gleichzeitig die Förderung der Energieunabhängigkeit der einzelnen Haushalte blockiert wird.

Ich erinnere mich noch sehr gut an eine meiner ersten Landtagssitzungen im Jahr 2001. Wir Grünen forderten damals den Ausbau der Windenergie im Burgenland und wurden von Regierungsparteien im Landtag belächelt.

Heute – zehn Jahre später – drehen sich fast 200 Windräder auf der Parndorfer Platte. Wir hatten also recht! Leider hinkt die Burgenländische Landesregierung wieder einmal hinten nach. Der Ausbau von großen Windparks durch Konzerne wie der BEWAG ist eine Realisierung jener Konzepte, die schon vor zehn Jahren erstellt wurden. Diese Energiepolitik kann weder politische Unabhängigkeit gewährleisten noch kommt sie dem einzelnen Bürger oder der einzelnen Bürgerin wirtschaftlich zugute. Gewinne schöpfen Aktionäre und Aktionärinnen und das Land Burgenland ab.

Die Grünen und viele Expert/inn/en sind heute schon viel weiter. Mittlerweile geht es längst um Energieunabhängigkeit der einzelnen Haushalte. Energieversorgung soll nicht nur frei von schädlichen Emissionen, sauber und nachhaltig sein. Sie soll auch frei von politischer Abhängigkeit und für alle zugänglich und erschwinglich sein. Nur die Energieform zu ändern, und alles andere beim Alten zu belassen, ist also zu wenig. Die Förderung von Photovoltaikanlagen könnte zum Beispiel einen großen Beitrag zur Energieunabhängigkeit der Haushalte leisten. Doch das wird massiv sowohl von der Bundes- als auch von der Landesregierung blockiert.

Die Grünen haben heuer in erfolgreichen Verhandlungen das Ökostromgesetz entscheidend beeinflusst, da die Regierung für dieses Gesetz im Nationalrat die Verfassungsmehrheit und damit die Zustimmung einer Oppositionspartei brauchte. Diese Chance nutzten die Grünen. Die Regierung stellt nun für das kommende Jahr 50 Millionen Euro für die Förderung der Ökostromproduktion zur Verfügung.

Wie dieses Beispiel zeigt, sind für den Einfluss einer Partei die politischen Mehrheitsverhältnisse entscheidend. Dass man auch mit zwei Mandaten politisch etwas umsetzen kann, haben wir Grünen im Burgenland in der Periode 2000 bis 2005 gezeigt. Das sogenannte „freie Spiel der Kräfte“ hat uns politische Gestaltungsmöglichkeiten eröffnet. Die Einführung einer Umweltanwaltschaft und eines eigenen Landesrechnungshofes war ein Verhandlungserfolg der Grünen. Auch dass im Burgenland erstmals ein Frauenhaus errichtet wurde, ist ein Erfolg grüner Initiative. Darauf können wir stolz sein.

Die politische Situation hat sich im Burgenland grundlegend geändert. Fünf Jahre absolute Mehrheit der SPÖ (2005–2010) haben das Land demokratiepolitisch auf den Nullpunkt gebracht. Das Land wurde mehr und mehr zum Selbstbedienungsladen der Politik, Machtausbau und parteipolitische Personalpolitik verdrängten zunehmend die Sachpolitik. Ungeniert bedienten sich auch die burgenländischen Regierungspolitiker/innen teurer Inseratenkampagnen, was letztendlich von den Wählern und Wählerinnen ungestraft blieb.

Bei der letzten Landtagswahl im Jahr 2005 verlor die SPÖ zwar ihre absolute Mehrheit, gleichzeitig mussten auch wir Grünen einen herben Rückschlag hinnehmen. Der Klubstatus ging verloren und die Ressourcen wurden personell und finanziell massiv beschnitten. Das Wahlergebnis traf uns sehr hart, da wir mit konstruktiver Oppositionspolitik viele Fehlentscheidungen aufgezeigt und uns auch inhaltlich gut eingebracht hatten. So war zum Beispiel der Verkauf der Bank Burgenland an Mirko Kovats an der massiven Abwehr der Grünen gescheitert. Heute sind wahrscheinlich alle froh darüber, wenn man die Ereignisse rund um die Pleiten von Herrn Kovats bewertet.

Wir müssen zur Kenntnis nehmen, dass wir trotz guter Meinungsumfragen und großer Sympathie, die uns bei Gesprächen auf der Straße entgegengebracht wird, nicht die Zustimmung der Wähler/innen erhalten. Was muss also anders laufen, damit Grüne Politik nicht nur geschätzt, sondern auch aktiv unterstützt und letztlich gewählt wird? Das wird die parteiinterne Herausforderung der nächsten Zeit sein.

Was sind die politischen Herausforderungen der Zukunft?

Einerseits sehen wir Grünen im Erhalt unserer Lebensqualität und unserer Umwelt zwei der wichtigsten politischen Ziele und diese wollen wir nicht nur auf das Burgenland bezogen sehen. Andererseits ist der Vertrauensverlust in die Politik und mittlerweile auch in die Demokratie ein Alarmzeichen, welches wir nicht übersehen dürfen.

Zum Erhalt unserer Lebensqualität: Dazu gehören nicht nur der Erhalt unserer wunderschönen Landschaft, sondern auch die Schaffung und der Erhalt von Arbeitsplätzen in der Region.

Geplante Autobahnen, die ein Volksvermögen verschlingen, bedrohen durch Zerstörung der Landschaft und durch Lärmentwicklung die Lebensqualität der Menschen. Obwohl sich die Mehrheit der betroffenen Bevölkerung in Volksbefragungen gegen den Bau einer Autobahn durch das Lafnitztal ausgesprochen hat, werden 29 km Autobahn, die mehr als 500 Millionen Euro kosten, gebaut. Gleichzeitig wird in dieser Region in den Thermen- und Naturtourismus investiert: Investitionen, die sich gegenseitig ausschließen.

Lebensqualität ist ganz eng mit dem Arbeitsplatz verbunden. Gut bezahlt und ganz in der Nähe – das wünschen sich viele. Das Motto der Grünen heißt „Investieren in die Zukunft!" Nahezu alle internationalen Wirtschaftsexpert/inn/en sind sich einig, dass in den Bereichen „Grüne Jobs" und „nachhaltige Energieversorgung" die größten Zukunftspotentiale liegen.

Die massive Vernachlässigung des öffentlichen Verkehrs zugunsten des Individualverkehrs führt eindeutig zur Minderung der Lebensqualität. Menschen sind gezwungen, mit dem Auto ihren Arbeitsplatz zu erreichen und sich dem täglichen Stau auszusetzen. Verkäufer/innen, die in Supermärkten bis 20 Uhr und länger zur Verfügung stehen müssen und keine Möglichkeit mehr haben, mit öffentlichen Verkehrsmitteln nach Hause zu kommen, sind gezwungen, ein Auto zu besitzen. Wie lange muss man arbeiten, um ein Auto finanzieren zu können? Und – wer kümmert sich eigentlich um das Los der Pendler/innen, die tagtäglich Lebenszeit vergeuden, weil es nicht gelingt, bessere/modernere Verbindungen einzurichten?

In vielen Ländern der Welt wird bewusst in den Wachstumsmarkt Umweltwirtschaft investiert. Ökoenergien werden massiv gefördert, Umwelt hat Vorrang in vielen Konjunkturpaketen. Bereits heute bietet die Umweltindustrie der EU mehr Arbeitsplätze als die gesamte europäische Autoindustrie. In Deutschland wurden in den letzten Jahren durch das „Erneuerbare Energien-Gesetz" 280 000 neue Jobs geschaffen.

Auch im Burgenland muss massiv in die Bereiche Gebäudeisolierung, Schienen- und Nahverkehr, Windkraft und Sonnenenergie investiert werden. Wir brauchen Investitionen, die hohe Beschäftigungseffekte haben und die Wertschöpfung in der Region erhöhen, anstatt den kommenden Generationen Schulden zu hinterlassen.

Dass dies in Oberösterreich bereits erfolgreich umgesetzt wird, hat viel mit dem grünen Energie- und Umweltlandesrat Rudi Anschober zu tun. Oberösterreich hat mit 36 000 Arbeitsplätzen die größte Zahl „Grüner Jobs" aller Bundesländer und ist damit klare Nummer eins. Dabei sind im Bereich von Energieeinsparung und Energieeffizienz fast annähernd so viele Arbeitsplätze wie im Bereich der erneuerbaren Energie entstanden.

Lebensqualität bedeutet auch, in einem Land zu leben, in dem man sich frei entfalten, frei seine Meinung äußern und sein eigenes Lebensmodell leben kann und darf.

Die Politik der vergangenen zehn Jahre hat in Österreich dazu geführt, dass die Menschen ihr Vertrauen in die Politik verloren haben. Korruption, Bereicherung, Ausnutzen des Systems und die Unfähigkeit, politische Probleme zu lösen, haben die Republik erschüttert. Es erfüllt mich mit Sorge, wenn ich die politische Entwicklung betrachte, in der sich viele Menschen Parteien zuwenden, die nicht Solidarität und sozialen Frieden zum Ziel haben, sondern stimmenmaximierende, populistische Politik machen. Eine Umfrage des IMAS-Instituts aus dem Jahr 2010 stimmt mich sehr nachdenklich. Demnach hätten 20 Prozent der Österreicher/innen nichts gegen ein autoritäres Regime einzuwenden. Dieser Prozentsatz liegt in anderen Ländern Europas bei fünf bis sieben Prozent. Die Autoren der IMAS-Studie sprechen von einem „ernsthaften Krisensignal für die österreichische Demokratie" (IMAS-Studie „Alarmsignale für die Demokratie, 25.11.2010, zitiert nach: Rohrer 2011, 18). Anneliese Rohrer meint in ihrem erst kürzlich erschienenen Buch „Ende des Gehorsams": „In einer bestimmten Situation, in der verschiedene Faktoren wie hohe Arbeitslosigkeit, geringes Sicherheitsgefühl, mit einer eventuell realen Bedrohung von außen, schwachen politischen Institutionen und mangelnder demokratischer Kontrolle zusammenfallen, könnte auch in Österreich rasch ein Systemwandel eintreten. Die latente Bereitschaft, politische Mitbestimmung, zugunsten vermeintlicher größerer wirtschaftlicher und sozialer Sicherheit aufzugeben, ist vorhanden. Hinzu kommt noch ein gewisses Gefühl der politischen Ohnmacht." (Rohrer 2011, 19)

Es ist eine große Herausforderung an die politische Mündigkeit der Menschen, sich gegen solche Entwicklungen zu wehren. Nicht Ohnmacht und Gleichgültigkeit sollen unser Handeln leiten, sondern Mut und Empörung (vgl. Hessel 2011), Kritik und Unrechtsempfinden zu einem Leben in sozialem Frieden und demokratischer Freiheit führen. Die Grünen müssen dabei eine wichtige Rolle spielen und zu einer echten Alternative werden.

Literatur

Hessel, Stéphane (2011). Empört Euch, Berlin.
Rohrer, Anneliese (2011). Ende des Gehorsams, Wien.

Wolfgang Rauter

Persönlichkeit statt Eintagsfliege

Situation, Herausforderungen und Zukunft der Liste Burgenland

In Zeiten unglaublicher Politik- (vor allem aber Parteien-)Verdrossenheit war es naheliegend, im Jahr 2007 die Freie Bürgerliste Burgenland (FBL) und im Jahr 2010 die Liste Burgenland (LBL) nicht als politische Partei, sondern als Verein zu gründen. Während die FBL noch von ehemaligen freiheitlichen Gemeinderäten und Funktionären dominiert war, standen in der LBL (einem Zusammenschluss aus zahlreichen Gemeindenamenslisten und der FBL) zahlenmäßig die Vertreter von Namenslisten im Vordergrund.

Der Anfang – Ohne Partei bin ich nichts?

Als Personen, die nicht in einem Parteiapparat groß wurden und die in ihren Gemeinden stark verankert waren (und sind), stand für die Gründer sofort fest, dass sie sich abseits von kleinlichem Parteienzank politisch vor allem auf die Gemeinden zu konzentrieren hatten.

Dies ermöglichte es der LBL offen zu sein für interessierte Bürger, für unabhängige Gemeindelisten, für Bürgerinitiativen, aber auch für Mitglieder anderer politischer Parteien.

Nur so war es Manfred Kölly, dem erfolgreichen Bürgermeister von Deutschkreutz, und mir als Obmann des Vereines möglich, eine Gruppe hervorragender, völlig unterschiedlicher Persönlichkeiten, wie den Bad Sauerbrunner Bürgermeister Gerhard Hutter, den erfolgreichen Unternehmer Erich Stekovics, die Geschäftsstellenleiterin des BG Neusiedl Liane Tegelhofer und den Oberschützener Gemeindearzt Dr. Klaus Just, um nur einige zu nennen, in Führungsfunktionen zu verankern. Für sie alle galt: Ihren Erfolg im Beruf und in der Gemeindepolitik hatten sie nicht einer Partei oder einer Freunderlclique zu verdanken, sondern ihrer Tüchtigkeit.

In den Gemeinden den Finger am Puls des Lebens!

Politik zu machen, um Gemeinplätze von sich zu geben, Politik zu machen, um ein politisches Mandat zu erlangen, stand für die Gründer der Liste Burgenland nie im Vordergrund. Als Führungspersönlichkeiten wussten sie, wo der Hebel anzusetzen war. Als Ja-Sager und Befehlsempfänger, wie sie oft in der Politik vertreten sind, waren diese Personen nicht tauglich. Sie mussten von der Richtigkeit eines eingeschlagenen Weges überzeugt werden und haben ihre divergierende Meinung laut und deutlich zum Ausdruck gebracht.

Den Exponenten der LBL war von Anfang an klar: Die Liste Burgenland steht und fällt mit ihrem Erfolg auf der Gemeindeebene. Dennoch war seitens der starken Gemeindegruppierungen aus Frauenkirchen, Jois, Breitenbrunn, Mörbisch, Großhöflein, Neudörfl, Bad Sauerbrunn, Wiesen, Deutschkreutz, Kobersdorf, Stadtschlaining, Eltendorf und Heiligenkreuz (diese seien stellvertretend für alle anderen genannt) der Wunsch nach einer zentralen Stelle, welche Gemeindeanliegen auf Landesebene vertritt und rechtlich die Gemeindevertreter berät, vorhanden.

Der Burgenländische Landtag – eine Krähe ...!

Aber auch ganz banale Gründe haben der LBL die Bedeutung der Vertretung im Landtag vor Augen geführt: Bei der GRW 2007 erreichten die Grünen 19 Mandate, die FPÖ 53 und die LBL-Vertreter 66 (und zwei Bürgermeister); trotzdem erhielt die LBL von 2007 bis 2011 keinen Euro Förderung für ihren Gemeindevertreterverband, während die FPÖ und die Grünen Zehntausende Euro kassierten.

Darüber hinaus verfügten damals FPÖ und Grüne auch über öffentlich geförderte Landtagsbüros, Landtagsmitarbeiter und Infrastruktur. Die LBL hatte nicht einmal ein Büro, vielmehr wurde von einer teilzeitbeschäftigten Mitarbeiterin und den Führungsfunktionären die Arbeit von zu Hause per Telefon und PC erledigt.

Soll die LBL bei Landtagswahlen antreten?

Von Anfang stand die Frage im Vordergrund: Wie glaubwürdig ist eine politische Gruppierung, die ihr Selbstverständnis aus der Stärke in den Gemeinden ableitet, als eine für den Landtag kandidierende Gruppierung? Wie glaubwürdig kann man Bundes- und Landesthemen vertreten, wenn man auf Bundesebene keine Vertreter hat? Traut man dieser Gruppierung dann auch zu, etwas im Sinne des Wählers und damit der Bevölkerung zu bewegen?

Rasch haben die Repräsentanten der LBL erkannt, dass es auch für das Wahrnehmen von Gemeindeinteressen notwendig ist, im Landtag vertreten zu sein. Die Kanalgesetze, das Baugesetz, das Veranstaltungsgesetz wirken sich direkt auf die Gemeindebürger aus – dort muss man mitreden können, wenn man den Menschen helfen will.

Das „Wunder" Landtagswahl

Angesichts der Tatsache, dass die LBL keinerlei Fördergelder erhielt, keinen Mitarbeiterstab hatte und alle Kandidaten einer beruflichen Tätigkeit nachgehen mussten, war die erfolgreiche organisatorische und inhaltliche Bewältigung der Wahl ein kleines Wunder. Einmal mehr hat aber auch diese Wahl gezeigt, dass ein großer schwerfälliger Apparat (trotz medialer Unterstützung und millionenschwerer Inseratenkampagnen) sich oft selbst im Weg steht, wie dies bei den Regierungsparteien der Fall war.

Einzelkämpfer Manfred Kölly – die LBL im Landtag

Aber auch nunmehr – im Landtag vertreten – zeigt sich, dass die etablierten Parteien es sich gerichtet haben. Die FPÖ – knapp doppelt so stark wie die LBL – hat (natürlich vom Steuerzahler bezahlt) fünf Landtagsräume und zwei hauptberufliche Mitarbeiter samt Infrastruktur und erhält überdies neben der Parteienförderung eine Klubförderung von ca. 90 000 Euro und eine Infrastrukturförderung von ca. 55 000 Euro, dies Jahr für Jahr.

Erstaunlich, dass Manfred Kölly – ohne Mitarbeiter und ohne finanzielle Ressourcen – durchaus mit den Landtagsparteien mithalten kann, obwohl er – ohne Klubobmannstatus – auch noch einer beruflichen Tätigkeit nachgeht.

Dies stellt aber wiederum die Stärke der LBL dar: Man baut hier auf starke

Persönlichkeiten und nicht auf einen Apparat. Natürlich ist eine Einzelperson nicht in der Lage, in allen Bereichen ausgefeilte Konzepte zu erarbeiten, aber es zeigt sich immer wieder, dass Anträge und Ideen der LBL, insbesondere dort, wo sie mit Gemeindepolitik zu tun haben, von SPÖ und ÖVP aufgegriffen und übernommen werden.

Wo steht die LBL in fünf Jahren?

Die LBL hat in ihrer Generalversammlung im Juli 2011 beschlossen, alle Ressourcen auf die Gemeinderatswahl 2012 zu konzentrieren. Ein erfolgreiches Abschneiden der Repräsentanten der LBL bei dieser Wahl ist von größter Bedeutung. Die Titelverteidiger als Bürgermeister Gerhard Hutter und Manfred Kölly setzen sich derart für ihre Gemeinden ein, dass man mit einer sicheren Wiederwahl rechnen kann. In Großhöflein, Neudörfl, Frauenkirchen, Eltendorf und Heiligenkreuz sind die Chancen für LBL-Listen bzw. mit der LBL befreundete Listen, die Bürgermeisterposition zu erlangen, durchaus gegeben. In weiteren 25 bis 30 Gemeinden werden die LBL oder ihr nahestehende Listen mit guten Aussichten auf mehrere Mandate antreten.

So gestärkt, wird die LBL auf Landesebene zunehmend bei wesentlichen Zukunftsfragen mitentscheiden und das Burgenland, vor allem aber die burgenländischen Gemeinden moderner und lebenswerter machen durch

- mehr Gemeindeautonomie bei gleichzeitiger Eindämmung der Regulierungswut auf Landesebene,
- freie Verfügbarkeit der Gemeindegelder für die Gemeinden,
- verstärkte Kooperationsmöglichkeiten der Gemeinden untereinander,
- Bürokratieabbau auf Landesebene,
- Stärkung der Kleinbetriebe in den Gemeinden,
- Verkleinerung von Landesregierung, Landtag, Gemeindevorständen, Gemeinderäten,
- Neuverschuldungsverbot für das Land Burgenland und die Gemeinden
- persönliche Haftung von Landes- und Gemeindepolitikern bei Spekulationsgeschäften und unzulässiger Neuverschuldung.

Die LBL soll aber auch in Zukunft keine herkömmliche Partei werden, sondern ein Zusammenschluss tüchtiger Persönlichkeiten und erfolgreicher Gemeindelisten bleiben.

Abschnitt II

Partizipation und Gesellschaft

Karl Heinz Pieler

Melani Barlai, Christina Griessler

Zwischen Österreich und Ungarn

Die wirtschaftspolitische Bedeutung des Burgenlandes als Grenzregion und Bindeglied

Burgenland, verortet zwischen Wien und Budapest, war von den politischen Entwicklungen Ungarns Ende der 80er-Jahre unmittelbar betroffen. Bereits vor dem Zusammenbruch der sozialistischen Regime, in der Zeit des „Gulasch-Kommunismus“[1], war es den ungarischen Staatsbürgern erlaubt, mit ausreichenden Devisen in den Westen zu reisen. Der ungarische Einkaufstourismus im Burgenland boomte folglich (vgl. Der Spiegel, 46/1988, 192). Nach dem unerwarteten Fall des Eisernen Vorhangs befürchteten die Burgenländer eine massive Arbeitsmigration aus Ungarn und sahen demzufolge ihre Arbeitsplätze gefährdet. Im Vergleich zu den anderen Regionen Österreichs hatte Burgenland zu der Zeit mit einem schweren Wettbewerbsnachteil zu kämpfen.

Aufgrund seiner ländlichen Struktur, der fehlenden Industrie und Infrastruktur sowie der hohen Arbeitslosenrate galt Burgenland für lange Zeit als das „Armenhaus“ Österreichs. Als Grund für den burgenländischen Entwicklungsrückstand wurden die künstliche Teilung Westungarns nach dem Ersten Weltkrieg und seine Grenzlage während des Kalten Krieges genannt. Ein wirtschaftliches Florieren der Region war unter jenen Bedingungen nur erschwert möglich und das Land war auf äußere Hilfe angewiesen. 1995 definierte die Europäische Union Burgenland als Ziel-1-Region.[2] Bis zum Jahr 2006 erhielt es intensive Förderungen für die Bereiche Bildung, Forschung, Tourismus und Infrastruktur, welche das Land mit großem Erfolg umzusetzen wusste. Heute ist der Tourismus der wichtigste Wirtschaftszweig der Region.

Der östliche Nachbar Ungarn unterzeichnete bereits 1988 mit der EG das erste Handels- und Kooperationsabkommen (vgl. Inotai 2005, 19f). Für die Modernisierung und Demokratisierung Ungarns und Polens wurde 1989 das PHARE-Hilfsprogramm der EG beschlossen, von dem beide Länder in hohem Maße profitierten. Von 1991 an war Ungarn assoziiertes Mitglied der Europäischen Gemeinschaft. Am 31. März 1994 beantragte die sozialliberale Regierung die Aufnahme Ungarns als Vollmitglied in die EU. Nach langem Warten trat Ungarn am 1. Mai 2004 als eines der zehn neuen Mitgliedsländer der Europäischen Union bei. Bei der Übernahme des „acquis communautaire" handelten die alten Mitglieder der EU bedeutende Übergangsregelungen aus. Diese bezogen sich auf die Bereiche der Freizügigkeit von Personen, von Kapital, auf die Sektoren der Landwirtschaft, der Kernenergie und den EU-Institutionen.

Angst vor dem osteuropäischen Ansturm

Österreich stand der größten Erweiterungsrunde der EU positiv gegenüber, konnte es sich doch von seiner peripheren Stellung in der Europäischen Union verabschieden und erneut ins Zentrum Europas rücken (vgl. BM für Europäische und Internationale Angelegenheiten o. J.). Im Vorfeld der EU-Osterweiterung wurden die möglichen Auswirkungen auf den österreichischen Arbeitsmarkt dennoch kontrovers diskutiert. Befürworter wiesen auf den Umstand hin, dass Österreich der größte Gewinner der Erweiterungsrunde sein wird. Gegner betonten hingegen die negativen Effekte der Einschränkung der Dienstleistungsfreiheit in den betroffenen Grenzregionen und in Wien, verursacht durch einen möglichen Migrations- und Pendleransturm (vgl. Huber et al. 2007).

Nach dem 1. Mai 2004 erreichte die Angst von einem Run der Billigarbeitskräfte aus den Oststaaten auch die österreichische Bevölkerung. Die Burgenländer fürchteten sich von einer weiteren ungarischen Arbeitskräfteinvasion. Aufgrund der geografischen Nähe zum Burgenland und den günstigen Arbeitsbedingungen dort bildeten ungarische Beschäftigte bereits seit 1990 die größte ausländische Arbeitnehmer-Gruppe. Deren Anteil stieg von 36,86 Prozent im Jahr 1989 auf 56,02 Prozent im Jahr 2001. Gleichzeitig ging die Zahl der sonstigen ausländischen Arbeitskräfte von 63,14 Prozent 1989 auf 43,97 Prozent 2001 zurück (vgl. Polsterer 2002b, 10).

Österreich konnte jedoch seine alte Tradition zur Regulierung der Beschäftigungsbewilligungen auch nach der EU-Osterweiterung fortsetzen. Mit den Übergangsregelungen zur Arbeitnehmerfreizügigkeit und zur Dienstleistungsfreiheit hat Brüssel für die Mitglieder des alten Clubs für eine „sorgenfreie" Periode gesorgt, zumindest für jene, die Art. 39 EGV (vgl. Claasen 2006, 50) anwendeten. Demnach müssen EU-Bürger im Anwenderland der Regelung weiterhin eine Arbeitserlaubnis beantragen. Neben Deutschland hat auch Österreich das „2+2+3-Modell" bis zum 30. April 2011 in Anspruch genommen, auf hitziger Kritik der tschechischen und polnischen Regierung (vgl. Huber et al. 2007).

Die Verlängerung der Übergangsfrist wurde mit, neben migrations- und wirtschaftspolitischen, auch regionalpolitischen Überlegungen begründet. In ihrer Studie haben Mayerhofer und Palme aufgezeigt, dass sich Migranten und Pendler aus Osteuropa auf die Ost-, Süd-Region Österreichs und auf Wien konzentriert hätten. In vielen Branchen jener Regionen hätte dies, im Falle der Öffnung des österreichischen Arbeitsmarktes, einen Wettbewerbsnachteil[3] gegenüber den Märkten der neuen Mitgliedsstaaten nach sich gezogen (vgl. Mayerhofer/Palme 2001). Die Bedeutung der Übergangsregelung wurde mit anderen Studien ebenfalls belegt. Die Untersuchung von Untiedt et al. aus dem Jahr 2006 zeigt, dass das Modell zum Schutz des bestehenden Wettbewerbs eine Eindämmung der Migrationen bewirkt und damit die Wirtschaftsdynamik Österreichs erfolgreich geschützt zu haben schien (vgl. Untiedt et al. 2007).

Der ungarische Nachbar

Im Fall von Ungarn relativierte sich die österreichische Strenge bereits im Vorfeld der EU-Beitrittsphase. Österreich wurde schnell bewusst, dass die Ungarn verlässliche Facharbeitskräfte sind und dass der ungarische Markt für die nationale Wirtschaft unerlässlich ist. Um die Chancen der Erweiterung möglichst effizient zu nutzen, kam es 1997 zum Abschluss des Abkommens zur Grenzgängerbeschäftigung zwischen den beiden Staaten. Als Grenzgänger gelten Personen, die ihren Wohnsitz in Ungarn haben und täglich zur Arbeitsaufnahme in eines der im Rahmen des Abkommens klar definierten Grenzgebiete[4] Österreichs fahren (vgl. Trattner 2000, 125). Im Weiteren wurden für die Grenzgängerbeschäftigten in jedem Grenzland sogenannte Quoten festgesetzt, welche die Anzahl der ungarischen Tätigen für ein Kalenderjahr festlegten (vgl. Trattner 2000, 125f).

Aufgrund des wachsenden Bedarfs an Arbeitskräften aus Ungarn wurden die Quoten von Jahr zu Jahr erhöht. Von 500 im Jahr 1998 wuchs die Zahl auf 1250 im Jahr 2002 an. Etwa 90 Prozent des gesamtösterreichischen Kontingents fielen auf das bedeutendste ungarisch-österreichische Grenzgebiet Burgenland. Die Quoten wurden jedes Jahr fast vollständig ausgeschöpft. Die Mehrheit der Beschäftigten aus den neuen Mitgliedsstaaten in Österreich entfiel auch 2004 auf Wien, Niederösterreich und das Burgenland. 65 Prozent der ausländischen Arbeitnehmer waren 2004 in diesen drei Regionen Österreichs tätig. Im Burgenland arbeiteten in diesem Jahr insgesamt 6938 Personen aus den MOEL 5.[5] Die Ungarn bildeten mit 6048 Beschäftigten und einem Anteil von 87 Prozent im Burgenland die größte Gruppe der ausländischen Arbeitskräfte (vgl. BMASK 2009).

Jene Begünstigungen für die ungarischen Arbeitskräfte könnten bewirkt haben, dass bei dem Ausspielen der Übergangsregelungen die Ungarn unterrepräsentiert waren. Die neuen Unternehmensanmeldungen[6] in den Jahren 2004 und 2005 stammten hauptsächlich von polnischen Staatsbürgern (vgl. Huber et al. 2007). Die Arbeitslosenquote von ungarischen Staatsangehörigen im Burgenland liegt seit Jahren etwa bei 2,5 Prozent und somit weit unter dem österreichischen Landesdurchschnitt (vgl. Polsterer 2002a). Im Vergleich zu den anderen Regionen[7] mit großem Migrationsanteil sprechen diese Zahlen für eine erfolgreiche Arbeitsmarkt- und Integrationspolitik.

Auf der Gefühlsebene der burgenländischen Bevölkerung bedeutete die Marktöffnung am 1. Mai 2011 dennoch eine Kehrtwende. Laut einer von IMAS im Februar 2011 durchgeführten Studie war jeder dritte Österreicher der Meinung, die Aufhebung der Freizügigkeitsbeschränkungen würde eine negative Auswirkung auf den nationalen Arbeitsmarkt haben. Befürchtet wurde vor allem der Zustrom von arbeitshungrigen Osteuropäern sowie, durch die Billigarbeitskräfte, das Sinken des österreichischen Lohnniveaus (vgl. IMAS international 2011, 1). Um dies entgegenzuwirken, gelten ab Mai 2011 strenge Regelungen gegenüber Sozial- und Lohndumping. Folglich betrachten ungarische Unternehmen, die ihre Arbeitnehmer in Österreich beschäftigen, die Angleichung der ungarischen Löhne an die westlichen Standards, aus Angst um ihre Existenz, mit großer Sorge.[8]

Nun scheinen sich die Gemüter beruhigt zu haben. Denn Fakt ist, dass der Ansturm der ungarischen Arbeitskräfte nach Österreich und ins Burgenland ausblieb. Seit Mai gibt es lediglich eine moderate Erhöhung der ungarischen Arbeitnehmerzahlen. Im gesamtösterreichischen Raum arbeiten derzeit legal 2481 mehr Ungarn als vor der Marktöffnung.[9] „Ungarische Arbeitskräfte, die bereit sind ihre Heimat für die Arbeitsuche in Österreich zu verlassen, haben dies bereits getan" – meint Ingrid Puschautz-Meidl, Geschäftsführerin der Industriellenvereinigung Burgenland. „Man geht davon aus, dass fähige und mobile Facharbeiterinnen und Facharbeiter schon da sind."[10]

Die wirtschaftspolitischen Beziehungen zwischen Ungarn und der Region Burgenland haben eine über 20 Jahre alte Tradition. Die Ungarn bilden dort die größte Migrantengruppe und tragen neben der wirtschaftlichen auch zur kulturellen Vielfalt der Region bei. Sie sind positives Beispiel für eine gelungene Integration sowie für eine erfolgreiche grenzübergreifende Zusammenarbeit.

Anmerkungen

1 Als „Gulasch-Kommunismus" bezeichnet man das ab 1968 von dem ungarischen KP-Führer János Kádár eingeführte wirtschaftliche Reformprogramm, welches das Leben in einer repressiven Diktatur unter sowjetischem Signum erträglich machen sollte.
2 Strukturförderungsprogramm der EU. „Ziel 1" meint eine Region mit dem höchsten Förderungsbedarf.
3 Etwa durch Einkaufsverkehr, Dienstleistungen im medizinischen Versorgungssektor etc.
4 Diese Regionen sind auf österreichischer Seite die Bezirke Bruck an der Leitha, Neusiedl am See, Eisenstadt, Mattersburg, Güssing, Oberpullendorf und Oberwart, auf der ungarischen Seite die Komitate Györ-Sopron-Moson, Vas und Zala.
5 MOEL 5 = mittel- und osteuropäische Länder: Ungarn, Slowakei, Slowenien, Tschechien und Polen.
6 Als der häufigste Trick zum Umgehen der Einschränkungen wurden neue Unternehmensgründungen, die nicht unter die Übergangsregelungen fielen, angemeldet.
7 In Kärnten liegt sie bei 12,5 Prozent, in Wien bei 12 Prozent.
8 Vgl. o. A.: Ausztriai piacnyitás. Nöhetnek a magyar bérek? [Österreichische Marktöffnung. Steigen der ungarischen Löhne?], abrufbar unter: http://www.kisalfold.hu/kulfold_hirek/ausztriai_piacnyitas_nohetnek_a_magyar_berek/2203215/ (25. 10. 2011).
9 Vgl. o. A.: Elmaradt a magyar dolgozók rohama Ausztriában [Der Ansturm der ungarischen Arbeiter nach Österreich ist ausgeblieben], abrufbar unter: http://hvg.hu/karrier/20111024_ausztria_magyar_roham (26. 10. 2011).
10 O. A.: Kein Ansturm unter den „billigen" ungarischen Arbeitskräften erwartet, abrufbar unter: http://www.iv-burgenland.at/b245 (26. 10. 2011).

Literatur

Beichelt, Timm (2004). Die Europäische Union nach der Osterweiterung, Wiesbaden.

Bundesministerium für Arbeit, Soziales und Konsumentenschutz (2009). EU-Erweiterungen und Arbeitsmarkt, abrufbar unter: http://www.wisdom.at/euost/Frage5.aspx (21. 10. 2011).

Bundesministerium für Europäische und Internationale Angelegenheiten (o. J.). Erweiterung der EU; Österreichs genützte Chance, abrufbar unter: http://www.bmeia.gv.at/aussenministerium/aussenpolitik/europa/europaeische-union/erweiterung-oesterreichs-genuetzte-chance.html (27. 10. 2011).

Claasen, Claus-Dieter (Hg.) (2006). Europarecht, 21. Aufl., München.

Der Spiegel, 46/1988, 14. 11. 1988, abrufbar unter: http://www.spiegel.de/spiegel/print/d-13531114.html (20. 10. 2011).

Huber, Peter/Mayerhofer, Peter/Nowotny, Klaus/Palme, Gerhard (2007). Labour Market Monitoring II – Veränderungen auf dem Arbeitsmarkt im Zuge der EU-Erweiterung. Handlungsorientierter Bericht. Studie des Österreichischen Instituts für Wirtschaftsforschung, abrufbar unter: http://www.expak.at/expak/img/pdf/expak1251292315.pdf (18. 10. 2011).
IMAS international (2011): Wenn im Mai die Schranken fallen. Furcht vor Ansturm aus dem Osten 3.
Inotai, András (2005). The Hungarian Economy and Accession to the European Union, in: Schriftenreihe des Europa Institutes Budapest, Band 25: Ungarn in der Europäischen Union 2004, Budapest, 19–30.
Mayerhofer, Peter/Palme, Gerhard (2001). „Aspekte der regionalen Wettbewerbsfähigkeit", Teilprojekt 8: „Preparity – Strukturpolitik und Raumplanung in den Regionen an der mitteleuropäischen EU-Außengrenze zur Vorbereitung auf die EU-Osterweiterung", Forschungsprogramm des WIFO, Wien.
Polsterer, Andreas (2002a). Grenzüberschreitende Arbeitsmarktbeziehungen zwischen Burgenland und Westungarn, Band 2, Eisenstadt/Györ/Budapest.
Polsterer, Andreas (2002b). Analyse der grenzüberschreitenden Arbeitsmarktbeziehungen zwischen Burgenland und Westungarn, in: ders. (Hg.): Grenzüberschreitende Arbeitsmarktbeziehungen zwischen Burgenland und Westungarn, Band 2, Eisenstadt/Györ/Budapest, 5–38.
Trattner, Hans (2000). ABC der Ausländerbeschäftigung, Wien.
Untiedt, Gerhard et al. (2007). Auswirkungen der EU-Erweiterung auf Wachstum und Beschäftigung in Deutschland und ausgewählten EU-Mitgliedstaaten, Bielefeld.

Peter Bußjäger

Vom Neusiedler- zum Bodensee

Burgenland und Vorarlberg – die besonderen Herausforderungen an die beiden Kleinen im Bundesstaat

Trennendes und Gemeinsames

Betrachtet man wirtschaftsstatistische, demografische Entwicklungen, Topographie und geografische Zuordnungen, so scheinen Vorarlberg und Burgenland wenig Gemeinsames zu haben außer der Eigenschaft, die beiden „Kleinen" im Bundesstaat zu sein. Runden 285 000 Einwohnern des Burgenlandes stehen 370 000 Einwohner Vorarlbergs gegenüber, 3965 km² Fläche Burgenlands stehen 2601 km² Vorarlbergs gegenüber. In dieser Beziehung werden sie allerdings von den 415 km² Fläche des Bundeslandes Wien unterboten.

Demgegenüber bestehen im Hinblick auf die Wirtschaftsleistung gravierende Unterschiede. Das BRP Vorarlbergs je Einwohner beträgt 28 500 Euro und liegt damit in den Regionen Europas im Spitzenfeld. Das BRP des Burgenlandes (22 000 Euro) liegt als Einziges der Länder Österreichs unter dem EU-Durchschnitt von 24 400 Euro, was auch zur Konsequenz hatte, dass das Land seit dem EU-Beitritt Österreichs als sogenanntes „Ziel-1-Gebiet" in spezifischem Maße in den Genuss der Regionalpolitik der EU gekommen ist.[1]

Auch in demografischer Hinsicht bestehen wesentliche Unterschiede: Die Bevölkerung Vorarlbergs ist seit 1945 von einem ungebrochenen Wachstum geprägt, jene des Burgenlandes seit den 60er-Jahren recht konstant und erst seit 1991 leicht im Steigen (vgl. Statistik Austria o. J.).

In topographischer Hinsicht könnten die Unterschiede ohnehin kaum auffallender sein: Das Gebiet Vorarlbergs ist Bestandteil des Alpenbogens und liegt an der Grenze zwischen den Ost- und Westalpen. Es reicht von einer Seehöhe von 396 m am Bodensee bis zu seinem höchsten Punkt, dem Gipfel des Piz Buin auf 3312 m über dem Meer. Die höchste Erhebung des Burgenlandes ist dagegen der Gschriebenstein mit 884 m. Weite Teile der Landesfläche sind Bestandteil der Pannonischen Tiefebene.

Angesichts dieser Strukturen scheinen die beiden Länder vor tiefgreifend unterschiedlichen Herausforderungen zu stehen. Dies ist aber nur das Ergebnis einer oberflächlichen Sicht. Betrachtet man das Verhältnis der beiden Kleinen im Bundesstaat unter der föderalistischen Perspektive, so ergeben sich mehr Gemeinsamkeiten, als man auf den ersten Blick annehmen würde.

Am Anfang dieser Gemeinsamkeiten steht, dass die politische Bedeutung der beiden Länder auf Bundesebene bedingt durch ihre Kleinheit grundsätzlich als eher gering anzunehmen ist. Der Anteil der Wähler des Burgenlandes und Vorarlbergs an der bundesweiten Wählerschaft ist zu gering, als dass sie im Regelfall wahlentscheidend sind, auch wenn sie natürlich in besonderen Konstellationen dennoch eine entscheidende Rolle spielen können.

Auf der anderen Seite begünstigt das föderale System in der Tendenz die Kleinen im Bundesstaat. Sie gewinnen auf diese Art eine Autonomie, die sich nicht wesentlich von jener der größeren Länder unterscheidet. Auch wenn ihre politische Bedeutung angesichts ihres Anteils an Wählern bei Bundeswahlen gering sein mag, so können sie aufgrund ihres Rangs als Gliedstaaten des Bundesstaates mit einem gewissen Erfolg auch die Beteiligung an Regierungs- oder anderen maßgeblichen politischen Funktionen fordern, solange die in ihrer Regierung dominierenden Parteien auch in der Bundesregierung vertreten sind.

Zweckgemeinschaft oder stabile Partnerschaft? – Die beiden Länder als Akteure in der Bundesstaatsreform

Der eingangs aufgestellten These von der insgesamt geringen politischen Bedeutung der beiden Kleinen im Bundesstaat widerspricht auch die Rolle, die Vorarlberg und Burgenland in der Vergangenheit in der Bundesstaatsreform gespielt haben. Die Landeshauptleute des Burgenlandes, Karl Stix, und Vorarlbergs, Martin Purtscher, gehörten dem sogenannten „Kleinen Komitee“ an, das in den Jahren 1991 bis 1994 die Inhalte der sogenannten „Bundesstaatsreform“ ausverhandelte (vgl. Bußjäger 2007).

Die Umsetzung der in der Perchtoldsdorfer Vereinbarung von 1992 grundgelegten Bundesstaatsreform ist bekanntlich gescheitert, nachdem SPÖ und ÖVP gezwungen waren, im Nationalrat, in dem sie nach den Wahlen von 1994 über keine Verfassungsmehrheit mehr verfügten, gegenüber den Oppositionsparteien Kompromisse einzugehen. Da diese Kompromisse den föderalistischen Gehalt der aus Ländersicht gegenüber der Perchtoldsdorfer Vereinbarung ohnehin schon stark verwässerten Regierungsvorlage zur Bundesstaatsreform weiter abgeschwächt hätten, war das Ergebnis von den Landeshauptleuten abgelehnt worden. Die Regierungsparteien verfolgten daraufhin die Regierungsvorlage im Nationalrat nicht weiter (vgl. Bußjäger 1996; Institut für Föderalismusforschung in Innsbruck 1994).

Burgenland und Vorarlberg stellten damit im „Kleinen Komitee" die Vertretung der Länder, was auch eine intensive Koordination erforderte. Ihnen gegenüber standen auf politischer Seite der Bundesminister für Föderalismus und Verwaltungsreform Jürgen Weiss sowie der Staatssekretär im Bundeskanzleramt Peter Kostelka. Dass diese Zusammenarbeit mehr als ein bloßes Zweckbündnis war, bezeugt die Tatsache, dass der Burgenländische Landeshauptmann im Jahre 1997 den Montfortorden, die höchste Auszeichnung des Landes Vorarlberg für Persönlichkeiten außerhalb der Landesgrenzen, erhalten hat. Damit dokumentierten die politischen Akteure des Landes Vorarlberg, dass die Zusammenarbeit gerade mit dem Burgenland, dessen föderalistische Tradition sich mit jener Vorarlbergs wohl nicht messen konnte, ausgezeichnet war und auf gegenseitigem Vertrauen beruhte.

Auch bei späteren Reforminitiativen kam es immer wieder zu einer Zusammenarbeit der beiden kleinen Bundesländer in politischen Arbeitsgruppen, wobei Vorarlberg die ÖVP-dominierten, das Burgenland die SPÖ-dominierten Bundesländer vertrat. Dass diese Rolle ausgerechnet den beiden Kleinen im Bundesstaat zufiel, dürfte nicht nur ein Zufall sein. Für Vorarlberg, das sich wohl seit den Anfängen des Bundesstaates den Ruf des Bannerträgers des Föderalismus erarbeitet hatte, war diese Rolle nicht überraschend, für das Burgenland schon eher.

Dabei mochte eine Rolle gespielt haben, dass das Burgenland im Gegensatz zu Vorarlberg auf der Suche nach einer Identität war, welche für dieses Land in viel stärkerem Maße als für Vorarlberg existenznotwendig war. Beide Länder waren während der nationalsozialistischen Herrschaft nicht nur als selbständige Länder ausgelöscht – dieses Schicksal teilten sie mit allen anderen Ländern Österreichs –, sondern auch als territoriale Einheiten beseitigt worden. Das Burgenland war sogar zwischen zwei Gauen aufgeteilt worden.

Dies zeigt, dass die Existenzberechtigung derart kleiner Entitäten auch und gerade damals in Zweifel gezogen wurde. Darüber hinaus ist ins Kalkül zu ziehen, dass das Burgenland erst 1921 zu Österreich gekommen ist und ganz anders als Wien, das ebenfalls erst seit dieser Zeit ein eigenständiges Bundesland bildet, zuvor als „Deutsch-Westungarn" nicht Bestandteil der österreichischen Identität gewesen war.

Angesichts dieser Tatsachen war es im Grunde erstaunlich, dass und wie es dem Burgenland gelang, nach 1945 seine Selbständigkeit wiederzuerlangen.

Dies war wohl nur der Entschlossenheit seiner politischen Führung in den ersten Tagen nach der Befreiung zu verdanken (vgl. Widder 2006).

Die europäische Dimension

Das Burgenland und Vorarlberg zählen zu den über 200 Regionen der Europäischen Union. Es ist nicht zu bestreiten, dass die beiden Länder nicht nur in Österreich zu den kleinen Regionen zählen, sondern auch auf der europäischen Ebene.

Als Subjekt der Regionalförderung der EU („Ziel-1-Gebiet") hat das Burgenland besonders stark von Europa profitiert. Demgegenüber erweist sich die Einstellung der Burgenländer gegenüber Europa als keineswegs positiver als bei den Bürgern anderer Bundesländer.[2]

Die Möglichkeiten der direkten Einflussnahme auf europäische Entscheidungsträger sowie die Mitwirkung in den Organen der Union sind für eine so kleine Region gering. Hier unterscheiden sich die beiden kleinen Bundesländer allerdings nicht wesentlich von den anderen Ländern Österreichs. Die Regionen sind ohnehin im europäischen Entscheidungsprozess eher marginalisiert; verhältnismäßig kleine, wie die österreichischen Bundesländer, freilich noch stärker als andere Regionen wie etwa Bayern oder Baden-Württemberg.

Für die kleinen Bundesländer kommt hinzu, dass die Einrichtung einer effizienten Vertretung in Brüssel für sie aus finanziellen Gründen eine größere Herausforderung darstellt als für größere Bundesländer.

Das Burgenland hat dessen ungeachtet eine eigene Vertretung in Brüssel, worauf Vorarlberg seit jeher verzichtet hat. Ob sich mit einem vergleichsweise kleinen Büro, wie es die Vertretung des Burgenlandes darstellt, wirksames Lobbying auf der europäischen Ebene betreiben lässt, kann auch bezweifelt werden. Immerhin aber zeigt das Burgenland in Europa damit Flagge, macht sich sichtbar und bekundet seinen Willen, auf der europäischen Ebene mitzuspielen. Dies ließe sich wohl aber auch bei einer verstärkten Kooperation mit anderen Ländern, zumindest was eine gemeinsame Location der Vertretungen in Brüssel betrifft, bewerkstelligen.

Insgesamt ist es jedenfalls bedauerlich, dass sich die österreichischen Länder nicht durchringen konnten, ihre Kräfte in einer gemeinsamen österreichischen Ländervertretung zu bündeln.

Föderalistisches Bewusstsein in Burgenland und Vorarlberg

Das Institut für Föderalismus hat im Jahre 2009 eine Umfrage zur Einstellung der Bevölkerung Österreichs zum Föderalismus durchgeführt (vgl. Bußjäger et al. 2010). Die Burgenländer stimmen der Aussage „Wir brauchen die Bundesländer nicht mehr, weil sich die EU und der Bund mit den wirklich wichtigen Dingen befassen" zu 25,5 Prozent „eher zu". Im Vergleich dazu liegt der Zustimmungsgrad zu dieser Frage bei den Vorarlbergern bei 14,7 Prozent. Bereits diesbezüglich unterscheidet sich die Stimmungslage der Bevölkerung nicht unbeträchtlich. Immerhin liegt der Zustimmungsgrad zu den Ländern im Burgenland unter dem österreichischen Schnitt (20,7 Prozent unterstützen die Aussage von der Überflüssigkeit der Länder eher, 79,3 Prozent lehnen sie eher ab), während dies in Vorarlberg gerade umgekehrt ist.

Vor die Wahl gestellt, welcher Ebene sich die Menschen eher zugehörig fühlen, votieren im Burgenland 18,9 Prozent für die Stadt oder Gemeinde, 15,1 Prozent für das Bundesland, 41,9 Prozent für Österreich und 23,9 Prozent für Europa. In Vorarlberg sind es 22,1 Prozent für die Stadt oder Gemeinde, 29,4 Prozent für das Land, 27,9 Prozent für Österreich und 20,6 Prozent für Europa (vgl. Bußjäger et al. 2010, 32ff).

Das sind doch erhebliche Unterschiede. Sie belegen, dass die regionale Identitätsbildung im Burgenland (noch) nicht so weit fortgeschritten ist wie in Vorarlberg. Letztere liegt in Vorarlberg über dem österreichischen Schnitt (19,3 Prozent), während sie im Burgenland wiederum darunter liegt.

Die vergleichsweise geringe regionale Identität stellt in gewisser Hinsicht auch eine Herausforderung für die Landespolitik dar, die sich gerade vor ihren eigenen Bürgern legitimieren muss.

Herausforderungen und Chancen

Zu den größten Herausforderungen der beiden Länder zählt die zukünftige Entwicklung der Bundesstaatlichkeit. Es ist längst eine allgemein bekannte Tatsache, dass die österreichischen Länder unter massivem Legitimationsdruck stehen. Legislative Organe für Gebietskörperschaften in der Größe eben des Burgenlandes und Vorarlbergs werden als Luxus empfunden. Demgegenüber werden die Chancen des Föderalismus, durch Autonomie auf regionaler Ebene die demokratische Leistungsfähigkeit zu stärken und innovationsfähig zu sein, in der öffentlichen Diskussion in den Hintergrund gerückt, wenn nicht gar negiert.

Auch wenn eine Beseitigung des föderalen Systems vorläufig nicht auf der politischen Agenda Österreichs steht, so steht doch außer Zweifel, dass die kritische Sichtweise auf den Föderalismus die Länder belastet, jedenfalls dann, wenn sie dem Bund gegenüber mit finanziellen Forderungen oder den Wünschen nach bestimmten Kompetenzen entgegentreten. Umgekehrt sieht sich der Bund leichter in der Lage, die Länder finanziell unter Druck zu setzen und Zentralisierungen durchzusetzen.

Dies betrifft die beiden Länder grundsätzlich ähnlich wie die anderen Länder Österreichs. Ganz allgemein muss jedoch den Kleinen im Bundesstaat klar sein, dass sie in besonderem Maße ihre Effizienz unter Beweis stellen müssen. Skandalträchtiges Gebaren mit ihrer finanziellen Ausstattung können sie sich gegenüber der Öffentlichkeit am wenigsten leisten.

Wesentlich andere Anforderungen stellt für die Kleinen im Bundesstaat jedoch die verstärkt erhobene Forderung nach einer größeren Steuerautonomie der österreichischen Länder dar. Während das finanziell und wirtschaftlich vergleichsweise starke Land Vorarlberg für einen Steuerwettbewerb einigermaßen gute Voraussetzungen mitbringt, ist das beim Burgenland wohl kaum der Fall. Zwar bekunden die politischen Eliten der beiden Länder einhellig kein Interesse an einem solchen Steuerwettbewerb – ein weiteres einigendes Element –, doch würde ein solcher das Burgenland wohl weitaus härter treffen als Vorarlberg.

Sie sind auch in besonderem Maße auf Kooperation und gute Partnerschaft mit anderen Ländern angewiesen. Vielleicht sind diese gemeinsamen Herausforderungen und Ansprüche auch die Gründe, weshalb gerade Vorarlberg und das Burgenland in der Bundesstaatsreform viele Wege gemeinsam gegangen sind.

Anmerkungen

1 Vgl. Statistik Austria 2011a und 2011b sowie für das BRP (in KKS je Einwohner) in den Regionen Europas Eurostat 2011.

2 Vgl. etwa http://www.community.padl.ac.at/download.php?id=243315&folder=58292 (24. 20. 2011), Slide 7 etwa zum „Vertrauen in die EU" und Slide 9 „Mitgliedschaft ist eine ‚gute Sache'".

Literatur

Bußjäger, Peter (1996). Ist der Bundesstaat noch reformierbar? Streiflichter zum Scheitern der Bundesstaatsreform, Journal für Rechtspolitik 1996, 8–17.

Bußjäger, Peter (2007). Bundesstaatsreform darf keine Einbahnstraße sein!, in: Lienbacher, Georg/Thanner, Theodor/Tschirf, Matthias/Weiss, Katharina (Hg.): Jürgen Weiss – Ein Leben für Staat und Gesellschaft. Festschrift für den Vizepräsidenten des Bundesrates Jürgen Weiss anlässlich seines 60. Geburtstages, Wien, 299–327.

Bußjäger, Peter/Karlhofer, Ferdinand/Pallaver, Günther (2010). Föderalistisches Bewusstsein in Österreich, Schriftenreihe Politische Bildung 8, Wien.

Eurostat (2011). Regionales Bruttoinlandsprodukt (KKS je Einwohner), nach NUTS-2-Regionen, abrufbar unter: http://epp.eurostat.ec.europa.eu/tgm/table.do?tab=table&plugin=1&language=de&pcode=tgs00005 (24. 10. 2011).

Institut für Föderalismusforschung in Innsbruck (1994). 19. Bericht zur Lage des Föderalismus, Innsbruck.

Statistik Austria (2011a). Wichtige wirtschaftliche Eckdaten im EU-Vergleich, abrufbar unter: www.statistik.at/web_de/static/wichtige_wirtschaftliche_eckdaten_im_eu-vergleich_021269.pdf (24. 10. 2011).

Statistik Austria (2011b). Wichtige wirtschaftliche Eckdaten im Bundesländervergleich, abrufbar unter: http://www.statistik.at/web_de/static/wichtige_wirtschaftliche_eckdaten_im_bundeslaendervergleich_021513.pdf (24. 10. 2011).

Statistik Austria (o.J.). Bevölkerung seit 1869 nach Alter für Bundesländer, abrufbar unter: http://sdb.statistik.at/superwebguest/login.do?guest=guest&db=def1174 (24. 10. 2011).

Widder, Roland (2006). Etappen zum Stolz. Landtagswahlkämpfe im Burgenland 1945–1968, in: Dachs, Herbert (Hg.): Zwischen Wettbewerb und Konsens. Landtagswahlkämpfe in Österreichs Bundesländern 1945 bis 1970, Wien, 13–60.

Engelbert Rauchbauer

Landtag als lebendiges Forum

Ansätze für eine Stärkung der föderalen Strukturen

„Wie wird der Landtag zu einem lebendigen Forum?" – Diese Frage steht nicht nur im Zentrum dieses Beitrags, sondern stellt gleichzeitig auch einen Befund für die derzeitige Situation dieser politischen Institutionen dar. Sie impliziert, dass der Landtag derzeit eben *kein* lebendiges Forum ist. Und diese Diagnose ist auch zutreffend.

Bevor man jedoch nach Wegen zur „Verlebendigung" der Landtage allgemein und des Burgenländischen Landtags im Speziellen suchen und diese eventuell auch finden kann, ist es notwendig zu analysieren, warum die Landtage zurzeit kein lebendiges Forum sind und oftmals als entbehrlich dargestellt werden.

Ausgangssituation

Die österreichischen Bundesländer sind, obwohl die Gründung der Ersten Republik im Jahr 1920 wesentlich auf die Initiative der historisch gewachsenen Kronländer zurückzuführen ist, seit jeher mit eher eingeschränkten Zuständigkeiten ausgestattet und verfügen über eher untergeordnete und damit auch unspektakuläre Kompetenzbereiche. Fast alle wesentlichen und damit auch für die Öffentlichkeit interessanten Aufgaben, beginnend vom Zivilrecht über das Strafrecht bis hin zum Arbeitsrecht, hat sich der Bund zugeteilt.

Den Ländern sind in der Folge eher „uninteressante" Bereiche, wie beispielsweise das Baurecht, die Raumordnung, der Naturschutz, um hier die wichtigsten zu nennen, verblieben. Mit dem Beitritt zur Europäischen Union im Jahr 1995 wurde die Existenzberechtigung der österreichischen Bundesländer, vor allem von bestimmten Medienvertretern, zusätzlich in Frage gestellt.

Mit den Schlagworten „die wichtigen Entscheidungen werden sowieso in Brüssel getroffen" und „den Rest soll der Bund österreichweit einheitlich" regeln wurden von der einschlägigen Boulevardpresse die Länder als unnötig, überflüssig und verzichtbar dargestellt.

Dabei wurden und werden auch heute noch bewusst oder unbewusst wesentliche Vorteile von föderalen Strukturen ignoriert und verschwiegen. Ich persönlich bin der Meinung, dass diese heute eindeutig feststellbare Tendenz Richtung Beschneidung, wenn nicht sogar Abschaffung der Länder von bestimmten politischen Gruppierungen forciert und von unbedarften Medienvertretern vollkommen unkritisch verbreitet wird.

Die österreichischen Bundesländer haben zunächst nach dem Ersten Weltkrieg wesentlich zur Gründung dieser unserer Republik beigetragen; ohne die Länder und deren Vertreterinnen und Vertreter gäbe es die Republik Österreich nicht. In schwierigsten Zeiten nach dem Zweiten Weltkrieg haben die Länder wiederum einen wesentlichen Anteil an der Wiederherstellung der Republik geleistet, vor allem aber den sozialen Frieden hergestellt und in weiterer Folge erhalten und gefestigt.

Während in anderen europäischen Staaten die wichtige Rolle der Regionen und Länder mit eigener Gesetzgebungskompetenz, vor allem in einer globalisierten Welt und einer großen europäischen Gemeinschaft erkannt und die Verfassungslage dementsprechend gestaltet wird, ist in Österreich aus unerklärlichen und logisch nicht nachvollziehbaren Gründen eine gegenläufige Strömung festzustellen.

Ehemalige Zentralstaaten wie England, Belgien, Spanien und Italien haben längst erkannt, dass in einer globalisierten Welt den Regionen eine ganz wichtige Rolle zukommt und nur durch deren Einbindung in die Entscheidungsprozesse die wirtschaftliche Ausgewogenheit, der soziale Frieden und der gleichmäßige Wohlstand der Europäer gesichert werden kann.

Die oft vollkommen unterschiedlichen Interessen, beginnend vom Lawinenschutz in den Alpen bis hin zum Schutz vor Orkanen an der Ostsee, von der Erhaltung der Almen bis hin zur Bewahrung der Dünenlandschaft in Rügen, können nur von starken Regionen mit eigener Gesetzgebungskompetenz wahrgenommen werden.

Eigenständige, selbstbewusste und starke Länder sind Garanten für Bürgernähe, für eine demokratische Ordnung auf höchstem Niveau, für sozialen Frieden und umfassenden Wohlstand.

Sie sind flexibel vor allem in Krisensituationen – wie die letzten Jahre gezeigt haben –, sie sind effizienter als schwerfällige Zentralregierungen und sie arbeiten auch kostengünstiger, was anhand von unzähligen Beispielen bewiesen werden kann.

Darstellung der Bedeutung der Länder und breite Akzeptanz

Um den Landtag zu einem interessanten und lebendigen Forum zu machen – was er derzeit nicht ist –, muss die Bedeutung der Länder und damit auch die Bedeutung der Landtage in einem großen Europa und einer globalisierten Welt der Bevölkerung klar vor Augen geführt werden.

Den von den Medien und verschiedenen Gruppierungen aus leicht durchschaubaren machtpolitischen und populistischen Gründen vorgebrachten Scheinargumenten gegen den Föderalismus und gegen die Länder muss öffentlichkeitswirksam und medial entschieden und mit aller Vehemenz entgegengetreten werden.

Starke Länder in einem starken Europa sind der Schlüssel für durchdringende Demokratie, sozialen Frieden und Wohlstand. „Auf starken Ländern Zukunft bauen" sollte das klare Postulat für ein friedvolles krisenfreies Europa sein. Oder: „Small is beautiful" statt Gigantonomie. Wohlfühlen, Rücksicht sowie gegenseitiger Respekt und Achtung voreinander statt „speed" und „share holder value", das wird von den Ländern und Regionen vorgelebt.

Klare Zuständigkeiten für die Länder

Die Kompetenzen der Länder in Österreich müssen sinnvoll und überlegt gefestigt und angereichert werden.

Entsprechend dem europarechtlich verankerten Grundsatz der Subsidiarität sind alle Aufgaben zunächst von den Regionen und dann aufsteigend von den Nationalstaaten und erst in letzter Konsequenz, wenn die Probleme auf den unteren Ebenen nicht gelöst werden können, von der Europäischen Union zu regeln.

Dieser Grundsatz muss auch in einem föderalen Staat konsequent eingehalten werden, weil nur so den spezifischen Bedürfnissen der Bürger in den einzelnen Regionen Rechnung getragen werden kann.

Seit der politischen Vereinbarung, dem sogenannten Perchtoldsdorfer Abkommen aus dem Jahr 1992, das eine derartige grundsätzliche Kompetenzverlagerung hin zu den Ländern vorgesehen hat, ist keine Initiative in diese Richtung erfolgt.

Der große Österreich-Konvent hat zwar grundsätzliche Kompetenzneuregelungen vorgesehen; die Tendenz war dabei aber entgegen dem Zeitgeist eine zentralistische.

Aus tagespolitischen Motiven geleitete Aufgabenverschiebungen hin zum

Bund wie beispielsweise im Tierschutzbereich sind einerseits aus föderalen Überlegungen abzulehnen; sie verhindern einen gesunden Wettbewerb, der hin zu „best practice"-Modellen führt, fokussieren auf eine Zentralmeinung und Zentralidee und zerstören die Ideen- und Praxisvielfalt. Der Tierschutz ist bundesweit geregelt und hat sich seither im Verhältnis zu vorher in einigen Ländern verschlechtert.

Klare umfassende Kompetenzen der Länder im Sinne einer wohlverstandenen Subsidiarität sind wesentliche Voraussetzungen für interessante Themen im Landtag und wesentliche Voraussetzung für einen lebendigen Landtag.

Die beschriebenen Ziele sind auch ein Teil des Weges zu lebendigen Landtagen. Gleichzeitig müssen aber die Politiker einen lebendigen Landtag initiieren, um die obigen Ziele zu erreichen. Kurz gesagt: Am Weg liegen auch die Ziele. Es liegt daher an den Organen des Landes, beginnend von den Landesspitzen (den Landesregierungen und vor allem den Landtagsabgeordneten) bis hin zu den Gemeindemandataren, den Beamten und öffentlichen Bediensteten, permanente Aufklärungsarbeit zu leisten.

Landtagssitzungen allein sind insbesondere wegen der geringen und nicht sehr interessanten Themen zu wenig für eine lebendige Demokratie im Land.

Wege zu den Zielen und zu lebendigeren Landtagen

Einige meiner Meinung nach mögliche, aber auch wichtige Schritte für die Darstellung der notwendigen Veränderung sprich Zielerreichung sind:

– Politische Bildung in allen Formen der Schulausbildung:
  In den derzeitigen Unterrichtsmitteln werden die Länder und deren Organe kaum erwähnt. Bei der Lehrerausbildung beginnend bis hin zum Detailunterricht muss die politische Bildung der Jugend einen Schwerpunkt darstellen. Hier geht es darum, dass sich die Landtagsabgeordneten vermehrt der Diskussion mit den Jugendlichen stellen. Schul-, gemeinde-, bezirks- und landesweit muss Bewusstseinsbildung bei den jungen Menschen betrieben werden. Diskussionen in den Schulklassen durch Landtagsabgeordnete, bei Abendveranstaltungen im Landhaus, im Landtag und in den Hörfunk- und Fernsehmedien sind zu fixieren und durchzuführen.
  Die Jugend ist – wie Studien gezeigt haben – nicht politikverdrossen, es müssen ihr nur die Spielregeln nahegebracht werden, dann ist sie mit Engagement und Einsatz am politischen Leben interessiert und eine kritische und ideenreiche Säulen der demokratischen Ordnung.

- Politische Diskussionsveranstaltungen:
  Jeder einzelne Mandatar sollte verpflichtend politische Diskussionsrunden über Parteigrenzen hinweg (offener Teilnehmerkreis) in jeder Gemeinde seines Wahlbezirkes durchführen.
- Veranstaltung im Landtag:
  Einmal pro Quartal sollte eine Diskussionsrunde – ähnlich wie die Talkshows – vom Landtag zu einem bestimmten Thema organisiert und auch in den Medien übertragen werden.

Plakate, Folder, Zeltfeste etc. allein reichen nicht mehr aus, um die Bevölkerung politisch zu erreichen, sondern es müssen zusätzlich weitere intensive und inhaltlich gehaltvolle Wege beschritten werden, um die Arbeit der Landtage in der Öffentlichkeit dazustellen.

Die Palette von Möglichkeiten ist insbesondere im Internetzeitalter fast unbegrenzt, wobei jedoch Folgendes unumgänglich ist, um aus dem Landtag ein lebendiges Forum zu machen:

- Akzeptanz der Notwendigkeit der Länder und Landtage in der Bevölkerung,
- mehr Kompetenzen zu den Ländern im Sinne des Subsidiaritätsgrundsatzes,
- umfassende politische Bildung,
- intensiver Kontakt der Mandatare mit der Bevölkerung und inhaltliche Diskussionen,
- Verbreiterung der Veranstaltungspalette (Diskussionsforen, Talkshows, Landtagsveranstaltungen).

Werden diese Wege konsequent beschritten, führt dies meiner Meinung nach zur unbedingt notwendigen Akzeptanz der Länder und damit zur Sicherung des sozialen Friedens und Wohlstandes, zu mehr Kompetenzen für die Länder und damit automatisch zu lebendigeren Landtagen am Puls der Bürger.

Bernhard Heinzlmaier

Eine Beziehungskrise mit absehbarem Ende?

Jugend und Politik

„Politisch im klassischen Sinn ist die heutige Jugend nicht. Im Gegenteil. Das Interesse für Politik ist auf einem historischen Tiefpunkt: Heute schätzt sich nur noch ein Drittel als politisch ein, in den siebziger Jahren waren es noch zwei Drittel einer Generation. Aber, meine Hypothese ist: Das Politische wird wieder zunehmen." (Hurrelmann 2009, 2)

Die Aussage von Klaus Hurrelmann, Studienleiter der deutschen Shell Jugendstudie, ist eindeutig. Das Interesse der deutschen Jugend an Politik ist mehrheitlich nicht vorhanden, es gibt aber Hoffnung auf Besserung. Ausgangspunkt einer neuerlichen Mobilisierung des politischen Interesses der Jugend sind für Hurrelmann die gegenwärtigen Krisen und Krisenlösungsstrategien der neoliberalen Ökonomie und der von ihr abhängigen Politik. Der durch den „Bologna-Prozess" weiter angeheizte Konkurrenzkampf um Bildungsabschlüsse, die steigende Jugendarbeitslosigkeit, die vor dem Hintergrund von Fukushima und der Diskussion um den Atomausstieg erneut in Schwung gekommene AKW-Debatte und eine neue Friedensbewegung sollten – folgt man Hurrelmanns Argumentation – also wieder für jugendliches Politikinteresse und Engagementbereitschaft sorgen. Doch heute, etwa zwei Jahre nach dieser Stellungnahme von Hurrelmann, sehen wir zwar eine neue Bewegung am Spielplan des alltäglichen medialen Politikdramas auftauchen, die „Occupy Wall Street"-Bewegung, aber von der Anti-AKW-Bewegung hört man gegenwärtig recht wenig und auch eine Friedensbewegung, die zum Beispiel im Kontext der NATO-Interventionen in Nordafrika entstehen hätte können, ist nicht in Sicht. Und auch an den Universitäten ist es wieder ruhig. Die Mehrheit der Studierenden nimmt „Bologna" offensichtlich zähneknirschend hin, auch deshalb, weil auf der Ebene der Parteipolitik ein kompetenter und engagementbereiter Ansprechpartner zu fehlen scheint. Die Jugend ist also nach wie vor ruhig und distanziert, wenn es um

Politik geht. Offensichtlich hat die Mehrheit Besseres zu tun, als das politische Geschehen interessiert zu verfolgen oder sich aktiv in politische Diskurse oder gar in außerparlamentarische Aktivitäten einzubringen.

Die österreichische Situation

Österreichische Zahlen, was das Politikinteresse der Jugend betrifft, sprechen eine ganz ähnliche Sprache wie die Daten der deutschen Shell Jugendstudie, auf die Hurrelmann in seinem Statement verweist. In einer Untersuchung vom Juli 2009 zeigen sich gerade einmal 14 Prozent der Befragten „sehr" an Politik interessiert. Immerhin 43 Prozent bekunden, „etwas" Interesse an Politik zu haben (vgl. tfactory 2009).

Wie die „etwas" interessierte Gruppe mit Politik tatsächlich umgeht, in welchem Ausmaß und in welcher Form sich diese Jugendlichen mit Politik beschäftigen, liegt heute noch weitgehend im Dunkeln. Qualitative Mediennutzungsstudien lassen jedoch die Vermutung aufkommen, dass hier die Auseinandersetzung mit Politik nicht aus mehr als dem gelegentlichen kursorischen Überfliegen des Politikteiles der „Kronen Zeitung", der Tageszeitung „Österreich" oder des Gratismagazins „Heute" und dem Nebenbeikonsum der TV-Nachrichten besteht.

Vor allem bildungsferne Jugendliche geben an, dass sie das Lesen von politischen Artikeln in Zeitungen zu sehr anstrengt. Die Rezeption von politischen Nachrichten über das TV wird als einfacher und angenehmer empfunden (vgl. tfactory 2009; Institut für Jugendkulturforschung 2010). Auch dieser Befund gibt uns einen Hinweis darauf, dass in großen Teilen der Jugendpopulation die Bedeutung von politischen Informationen und der politischen Informiertheit sehr gering ist. Wäre sie größer, wären die Jugendlichen auch bereit, die größere Anstrengung, die die Rezeption von Zeitungstexten erfordert, zu erbringen.

Was das politische Interesse der Jugend des Burgenlandes betrifft, unterscheidet sich seine Ausprägung kaum von der im gesamten Österreich. Auch im östlichsten Bundesland sind 50 Prozent der unter 30-Jährigen an Politik nicht interessiert. Als „sehr" interessiert bezeichnen sich lediglich zehn Prozent der Befragten.

Die Engagementbereitschaft der burgenländischen Jugend

Politisches Interesse ist eine Sache, die Bereitschaft zum politischen Engagement eine andere. Denn: Politisches Interesse kann in den eigenen vier Wänden relativ risikolos stattfinden, politisches Engagement ist mit einem öffentlichen Bekenntnis, durch das man sich als Person auch öffentlich zur Disposition stellt und dadurch angreifbar macht, verbunden. Daneben erfordert politisches Engagement einen deutlich höheren Zeitaufwand und eine erhöhte Bereitschaft, sich auch emotional intensiv zu involvieren. Wer sich selbst aktiv in die Politik begibt, kann nicht mehr entspannt aus sicherer Entfernung zum Geschehen räsonieren und reflektieren. Man ist nun „mittendrin" anstatt nur „dabei". Diese Exponiertheit der politisch Engagierten führt dazu, dass der Anteil jener, die die Bereitschaft bekunden, selbst aktiv ins politische Geschäft einzusteigen, deutlich unter dem der politisch Interessierten liegt.

Fragt man nun nach der Bereitschaft, sich bei einer Partei zu engagieren, so wäre das für rund ein Fünftel der unter 30-Jährigen des Burgenlandes vorstellbar. Im Gegensatz dazu ist die Bereitschaft, in einer Hilfsorganisation, einem Verein, einem selbstorganisierten Projekt oder in der Nachbarschaft tätig zu sein, deutlich stärker ausgeprägt. Der Anteil der Jugendlichen, die bereit wären, sich im Rahmen einer burgenländischen Hilfsorganisation zu engagieren, erreicht einen Anteil von 40 Prozent.

Auf der Suche nach den Gründen: Warum geht die Jugend auf relative Distanz zur Politik?

Generell wird in der wissenschaftlichen Diskussion davon ausgegangen, dass in einer individualisierten Gesellschaft der Einzelne gezwungen ist, mehr Zeit für sich selbst aufzuwenden. Die „Sorge um sich" (vgl. Foucault 2007) und die Arbeit am eigenen Selbst (vgl. Bröckling 2007) erfordern Zeit und kosten Kraft; Zeit und Kraft, die für das Engagement in anderen Feldern des gesellschaftlichen Lebens abgehen. An die Stelle des politischen Engagements für die Gesellschaft tritt nun notwendig und von den Verhältnissen erzwungen die „Lebenspolitik". Lebenspolitik bedeutet, dass die individuelle Lebensführung „zu einer Abfolge strategischer Entscheidungen und taktischer Kalküle" wird. „Das Selbst erscheint als reflexives Projekt, das sich allein oder mithilfe professioneller Berater, Therapeuten, Coaches oder anderer Autoritäten einem permanenten Selbstmonitoring unterzieht, um die ‚Flugbahn' seines Lebens immer neu zu adjustieren, wobei mit den Chancen der Selbstverwirklichung stets die Risken des Absturzes einhergehen." (Bröckling 2007, 26) Die Folge ist, dass das Individuum der Postmoderne so sehr mit der Regierung des eigenen Selbst beschäftigt ist, dass ihm für die Beteiligung an der Regierung des Gemeinwesens wenig bis gar keine Zeit mehr bleibt. An die Stelle der auf das Kollektiv zielenden Gesellschaftspolitik tritt die auf das Individuum gerichtete Lebenspolitik.

Die Individualisierung als gesellschaftliches Phänomen ist aber nur ein Aspekt, wenn auch möglicherweise der entscheidende, der für die Politikabstinenz der Jugendlichen und jungen Erwachsenen verantwortlich ist. Weitere Gründe liegen wohl in der Praxis und der Erscheinungsweise der Politik selbst. Zuerst zur Praxis des Politischen. Der schottisch-amerikanische Philosoph Alasdair MacIntyre unterscheidet zwischen äußeren und inhärenten Gütern. MacIntyre erklärt den Unterschied zwischen den beiden Güterarten anhand des Schachspiels. So kann man Schach spielen, um äußere Güter zu erreichen, wie zum Beispiel Geld und Ansehen, oder aber wegen inhärenter Güter, also Güter, die aus dem Schachspiel selbst erwachsen, wie die Verbesserung des analytischen Geschicks oder der strategischen Vorstellungskraft.

Die Menschen unserer Zeit richten ihr Interesse in erster Linie auf äußere Güter. Um die Sachen selbst geht es den wenigsten. Die Dominanz der äußeren Güter ist nach MacIntyre dafür ausschlaggebend, dass sich Betrug und Korruption ausbreiten. Wo es niemandem mehr um die Sachen selbst geht, sondern nur mehr um den eigenen Vorteil, wird die Gesellschaft quasi in ihren Urzustand zurückkatapultiert, der vom Hobbes'schen Prinzip des „homo homini lupus" regiert wird, des Konkurrenzkampfes von jedem gegen jeden (vgl. MacIntyre 1998). Es mehren sich die Anzeichen, dass weite Teile der Politik, ganz im Sinne der Horrorvision MacIntyres, von der Jagd nach äußeren Gütern beherrscht werden. Zumindest dominieren jene Politiker, die mit ihrem politischen Engagement in erster Linie egoistische Zwecke verfolgen, das mediale Erscheinungsbild der Politik.

Aufgrund der permanenten, weil auflagensteigernden Präsenz von politischen Korruptionisten in den Medien, entsteht ein Pars-pro-Toto-Effekt. Der korrupte Teil der Politik wird von der Öffentlichkeit für das Ganze der Politik genommen. Die Jugendlichen, deren moralischer Idealismus zum Teil noch unbeeinträchtigt und ungebrochen ist, da sie ihr bisheriges Leben in Ausbildungseinrichtungen und damit außerhalb einer zweckrationalen wirtschaftlichen oder politischen Praxis verbracht haben, stehen nun entsetzt vor dem moralisch inferioren Erscheinungsbild der politischen Klasse. Insbesondere aus der Perspektive einer moralischen Jugend erscheint das Image der Politik als besonders desolat. Bei Befragungen fallen den Jugendlichen zum Thema Politik spontan vor allem Vokabeln wie Korruption, Betrug, Skandal etc. ein. Die

Konsequenz ist, dass sich vor allem die moralisch integeren Teilgruppen der Jugend von der Politik fernhalten, weil sie mit deren negativem Image nicht in Zusammenhang gebracht werden wollen. Was droht, ist, dass vor allem unmoralische jugendliche Abenteurer und Glücksritter in die Politik einströmen, um dort unter vermeintlich ihresgleichen ihr Glück zu versuchen.

Der österreichische Parlamentarismus in Zeiten der präfigurativen Kultur

„Alle gesetzgebenden Körperschaften haben gemeinsam, dass mehr als 70 % ihrer Mandatare in die Altersstufe von 41 bis 60 Jahren fallen; und zwar sind dies in den Landtagen 75 %, im Nationalrat 74,3 % und im Bundesrat 71 %. Die stärkste Zehnergruppe sind jeweils die 51- bis 60-Jährigen. Diese Altersklasse hat in allen Landtagen zusammengenommen einen Anteil von 38,9 %, im Nationalrat einen solchen von 42,6 % und im Bundesrat sogar von 46,8 % aller Mitglieder der entsprechenden gesetzgebenden Körperschaft." (Zögernitz 2009, 2)

Schon Mitte der 1960er-Jahre hat die amerikanische Ethnologin Margaret Mead darauf hingewiesen, dass sich in den Gesellschaften der Gegenwart mehr und mehr präfigurative Verhältnissen ausprägen. Eine präfigurative Kultur zeichnet sich nach Mead dadurch aus, dass in ihr das Verhältnis zwischen den Generationen anders geregelt erscheint. Lernten früher die Jungen von den Alten, so sind in einer präfigurativen Kultur die Alten gezwungen, von den Jungen zu lernen. Unter präfigurativen Verhältnisse verkehren sich nach und nach die Machtverhältnisse zwischen den Generationen.

Präfigurative Verhältnisse treten vor allem in Gesellschaften mit starkem Traditionsverlust auf. Wo Traditionen an Bedeutung verlieren, gewinnt die Zukunft auf Kosten der Vergangenheit an Bedeutung. Unter solchen Verhältnissen steigt der Einfluss der jungen Generation, weil diese, im Gegensatz zu den Alten, den Blick in die Zukunft gerichtet hat (vgl. Mead 2000).

Die Umkehrung der Machtverhältnisse zwischen den Generationen erweist sich bei näherem Hinsehen aber nur als partielles Geschehen. Betroffen davon sind vor allem die lebensstilistische und die kommunikationstechnologische Ebene. In den Feldern der Ökonomie und der Politik herrscht nach wie vor die Hegemonie des Alters vor, was die im obigen Zitat ausgewiesenen statistischen Daten über den Altersschnitt in den gesetzgebenden Körperschaften des Landes belegen. So herrschen im Nationalrat und Bundesrat die 51- bis 60-Jährigen fast absolut. Für unter 30-Jährige heißt es im österreichischen Parlamentarismus in der Regel: „Ich darf nicht hinein." Resümierend kann also festgestellt werden: Die Jungen haben die alltagskulturelle Meinungsführerschaft, das heißt, sie bestimmen, welche Bekleidungsmarken, welche Computer und welche Sportgeräte im Allgemeinen genutzt werden, die Alten verfügen aber weiterhin über die Macht in den Systemwelten der Politik und der Ökonomie.

Eine solche Konstellation führt zu Distanzierungseffekten bei der Jugend und den jungen Erwachsenen in Bezug auf das politische System. Denn Zugang zur Politik finden Menschen nicht nur über den vernünftigen Diskurs, das heißt den öffentlichen Austausch von Argumenten, sondern mindestens genauso starken Einfluss üben Leidenschaften jenseits von Dialog und Deliberation sowie kollektive Identifikationsmöglichkeiten aus (vgl. Mouffe 2007, 93), die sich vor allem über präsentative Symboliken vermitteln. In einer Kulturgesellschaft spielt der sogenannte Lifestyle der politischen Akteure, vor allem wenn es um kollektive Identifikation geht, eine große Rolle. Junge Menschen, und eventuell auch ältere, schließen sich nun einmal lieber einer Gruppe an, bei der sie präsentativ-symbolische Anknüpfungspunkte finden, als einer solchen, in der 50- und 60-Jährige, wenn auch nur non-verbal, vermittelt durch ihre Lifestyleinszenierungen, auf dem Fortbestand von Traditionskulturen beharren.

Versagen der politischen Kommunikation

In seinem Aufsatz über neue Formen der Weltwahrnehmung nimmt der deutsche Jugendsoziologe und Pädagoge Dieter Baacke Bezug auf die von Susanne Langer eingeführte Unterscheidung zwischen einer *diskursiven* und einer *präsentativen* Symbolik (vgl. Langer 1984), um mit deren Hilfe neue Formen der Rezeption von Wirklichkeit insbesondere bei Jugendlichen zu erklären. Während die *diskursive Symbolik* sich auf die Logik sprachlich vermittelter Denkprozesse bezieht, wirkt die *präsentative Symbolik* sinnlich unmittelbar und wird vom wahrnehmenden Individuum intuitiv verstanden. In einer Welt, in der präsentative Symbolformen die mediale Kommunikation und die Kommunikation zwischen den Menschen zu dominieren beginnen, verlagert sich der Schwerpunkt des symbolischen Austausches von der argumentativen Rationalität der Sprache zu assoziativ wahrgenommenen Einsichten, die zum Beispiel von Bildmetaphern oder flüchtigen Klanggebilden ausgelöst werden (vgl. Baacke 1997, 54).

In Zeiten des permanenten Bildersturms und der fast ununterbrochenen Lautbeschallung hat sich insbesondere die Jugendkommunikation verändert. In ihrem Zentrum stehen bildzentrierte, nicht-argumentative Kommunikationsformen und -praktiken. In einer Welt, in der sich der wortsprachliche Anteil der Kommunikation reduziert und das Bild und die Musik anstelle des geschriebenen und gesprochenen Wortes in den Vordergrund drängen, tritt an die Stelle des traditionellen Überzeugungsdiskurses, der mit Begriffen operiert, die nichtbegriffliche Kommunikation der Verführung. Das Zeigen tritt an die Stelle des Sagens, Rituale und Inszenierungen dominieren das Feld der öffentlichen Kommunikation. Eine Kommunikations- und Überzeugungskultur des Einfühlens und Verstehens tritt an die Stelle der alten rationalen sprachlichen Diskurse.

Die Politik wird von dieser symbolischen Neuausrichtung der Jugendkommunikation bisher nur am Rande berührt. Noch immer stehen die Politikerrede, der Debattenbeitrag, der Austausch und der Wettstreit der Argumente im Vordergrund. Das strategische Inventar einer präsentativen Symbolik bleibt weitgehend unausgeschöpft und damit das Potential einer Kommunikation, die die symbolischen Möglichkeiten des sprachlich vermittelten, rationalen Diskurses übersteigt.

Agonistische Differenz statt Konsens der Mitte

Nach der Auffassung des britischen Politikwissenschafters Colin Crouch hat die Politik die europäischen Gesellschaften in die Ära der Postdemokratie geführt. In der Postdemokratie geht der Einfluss der Bürger auf die Politik verloren. An die Stelle des Bürgereinflusses tritt der von bezahlten Beratern, Meinungsforschern und Lobbyisten. Sie bestimmen fortan, welche Themen aufgegriffen und welche Programme und Konzepte umgesetzt werden (vgl. Crouch 2009). Eine ganz ähnliche Position vertritt die Französin Chantal Mouffe. Ihrer Auffassung nach gelingt es der Politik nicht mehr, den Bürger zu mobilisieren, weil anstelle von lebendigen, agonistischen Diskussionen zwischen Gegnern ein uninteressanter, undynamischer, träger Konsens der Mitte getreten ist. Für Chantal Mouffe wird Politik zur Postpolitik, indem sie Differenz und Konflikt durch Konsens ersetzt. Das Wesen der Politik ist der Kampf um die Hegemonie zwischen distinkten politischen Kräften, zwischen linken und rechten Strömungen. In politischen Verfahren kann nicht alles ausdiskutiert und in einen Konsens übergeführt werden. Unter Wahrung der Spielregeln einer pluralen Gesellschaft und einer liberalen Demokratie müssen unterschiedliche politische Interessen wieder leidenschaftlich um die Hegemonie ringen, will die Politik die Aufmerksamkeit der Bürger zurückgewinnen. „Politik hat immer eine Dimension leidenschaftlicher Parteilichkeit und damit Menschen sich für Politik interessieren, müssen sie die Möglichkeit haben, zwischen Parteien zu wählen, die echte Alternativen anbieten.“ (Mouffe 2007, 40) Für Mouffe ist es wenig überraschend, dass in einer Demokratie, in der Politik ohne klare Gegnerschaft und ohne Leidenschaft betrieben wird, das Interesse der Menschen an Politik sinkt und die Quote der Nichtwähler steigt. Und auch für das Aufkommen rechtspopulistischer Strömungen macht Mouffe die leidenschaftslose Konsenspolitik verantwortlich. „Rechtspopulisten hatten immer dann Zulauf, wenn zwischen den traditionellen demokratischen Parteien wenige Unterschiede erkennbar waren." (Mouffe 2007, 87)

Welche Konsequenzen lassen sich nun aus den kritischen Positionen von Crouch und Mouffe ableiten, um Politik wieder attraktiv für junge Menschen zu machen? An erster Stelle wird es wohl notwendig sein, dass die Parteien wieder klare Profile mit Ecken und Kanten zeigen. Konflikte müssen wieder öffentlich ausgetragen werden, klare inhaltliche und programmatische Alternativen auf die Tagesordnung gesetzt werden. Und die Parteien müssen ihren Willen zur Macht, ihren Willen zur Ausübung von Hegemonie zeigen.

Zum Zweiten wird es darum gehen, jungen Menschen wieder eine Identifikation mit kollektiven Identitäten zu ermöglichen. In diesem Zusammenhang wird man sich im Sinne des „wir/sie-Gegensatzes" (vgl. Mouffe 2007, 93) sowohl auf der symbolisch-präsentativen als auch auf der politisch-diskursiven Ebene klar vom politischen Gegner abgrenzen müssen. Voraussetzung der Ausbildung einer kollektiven Identität ist die klare Abgrenzung des „wir" von einem anderen, außerhalb stehenden „sie". „Jede Identität ist relational und jede Identität erfordert zwangsläufig die Bestätigung einer Differenz, d. h. die Wahrnehmung von etwas ‚anderem'", das sein ‚Außerhalb' konstituiert." (Mouffe 2007, 23)

Und drittens geht es um die Wiedergewinnung der Leidenschaft in der Politik. Die Gesellschaft ist nicht das Dissertantenseminar eines politikwissenschaftlichen Instituts, in dem im Rahmen von vernünftigen Diskursen Argumente abgewogen und politische Entscheidungen getroffen werden. Entscheidungen von jungen Wählern sind nicht primär eine Sache der Vernunft. Vielmehr wird die Jugend durch kollektive Identifikationsangebote, leidenschaftliches Engagement und gelungene präsentativ-symbolische Inszenierungen angesprochen und bewegt. Vor allem die großen Volksparteien haben in den drei abschließend aufgezeigten Handlungsfeldern Defizite. Es fehlen ihnen der Wille zur Macht, der Mut zur Deutlichkeit in der Abgrenzung gegenüber den politischen Gegnern und die Fähigkeit, Leidenschaften mit Politik in Zusammenhang zu bringen. Sollte ihnen das in den nächsten Jahren nicht gelingen, wird die Politikdistanz der Jugend zunehmen und sich der Aufschwung des Rechtspopulismus fortsetzen.

Literatur

Baacke, Dieter (1997). Neue Ströme der Weltwahrnehmung und kulturellen Ordnung, in: ders. (Hg): Handbuch Jugend und Musik, Opladen, 29–57.
Bröckling, Ulrich (2007). Das unternehmerische Selbst. Soziologie einer Subjektivierungsform, Frankfurt am M.
Crouch, Colin (2009). Postdemokratie, Frankfurt am M.
Foucault, Michel (2007). Ästhetik der Existenz. Schriften zur Lebenslust, Frankfurt am M.
Hurrelmann, Klaus (2009). Die Jugend wird wieder politischer, Zeit online, 12/2009, abrufbar unter: http://www.zeit.de/gesellschaft/generationen/2009-12/interview-hurrelmann-shell-studie-2010/seite-2 (29. 10. 2011).
Institut für Jugendkulturforschung (2010). ORF-Public-Value-Studie 2010. Jugend und Gesellschaftspolitik, Wien.
Langer, Susanne K. (1984). Philosophie auf neuem Wege. Die Symbole im Denken, im Ritus und in der Kunst, Frankfurt am M.
MacIntyre, Alasdair (1998). Das Wesen der Tugenden, in: Rippe, Klaus Peter/Schaber, Peter (Hg.): Tugendethik, Stuttgart, 92–113.
Mead, Margaret (2000). Der Konflikt der Generationen. Jugend ohne Vorbild, Eschborn.
Mouffe, Chantal (2007). Über das Politische. Wieder die kosmopolitische Illusion, Frankfurt am M.
tfactory (2009). Politikverständnis der jungen ÖsterreicherInnen, Wien.
Zögernitz, Werner (2009). Altersstruktur in den Landtagen und im Bundesparlament, abrufbar unter: http://www.parlamentarismus.at/fileadmin/Inhaltsdateien/IfPD/DAteien/Altersstruktur_in_den_Landtagen_und_im_Bundesparlament_01.pdf (30. 10. 2011).

Roland Fürst

Jugend zwischen Politikfrust und Weltverbesserung

Demokratie lernen – die Kernaufgabe jeglicher politischen Bildung

Um das gegenständliche Thema halbwegs stringent abzuarbeiten, musste der Fokus der Betrachtung einigermaßen eingegrenzt werden. So wird die Partizipation der burgenländischen[1] Jugend – und somit der Ausdruck über „Politikfrust" und „Weltverbesserung" – in diesem Beitrag über die Teilnahme an Wahlen eingangs erörtert, wobei „Wählen mit 16" intensiver in den Blick genommen wird. Danach folgt die kritische Beleuchtung der Politischen Bildung und ein kurzes Fazit. Neben theoretischen Überlegungen werden auch empirische Erkenntnisse aus meiner Dissertation (vgl. Fürst 2012) eingearbeitet.

Partizipation & Jugend

Die Teilnahme an der Regelung gemeinsamer Angelegenheiten stellt eine grundlegende Forderung seit der Demokratisierung der politischen Systeme dar. Ohne Beteiligung und Beteiligungschancen der Bürger/innen sind moderne Gesellschaften nicht mehr konsens- und überlebensfähig. Mit dem Begriff der Partizipation werden dabei alle Tätigkeiten der Bürger/innen zusammengefasst, die diese freiwillig mit dem Ziel unternehmen, Entscheidungen auf den verschiedenen Ebenen des politischen Systems zu beeinflussen. Somit wird deutlich, dass Partizipation vor allem als instrumentelles, zielgerichtetes Handeln einzelner Bürger/innen aufgefasst wird. Durch diese Interpretation wird aber auch deutlich, dass Partizipation nur in demokratischen Systemen möglich ist. Somit sind die politische Partizipation und Demokratie untrennbar miteinander verbunden: „Any book about political participation is also a book about democracy" (Parry et al. 1992, 3). Demokratie kann auch ohne ein gewisses

Niveau politischer Beteiligung nicht funktionieren, ein Mangel an politischer Beteiligung wird für die Demokratie als destruktiv betrachtet. Jugendliche nehmen an demokratischen Entscheidungsprozessen in Staat und Gesellschaft teil und üben so jugendliche Partizipation aus. Jugendliche und Kinder sind Träger der in den Grundgesetzen gewährten Rechte. Sie sind Bürger/innen dieses Staates und ihnen stehen wie allen Grund- und Beteiligungsrechte zu (vgl. Knauer/Sturzenhecker 2005, 67). Mit dieser stark normativen Begriffsbestimmung wird an die Tradition der emanzipatorischen Partizipation innerhalb der Pädagogik angeschlossen, die auf Selbstbestimmung der Subjekte in einem mitverantwortlichen gesellschaftlichen Konflikt- und Aushandlungsprozess abzielt, wo meines Erachtens auch die Weichen in Richtung „Politikfrust" oder „Weltverbesserung" gestellt werden.

Das politische System in Österreich (repräsentativ-demokratisch) ist eine Parteiendemokratie, wobei die Partizipation hauptsächlich als Beteiligung an Wahlen erfolgt, dort manifestiert sich Frust oder Engagement, nicht nur der Jugend.

Wahlen & Jugend – Wählen mit 16

Unter Wählen versteht man die Freiheit des Menschen, sich für eine von mehreren Möglichkeiten zu entscheiden. Mittels Wahlen nehmen Bürger/innen an politischen Entscheidungsprozessen teil, Wahlen sind das partizipative Instrument der liberalen Demokratie und für liberal-demokratische Verfassungsstaaten konstitutiv (vgl. Pelinka/Rosenberger 2007, 173). Über Teilnahme bzw. Nicht-Teilnahme an Wahlen kann jede/r Einzelne/r darüber entscheiden, ob man etwas verbessern will oder eben nicht. Bereits Ende der 1980er-Jahre flammte immer wieder die Debatte um eine umfassende Wahlaltersenkung von 18 auf 16 Jahre bei der Ausübung des aktiven Wahlrechts auf. Bevor am 5. Juni 2007 der Nationalrat im Rahmen einer Reform des Wahlrechts die Herabsetzung des aktiven Wahlalters auf 16 Jahre für die Bundesebene beschlossen hat, lag bereits das Wahlalter für Gemeinderatswahlen in den Bundesländern Burgenland, Salzburg, Wien, Steiermark und Kärnten bei 16 Jahren. Im Burgenland konnten 16-Jährige erstmals bei den Gemeinderatswahlen im Jahr 2002[2] wählen. Rund 6800 Jugendliche waren dadurch „zusätzlich" aktiv wahlberechtigt. In Österreich konnten somit die 16- bis 17-Jährigen das erste Mal bei den Burgenländischen Gemeinderatswahlen am 6. Oktober 2002 teilnehmen. In weiterer Folge waren die 16- bis 17-jährigen Burgenländer/innen auch bei den Landtagswahlen am 9. Oktober 2005 und den letzten Gemeinderatswahlen am 7. Oktober 2007 wahlberechtigt. Zuletzt gaben die 16- bis 17-jährigen Burgenländer/innen am 28. September 2010 ihre Stimme bei den Nationalratswahlen ab. Somit hat das Burgenland die längste Tradition von „Wählen mit 16". Die positiven Erfahrungen damit im Burgenland waren die Grundlage dafür, dass sich „Wählen mit 16" österreichweit durchgesetzt hat. Das Burgenland kann diesbezüglich als Vorreiter bezeichnet werden (vgl. Fürst 2012). Plötzlich waren auch alle Einwände, die die politischen Gegner/inne/n von „Wählen mit 16" bis zu diesem Zeitpunkt angeführt haben, von der Agenda gestrichen.

Als die drei Hauptgründe gegen „Wählen mit 16" wurden angeführt (etwa in einer Studie[3] von Karlhofer 2007, 40):
- fehlendes Wissen
- mangelndes Interesse
- politische Unreife

Einschlägige Studien (etwa Nachwahlanalysen) bestätigen eher die Argumente jener Gruppen, die sich für „Wählen mit 16" eingesetzt haben. Als die drei Hauptgründe für „Wählen mit 16" wurden angeführt (vgl. Karlhofer 2007, 40):
- Mitbestimmungsrecht
- Zukunft mitgestalten
- Meinung schon mit 16 Jahren

Hohe Wahlbeteiligung

Dass die Jugendlichen die Partizipationsmöglichkeit nützen, zeigen alle einschlägigen Studien. So stellte das Institute for Social Research and Consulting (SORA) in einer ersten groß angelegten Studie fest, dass bei den 16- bis 18-Jährigen eine unerwartet hohe Wahlbeteiligung zu verzeichnen war, dass die Wahlaltersenkung das Interesse für Politik stärkt und dass die Jugendlichen die Demokratie ernst nehmen. Bei den Burgenländischen Gemeinderatswahlen 2002 beispielsweise lag die durchschnittliche Wahlbeteiligung bei 80 Prozent, um nur 5,6 Prozent niedriger als die generelle Wahlbeteiligung (vgl. SORA/ISA 2005, 59). Die Möglichkeit, sich über Wahlen aktiv beteiligen zu können, ist die eine Sache, den Sinn dahinter zu erkennen, eine andere. Auch wenn Österreich als Vorreiter im Bereich des Jugendwahlrechts gilt, hinkt es bei der notwendigen demokratiepolitischen (politischen) Bildung, wo die Demokratie- und Bürgerschaftsbeziehungen geprägt werden, dennoch hinten nach.

Politische Bildung im Spannungsbogen zwischen Politikfrust und Weltverbesserung

Eine so umfassende Wahlaltersenkung ohne erkennbare strukturelle Maßnahmen im Bereich der demokratiepolitischen Bildung verliert dann an Bedeutung, wenn man sich Diskussionen rund um die Politische Bildung vergegenwärtigt. Peter Filzmaier (2007, 264; 2011) und andere Expert/inn/en (etwa Wolfgang Sander u. a.) konstatieren der Politischen Bildung in Österreich „Defizite". Durch das Senken des Wahlalters auf 16 Jahre ergibt sich meines Erachtens ein akuter bildungspolitischer Handlungsbedarf und die Notwendigkeit, demokratiepolitische Bildung für alle Bereiche neu zu definieren bzw. zu reformieren, wobei der Schule als Nadelöhr, durch das alle Menschen hindurch müssen, eine zentrale Funktion zukommt/zukommen wird, weil „Wahlrecht und politische Unterweisung gehören zusammen und sind gegenseitig bedingend; eins ohne das andere ist politischer Widersinn" (Rühlmann 2007 [1908], 63). Politische Bildung ist immer dem „Zeitgeist der konkreten Politik" (Lauth et al. 2012, 386) unterworfen, das heißt, sie ist immer auch Auseinandersetzung mit gegebenen historischen Situationen, Problemen und Veränderungstendenzen (vgl. Lauth et al. 2012, 386). Politische Bildung versucht nicht nur die vorhandenen Bildungswünsche zu befriedigen, sondern ist auch immer bemüht, zukünftig gesellschaftlich relevante Entwicklungen aufzuspüren und „kritische Diskurse über öffentliche kontroverse Themen zu inszenieren" (Sebert 1993, 16). Gerade in der Schule wird die „wünschbare Zukunft des Dreiecksverhältnisses von BürgerIn, Gesellschaft und Staat" (vgl. Lauth et al. 2012, 374ff) vorbereitet. Genau dort werden die Weichen dafür gestellt, ob Jugendliche künftig mitpartizipieren und mitgestalten, also etwas verbessern wollen, zum Beispiel die Welt, oder ob Jugendliche sich künftig sämtlicher Beteiligungsmöglichkeiten verweigern und sich in Frustration üben. Die Schule wird von den Jugendlichen selbst – neben der Familie – als wichtigste Bildungsinstanz und Informationsquelle angesehen, als jener Ort identifiziert, an dem die Kompetenzen für die aktive Teilnahme an Wahlen und anderen Partizipationsformen vermittelt werden könnten (vgl. SORA/ISA 2009, 65).

Kein gutes Zeugnis für die Politische Bildung

Die im Rahmen meiner Forschung (Methodentriangulation) befragten Zielgruppen (burgenländische Politiker/innen, Politische Bildner/innen an burgenländischen Schulen und burgenländische Jugendliche) teilen die kritische Einschätzung zur Organisation der Politischen Bildung an den (burgenländischen)

Schulen. Alle Befragten üben scharfe Kritik an der Politischen Bildung und lehnen die Organisation als Unterrichtsprinzip ab. Die Argumente sind differenziert. Die Kritik reicht von der schlechten Lehrer/innenausbildung in diesem Bereich bis hin zu den schlechten Rahmenbedingungen. Die meisten politischen Expert/inn/en wollen, dass die Politische Bildung an den Unterrichtsgegenstand Geschichte gekoppelt werden soll. Die befragten Jugendlichen haben den Unterricht in Politischer Bildung eher negativ erlebt, weil einerseits relevante Inhalte, zum Beispiel für „Wählen mit 16", gar nicht oder zu spät in den Unterricht kamen. Andererseits wurde bemängelt, dass der Unterricht als zu fad und zu wenig praxisrelevant wahrgenommen wurde. Diese jungen Burgenländer/innen sehen auch einen starken Verbesserungsbedarf und wollen die Politische Bildung als eigenes verpflichtendes Unterrichtsfach. Dies wollen im Grunde auch alle im Parlament vertretenen Parteien, was eine im Rahmen der Dissertation gestartete E-Mail-Anfrage an die Bildungssprecher/innen im Jänner 2009 belegt (vgl. Fürst 2012, 120ff). Insofern ist es bemerkenswert, dass sich in dieser Frage bis dato auf politischer Ebene keinerlei Diskussionsbedarf diesbezüglich ergeben hat. Aber auch die Politischen Bildner/innen (Pädagog/inn/en) an den Schulen sind mit der Organisation der Politischen Bildung nicht zufrieden. Zwei Drittel der befragten Pädagog/inn/en geben an, dass der Politischen Bildung im österreichischen Schulsystem eine zu geringe Bedeutung zugemessen wird. Und fast 70 Prozent sprechen sich für ein eigenes Pflichtfach „Politische Bildung" für alle über 10-Jährigen aus. Offensichtlich sind die Pädagog/inn/en mit der Organisation der Politischen Bildung mehrheitlich nicht zufrieden und würden sich umfassenden Reformen in diesem Bereich nicht verschließen. Das deutliche Votum für ein eigenes Fach „Politische Bildung" stellt das Unterrichtsprinzip auch vonseiten der Pädagog/inn/en in Frage.

Kurzes Fazit

Die Kernaufgabe der schulischen und außerschulischen Politischen Bildung in Österreich müsste es sein, das politische Denken zu fördern und alle Bürger/innen, speziell aber die Jugend für die Beteiligung dahingehend zu begeistern, ihr mittel- und unmittelbares Umfeld verbessern zu wollen, ob bei Wahlen oder anderen Partizipationsmöglichkeiten. Bei Kenntnis der Situation muss man sich allerdings ernsthaft die Frage stellen, ob das auch wirklich gewollt wird, denn wenn man Kindern erlaubt, das zu sagen, was sie denken, darf man sich nicht wundern, wenn dabei etwas anderes herauskommt, als man sich vorher gedacht hat (vgl. Stange 1996).

Anmerkungen

1 Die sich wahrscheinlich nicht besonders von den restlichen Bundesländern unterscheidet.
2 Am 18. April 2002 beschloss der Burgenländische Landtag einstimmig, dass 16- bis 17-jährige Burgenländer/inn/en bei den Gemeinderatswahlen am 6. Oktober 2002 das aktive Wahlrecht ausüben können.
3 Jugend und Demokratie in Tirol, Forschungsbericht, Institut für Politikwissenschaft, Innsbruck, 58.

Literatur

Filzmaier, Peter (2007). Politische Bildung in Österreich, in: Lange, Dirk/Reinhardt, Volker (Hg.): Strategien der politischen Bildung. Basiswissen Politische Bildung 2: Handbuch für den sozialwissenschaftlichen Unterricht, Baltmannsweiler, 295–310.

Filzmaier, Peter (2011). Das Mediendebakel der Politischen Bildung, Der Standard, 10. 06. 2011, 31.

Fürst, Roland (2012). Wählen mit 16 im Burgenland – Eine Analyse der politischen Intention, Rezeption in einem partizipativen Kontext und Perzeption ausgehend von den Landtagswahlen 2005. Dissertation, Wien.

Karlhofer, Ferdinand (2007). Wählen mit 16. Erwartungen und Perspektiven, in: Forum Politische Bildung (Hg.): Der WählerInnenwille. Innsbruck/Bozen/Wien, 37–42.

Knauer, Reingard/Sturzenhecker, Benedikt (2005). Partizipation im Jugendalter, in: Hafeneger, Benno/Jansen, Mechthild M./Niebling, Torsten (Hg.): Kinder- und Jugendpartizipation im Spannungsfeld von Akteuren und Interessen, Opladen, 63–94.

Lauth, Hans-Joachim/Mols, Manfred/Wagner, Christian (2012). Politische Bildung und Politikwissenschaft, in: Lauth, Hans-Joachim/Wagner, Christian (Hg.): Politikwissenschaft: Eine Einführung, Paderborn, 373–394.

Parry, Geraint/Moyser, George/Day, Neil (1992). Political Participation and Democracy in Britain, Cambridge.

Pelinka, Anton/Rosenberger, Sieglinde (2007). Österreichische Politik. Grundlagen – Strukturen – Trends, Wien.

Rühlmann, Paul (2007 [1908]). Die Notwendigkeit eines eigenen Unterrichtsfaches für Politische Bildung, in: Detjen, Joachim (Hg.): Politische Bildung. Geschichte und Gegenwart in Deutschland, München, 63–66.

Sebert, Horst (1993). Politische Bildung in der Risikogesellschaft: Marginalisierung oder Aufbruch zu neuen Ufern?, Stuttgart.

SORA/ISA (2005). „Wählen heißt erwachsen werden!" Analyse des Wahlverhaltens 16- bis 18-jähriger Jugendlicher bei den Wiener Landtagswahlen 2005, Wien.

SORA/ISA (2009). „Wählen mit 16". Eine Post Election Study zur Nationalratswahl 2008. Befragung – Fokusgruppen – Tiefeninterviews, Wien.

Stange, Waldemar (1996). Planen mit Phantasie: Zukunftswerkstatt und Planungszirkel für Kinder und Jugendliche, hg. von Deutsches Kinderhilfswerk e.V./Gemeinschaftsaktion „Schleswig-Holstein: Land für Kinder"/Landesregierung Schleswig-Holstein, Berlin.

Abschnitt III

Öffentlichkeit und Medien

Anton Götz

Peter Plaikner

Der Blätterwald am Hauptstadtrand

Eine Medienlandschaft zwischen Parteitradition und öffentlich-rechtlicher Dominanz

Vorbemerkung: Identität im Schatten von Wien

Das Burgenland hat weniger Einwohner als der Großraum von Linz, doch mehr Bezirke als Salzburg, mehr Städte als Tirol und mehr Gemeinden als Kärnten.[1] In Vorarlberg, dem nächstkleinsten Bundesland, gibt es zwar nur vier Bezirke, sind allerdings sechs Orte[2] bevölkerungsreicher als Eisenstadt und behaupten sich zwei regionale Tageszeitungen im nationalen Blätterwald. Der Versuch, die Entwicklung einer Medienlandschaft über die Struktur des Verbreitungsgebiets zu erklären, scheitert an den vollkommen unterschiedlichen Entwicklungen in den einzelnen Bundesländern, obwohl die Grundlagen für die heutige Situation in Österreich von den Alliierten nach dem Zweiten Weltkrieg wesentlich homogener als in Deutschland geschaffen wurden. Die wichtigste Ursache für die heutige Marktlage im Burgenland ist einerseits seine Nähe zu Wien und andererseits dessen Dominanz in Österreich. Aus dieser Perspektive ist die kleinste NUTS-2-Region ein spannendes Labor für Identitätswahrung und -findung am Rande einer beherrschenden Metropole. So wie Gerd Bacher, der längstdienende Generalintendant des ORF, diesen als wichtigsten Kulturträger Österreichs neben dem übermächtigen gleichsprachigen deutschen Nachbarn definiert hat, gilt das in weiterem Sinne auch für die Gesamtheit der regionalen Medienlandschaft des kleinsten Bundeslandes neben dem größten Ballungsgebiet.

Angesichts dieser David-Goliath-Situation kann es kaum überraschen, dass sich im Burgenland keine originäre Tageszeitung heranzubilden vermochte. Denn nicht nur für die Wiener Gazetten ist vor allem sein Norden ein logisches Expansionsgebiet, im Süden gilt dies genauso für die Leserbegehrlichkeiten der

Grafik 1: Reichweiten im Quervergleich Quotenhitparade (Auswahl). Tages- und Wochenzeitungen, Magazine, Radio und Fernsehen bunt gemischt: Die Prozentzahlen geben an, welchen Anteil der Burgenländer über 14 Jahren die Titel bzw. Programme täglich bzw. mit einer Ausgabe erreichen.

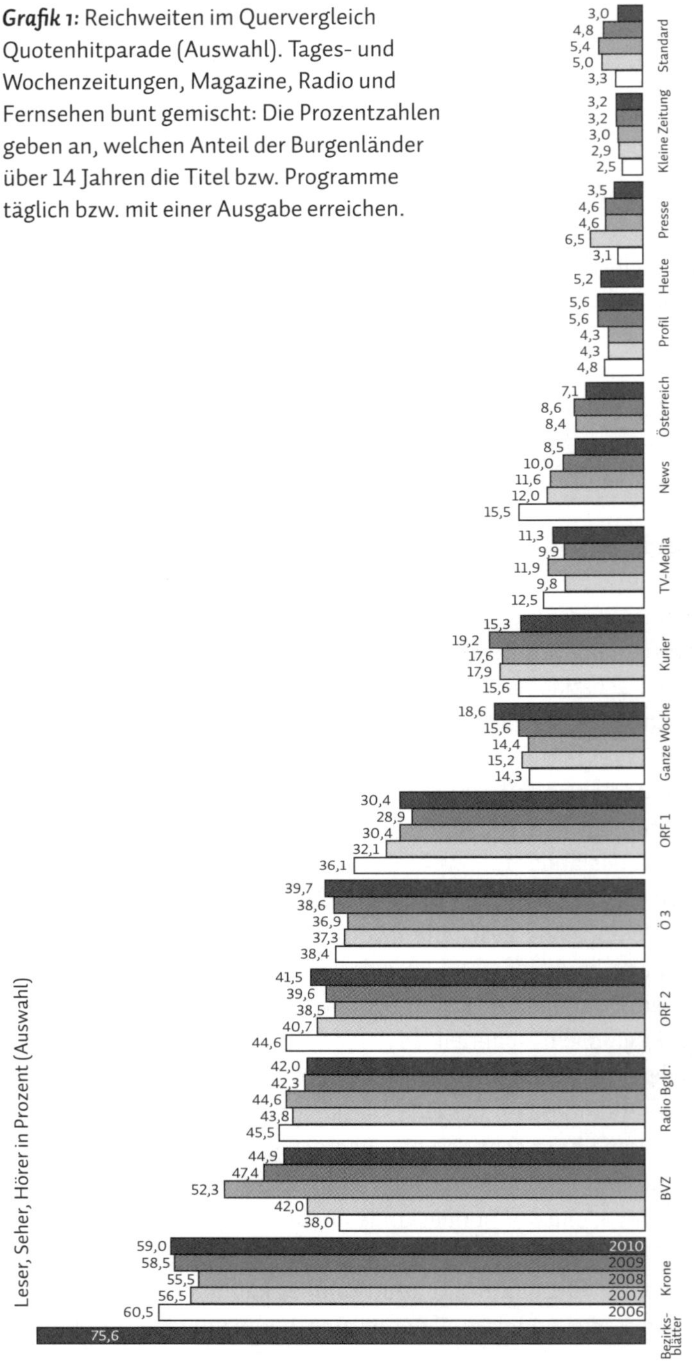

Quelle: Media-Analyse 2006, 2007, 2008, 2009, 2010.

Grazer Postillen. Wie schwierig die Selbstbehauptung zwischen diesen bundesweiten Marktführern ist, zeigt ein Blick auf das vergleichsweise riesige zweite Bundesland ohne eigene Tageszeitung – Niederösterreich. Auch für diesen Nachbarn ist das Burgenland vor allem das Presseexportziel Nummer 1, wenngleich nur auf dem Wochenmarkt. Die Etablierung einer bodenständigen Rundfunklandschaft als Gegengewicht zu den fremdbestimmten Printprodukten dagegen musste daran scheitern, dass Österreich im europaweiten Vergleich bei Radio und Fernsehen nahezu am längsten auf dem öffentlich-rechtlichen Monopol beharrt hat.[3] Da Marktbesetzungen in dieser Branche nur mit extremem materiellen Aufwand veränderbar sind, das Burgenland aufgrund seiner geringen Bevölkerung aber zu wenig Refinanzierungsoptionen bietet, gab und gibt es hier wirkliche Chancengleichheit im interregionalen Medienwettbewerb nur im vergleichsweise neuen Online-Sektor. Das Internet jedoch genießt zwar die größte Zukunftsattraktivität bezüglich seiner Nutzerzahlen, doch seine rasant wachsenden Reichweiten haben noch kaum ein wirkliches Geschäftsmodell für Medien mit überwiegendem Informationscharakter gezeitigt. Die Kost-Nix-Schiene, die im Burgenland einerseits Mehrgleisigkeit für die regionale Presse gebracht hat, sorgt andererseits zugleich für Motor und Bremse des Umbruchs der Medienlandschaft, der auch zwischen Neusiedl am See und Jennersdorf zu neuen Verhältnissen führen wird.

Unterdessen gibt es kaum eine Region, die sich dem Versuch einer Kompaktdarstellung des Status quo derart aufgrund mangelnden Datenangebots widersetzt. Denn die entsprechende Forschung mit kommerziellem Hintergrund funktioniert in Österreich – einem der global höchst konzentrierten Medienmärkte – sinnvoll bundesweit, auch um Vergleiche zwischen den Regionen zu ermöglichen. Die Fallzahlen für das Burgenland sind aber entsprechend niedrig und die Schwankungsbreiten dadurch hoch. Verschiebungen und Veränderungen, zum Beispiel aufgrund von Erhebungen der Media-Analyse (MA)[4], sind also trotz deren unangreifbar wirkenden Basis von rund 16 000 einstündigen Interviews unter der Einschränkung zu betrachten, dass aus dem kleinsten Bundesland nur 550 befragt wurden. Ähnliches gilt für Regioprint[5], Tele- und Radiotest[6] sowie ÖWA plus[7], den weiteren großen Medienmarktforschungen für Gratistitel, Rundfunk und Internet. Da diese Studien dennoch das beste Datenmaterial zum Thema bieten, wird hier vor allem auf sie zurückgegriffen.

1. Presse: Von Parteiblättern zum Gratis-Boom

Vielleicht gerade weil sich hier keine eigene Tageszeitung etablieren konnte, ist die Parteipresse im Burgenland länger ein bedeutender Medienfaktor geblieben als in den meisten anderen Regionen Österreichs. Das gilt zumindest, wenn die entsprechenden Gesinnungsgruppen über politischen Mindesteinfluss verfügen. Folgerichtig war für die erste nach dem Zweiten Weltkrieg erschienene Zeitung, das kommunistische Wochenblatt „Freies Burgenland", zu Weihnachten 1970 Schluss.[8] Schon 1967 hatte die sozialistische Konkurrenz, die „Burgenländische Freiheit", diesen verwechselbaren Titel zugunsten von „BF – Die Zeitung für das Burgenland" eingetauscht, unter dem sie sich immerhin bis 2009 halten sollte – nach erfolgloser, etappenweiser Privatisierung in den Jahren zuvor. Das Organ der Volkspartei, das „Burgenländische Volksblatt", nahm eine durchaus ähnliche Entwicklung, hieß schon seit 1969 „BVZ – Burgenländische Volkszeitung", überlebte aber wohl nur dank seiner Privatisierung 2003 zum Schwesterblatt der „Niederösterreichischen Nachrichten" (NÖN). Wie diese liegt sie mittlerweile im heftigen Wettbewerb mit den „Bezirksblättern". Der ursprünglich Tiroler Titel expandierte im Jahr 2000 ins Burgenland, wo er heute in sechs Lokalausgaben erscheint.

Exkurs: Die Bundesliga im Regionalwettbewerb

Inzwischen sind die „Bezirksblätter" auch Teil der Regionalmedien Austria (RMA). Dabei handelt es sich um ein Joint Venture von Styria Media Group und Moser Holding, dem dritt- und viertgrößten Medienkonzern Österreichs mit rund 500 bzw. 200 Millionen Euro Jahresumsatz.[9] Sie stehen hier vor allem mit „Kronen Zeitung" und „Kurier", Produkten der Mediaprint (ca. 500 Millionen Euro) im Wettbewerb, der Nummer 2 nach dem ORF (knapp eine Milliarde Euro). Inklusive dem NÖN-Eigner Niederösterreichisches Pressehaus (rund 100 Millionen Euro) und der „News"-Gruppe (fast 150 Millionen Euro), dem größten Magazinverlag Österreichs geben sich im Burgenland also gleich sechs der größten Marktteilnehmer ein Stelldichein. Dazu kommt vor allem noch jene Gratistageszeitung „Heute", deren Herausgeberin Eva Dichand mit Christoph Dichand, dem Chefredakteur der „Krone", verheiratet ist. Eine wirtschaftliche Verbindung der Blätter bestreiten aber beide ebenso wie die vermutete Nähe zur SPÖ. Die Konkurrenz hofft unterdessen auf eine Änderung im Mediengesetz,[10] die ab Mitte 2012 Klarheit vor allem in diese Besitzverhältnisse bringen soll. Diese sind bei einem weiteren Mitbewerber total transparent: Die

Grafik 2: Zeitungen
Blätterwald. Die Reichweiten der Tages- und Wochenzeitungen in Tausend (über 14-Jährige im Burgenland). Wochenblätter sind die größte Quotenkonkurrenz der „Kronen Zeitung".

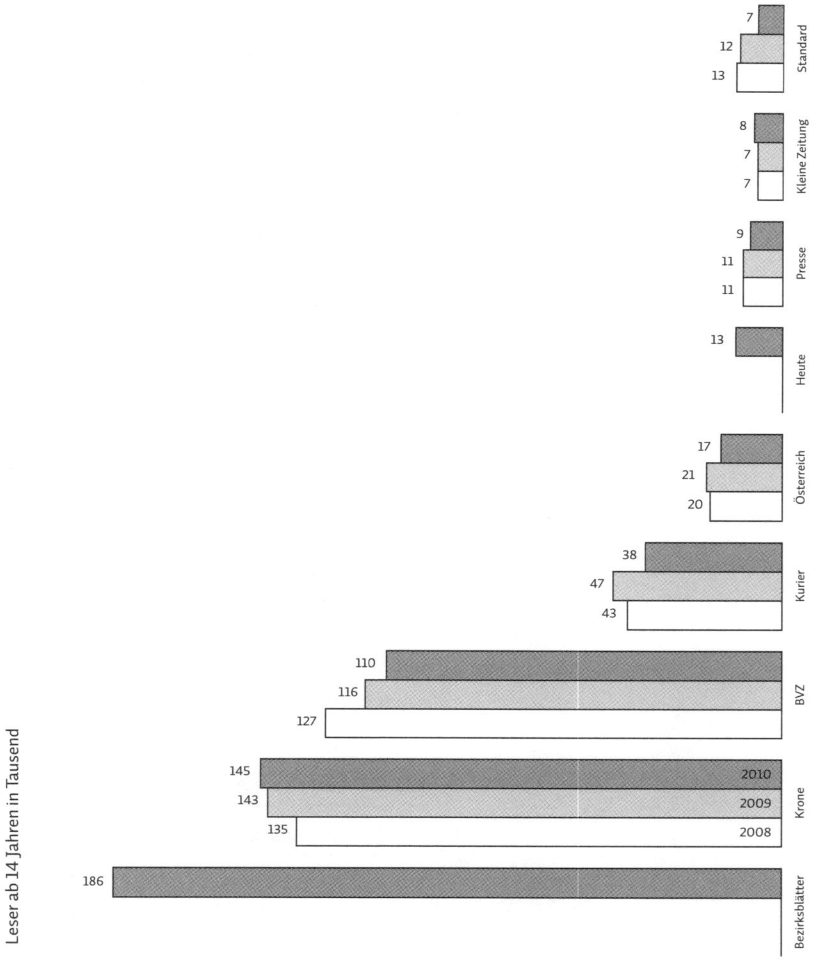

Quelle: Media-Analyse 2008, 2009, 2010.

Grafik 3: Magazine

Hochglanz. Die Reichweiten der Magazine in Tausend (über 14-Jährige im Burgenland). Dargestellt werden alle von der MA erfassten Titel, die hier mehr als 10 000 Leser haben.

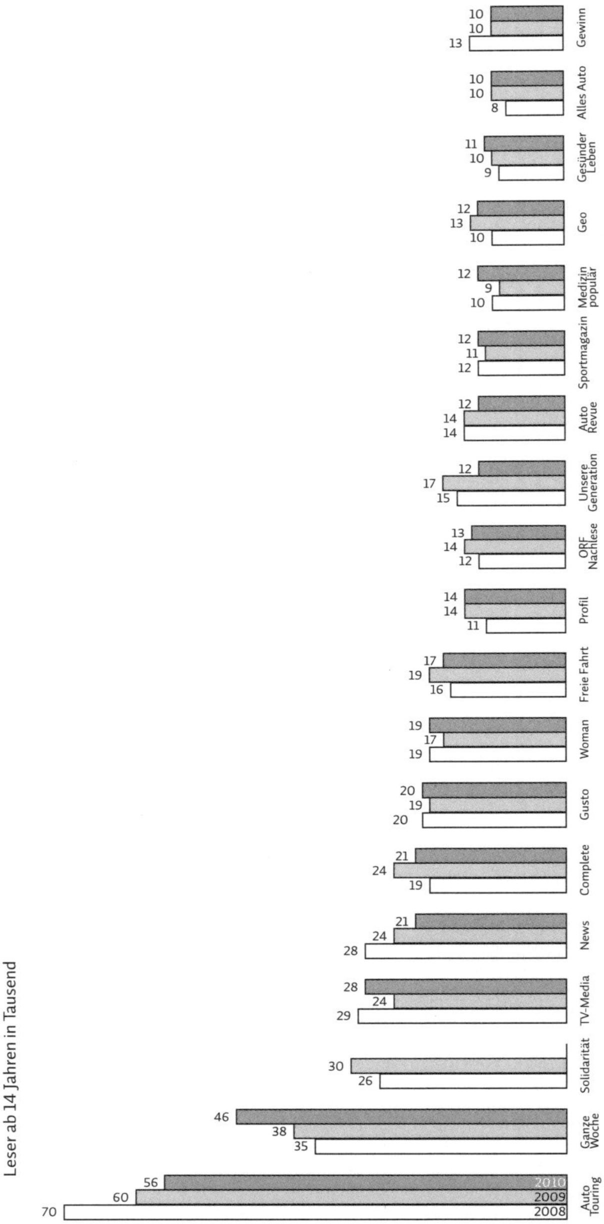

Quelle: Media-Analyse 2008, 2009, 2010.

Tageszeitung „Österreich" gehört jener Familie Fellner rund um Herausgeber Wolfgang, die auch an der „News"-Gruppe beteiligt ist. Schon weniger offensichtlich sind die Verbindung von Raiffeisen mit dem ORF (Joint-Venture in der Sendeanlagen-Tochter ORS[11]) und der Mediaprint (als Mehrheitsgesellschafter des „Kurier") sowie die Minderheitsbeteiligungen des Geldinstituts bei Moser Holding, „News"-Gruppe und Niederösterreichischem Pressehaus. Ausgenommen die Styria sind die Giebelkreuzler auch im Burgenland bei allen wichtigen Medien-Wettbewerbern irgendwie an Bord.

So verschieden Regionen und Gesellschaft am Boden- und Neusiedler See auch sein mögen, im Match der Tagblätter sind sie sich am ähnlichsten. Nirgendwo sonst sind die Reichweiten für den Ersten höher und ist der Abstand zum Zweiten größer. Da wie dort stammen die Nummer 1 und 2 aus dem gleichen Stall. Während das im Ländle das Vorarlberger Medienhaus mit VN und „Neue" ist, sind das im Burgenland „Krone" und „Kurier" von der Mediaprint. Ansonsten erreichen hier nur noch die Newcomer „Österreich" und „Heute" täglich mehr als fünf Prozent der knapp 250 000 über 14-jährigen Burgenländer. So gesehen ist auch das Duell zwischen Wien und der Steiermark anders entschieden, als es begonnen hat: Die „Süd-Ost-Tagespost" unterhielt Mitte der 1970er-Jahre 15 Monate lang nicht nur eine tägliche Burgenland-Seite, sondern sogar eine eigene Redaktion in Stegersbach. Es mag bloß eine Anekdote sein, ist aber eine branchentypische Episode, dass der letzte Schriftleiter dieser 1987 eingestellten steirischen ÖVP-Zeitung, Gerfried Sperl, dann Chefredakteur des eher linksliberalen Wiener „Standard" wurde und bis heute im Burgenland lebt. Dieses bleibt unterdessen seiner Gründungsprägung – der erste Vorläufer der BF erschien bereits 1921 – zu Wochenzeitungen treu: Der Rekordwert aller „Krone"-Regionalausgaben wird durch die „Bezirksblätter" noch übertroffen. Drei Viertel der Burgenländer lesen sie allwöchentlich. Die BVZ – ihr Urahn entstand 1922 – lesen unter NÖN-Ägide immerhin noch neun von zwanzig über 14-Jährigen.

Neben solchen Wochenreichweiten der Einheimischen wirken die Quoten der „zuagrasten" Magazine bescheiden: „Ganze Woche" vor „News" und „profil" im auch für die politische Berichterstattung relevanten Bereich: „Weekend", der 14-tägige Durchstarter aus der Kost-Nix-Nische, hat zwar in Wien 182 000 und in der Steiermark 150 000 Leser – im Burgenland jedoch nur 6000. Vor allem die regionale Berichterstattung der bodenständigen Wochenzeitungen lässt den Magazinen von außen wenige Chancen.

2. Rundfunk: Alles ORF und ein paar Brosamen

Dieses Indiz einer medialen Identitätssuche und -beharrung wird noch deutlicher auf dem Rundfunksektor, wo Radio Burgenland sich seit jeher mit den Kärntner ORF-Kollegen darum duelliert, der quotenstärkste öffentlich-rechtliche Ländersender zu sein. 42 Prozent der über 14-Jährigen hören täglich ins Programm aus Studio Eisenstadt. Das übertrifft sogar ORF 2, wenngleich der Marktanteil von „Burgenland heute" mit knapp zwei Dritteln nach Kärnten[12], Vorarlberg und Tirol der höchste innerhalb der bundesweit reichweitenstärksten Fernsehnachrichtensendung täglich um 19 Uhr ist. Ö3 und ORF 1 folgen auf den Plätzen, bevor RTL, Sat.1 und ProSieben die Phalanx der deutschen Privatprogramme anführen, während zwischen ATV und KroneHit noch die öffentlichrechtlichen ARD und ZDF liegen.

Wo sich in diesem Wettbewerb der Kabel-TV-Sender BKF – das Burgenland Fernsehen tummelt, kann nur vermutet werden. Seit dem Jahreswechsel 2012 ist er aus dem Portfolio des Landesenergieversorgers BEWAG ins Eigentum der Bohmann-Gruppe übergegangen[13] und erhöht die technische Reichweite von dessen Schau TV um 35 000 Haushalte im Burgenland. Noch offensichtlicher als im Fernsehsektor ist dagegen die Chancenlosigkeit der Privatkonkurrenz neben der Dominanz der ORF-Sender im Radiobereich. Sie bringen es auf fast neun Zehntel Marktanteil, das kommerzielle HIT FM Burgenland muss sich dagegen mit einem Prozent bescheiden.

Exkurs: Förderung vom Bund, Abgabe fürs Land

Für das freie Radio Gymnasium in Oberpullendorf sind solche Quoten-Überlegungen irrelevant. Es bekommt über die Medienförderung des Bundes 70 000 Euro[14] pro Jahr. Zum Vergleich: BKF erhält auf diesem Weg zwischen 90 000 und 135 000 Euro per anno, HIT FM 13 500 Euro. Unterdessen wird „martinus – Eisenstädter Kirchenzeitung" mit 85 000, die BVZ mit 50 000 Euro Presseförderung vom Staat subventioniert. (Die kroatischen Blätter „Hrvatske Novine" und „GLASNIK – Crikvene novine Zeljezanske biskupije" bekommen so knapp 11 000 bzw. rund 7500 Euro). Was aber auch für die meisten Medienmarktteilnehmer von außen gilt: Von der „Krone" bis zum „Kurier", vom ORF bis KroneHit kassieren alle mit. Nur die Gratistitel gehen da täglich und wöchentlich leer aus. Das gilt für „Heute", „Österreich" und die „Bezirksblätter" – wenngleich gerade die erstgenannten Tageszeitungen als Musterbeispiele für besondere Zuwendungen der öffentlichen Hand wirken, die nicht als Förderung deklariert sind. Das

Grafik 4: Radio und Fernsehen
Rundfunk. Die Reichweiten der Radio- und TV-Programme in Tausend (über 14-Jährige im Burgenland). Dargestellt sind alle von der MA erfassten Sender. Laut Radiotest 2010/2 (10+) liegen Antenne Steiermark, HIT FM Burgenland, 88,6 und Radio Arabella hinter FM 4.

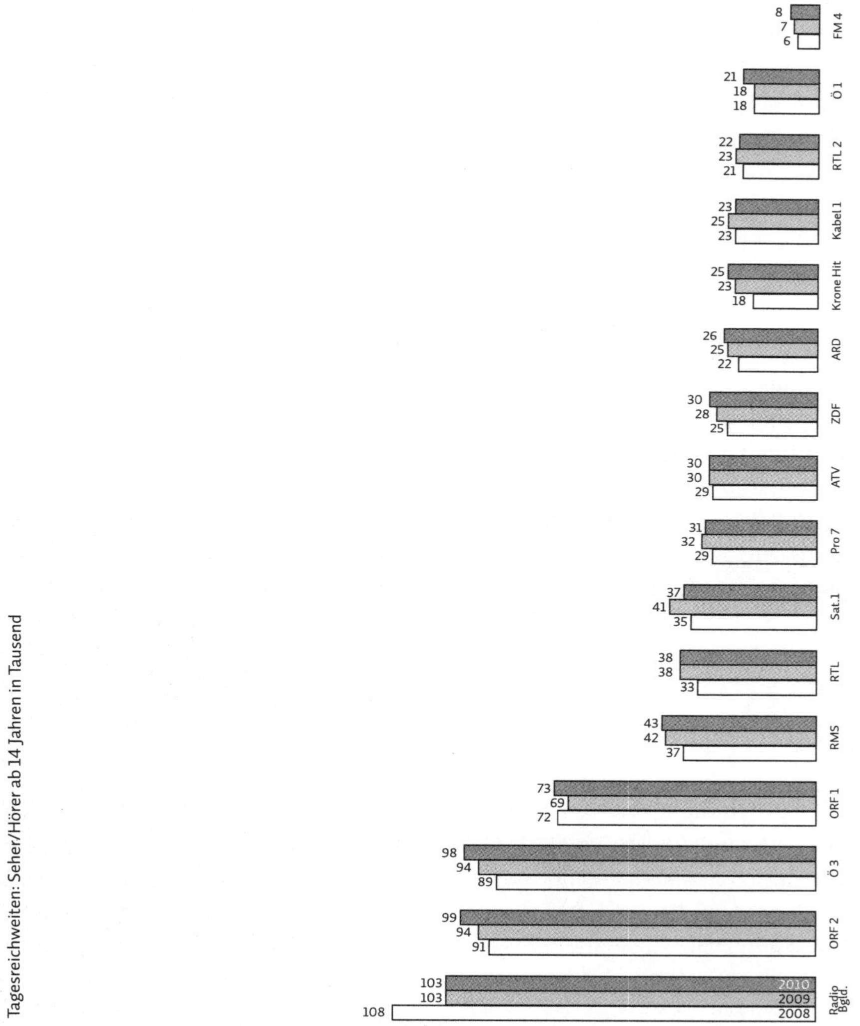

Quelle: Media-Analyse 2008, 2009, 2010.

neue Medientransparenzgesetz ist dem überproportionalen Anteil politisch gesteuerter Werbung in „Krone“, „Heute“ und „Österreich“ zu verdanken.[15]

Österreichweit belaufen sich die jährlichen Werbeausgaben aus allen öffentlichen Institutionen auf jährlich schätzungsweise 100 Millionen Euro.[16] Die Bundespresseförderung beträgt insgesamt 12,8 Millionen Euro. Die weiteren Mediensubventionen unter dem Dach der Rundfunk- und Telekom-Regulierungs-GmbH (RTR) für kommerzielles und freies Privatradio sowie -TV betragen noch einmal 11,5 Millionen Euro. Aus dem Fernsehfonds werden Produktionen mit 14 Millionen Euro unterstützt. Diese Förderungen machen also insgesamt 38,3 Millionen Euro aus. Aber das ist nur ein Fünfzehntel jener 580 Millionen Euro, die der ORF jährlich an Programmentgelt erhält.[17]

Anders als zum Beispiel Kärnten oder Niederösterreich fettet das Burgenland diese Subventionen nicht noch durch direkte regionale Presse- oder Medienförderung auf. Im Gegenteil: Im Gegensatz nur zu Oberösterreich und Vorarlberg holt es sich wie sechs weitere Bundesländer unter dem Deckmantel der Rundfunkgebühr noch eine zweckgebundene Spritze fürs Budget. Das Burgenland hat mit 2,50 Euro pro Monat und Teilnehmer zwar die bescheidenste solche Landesabgabe, doch auch das sind noch geschätzte drei Millionen Euro im Jahr. Der Bürger glaubt, er bezahle für den Fernseh- und Radiokonsum, doch von den geschätzten 25 Millionen Euro bleibt mehr als ein Zehntel zweckgebunden für die Kulturförderung im Land. Wie hoch die öffentlichen Werbeausgaben des Landes (bzw. seiner Tochtergesellschaften im Burgenland) ausfallen – darüber gibt es keine öffentlichen Zahlen.

3. Internet: Die Online-Zwerge der Papier-Riesen

Von solchen Dimensionen können Online-Medien vorerst nur träumen. Das gilt gleichermaßen für Reichweiten wie Förderungen und national wie regional. Das Internet nutzen täglich schon mehr als 40 Prozent der Burgenländer. Angeblich sind insgesamt bereits 2,6 Millionen Alpenrepublikaner, also fast ein Drittel der Bevölkerung, auf Facebook präsent. Die größte Web-Publikumsstudie zeigt orf.at in einer Balkengrafik mit bundesweit 43,6 Prozent Reichweite. Doch die Vermarktungsdarstellung ist irreführend: Denn gemeint sind zwar die über 14-Jährigen, davon aber nur jene, die das Internet nutzen. Und es handelt sich auch nicht um den Tages-, sondern den Monatswert.

Ungeachtet des Internet-Booms wirken zumindest bei den Informationsanbietern die traditionellen Medien wie Giganten neben ihren Online-Ablegern: So verzeichnet die NÖN-Gruppe (BVZ) im Burgenland wöchentlich 114 000 Leser ihrer Papier-Produkte, aber nur 4000 Nutzer ihres digitalen Netzwerks, beim RMA-Netzwerk („Bezirksblätter") steht es gar 186 000 zu 4000 für den Blätterwald gegen die Bildschirmangebote. Es gibt also einerseits enormen Nachholbedarf im Internet-Angebot, andererseits aber wenig Anreize dafür: Österreich gilt zwar als ein führender Staat in Sachen Online-Präsenz der öffentlichen Verwaltung, doch weniger als fünf Prozent Anteil am Gesamtwerbekuchen ermöglichen kaum Medien-Geschäftsmodelle. Während die staatliche Subventionierung von Internet-Medien erst Zukunftsmusik der Bundespresseförderung ist, bieten auch die spezifischen Nutzerzahlen noch kein ausreichendes Argument für Online-Informationsangebote. Das Burgenland wirkt in dieser Hinsicht bloß als besonders drastisches Beispiel.

Nachbetrachtung

Nur in Kärnten ist die Tagesreichweite von Internet noch geringer als im Burgenland (42,4 Prozent), dem Bundesland mit dem geringsten Kinokonsum. Dagegen liegt es bei der Fernseher- (62,8 Prozent) und Zeitungsleserquote (75,0 Prozent) auf Rang vier im Regionalvergleich, obwohl kein Tagblatt von hier stammt. Die tägliche Reichweite von Radio (85,5 Prozent) wiederum ist bloß in Kärnten höher.

Land der Pendler: In diesem Status liegt die Medienzukunft des Burgenlandes. Je mobiler die Online-Angebote werden – vom iPad bis zum Smartphone –, desto anwend- und konsumierbarer sind sie für die täglichen Dienstreisenden. Der aktuelle Boom der Gratistageszeitung für öffentliche Verkehrsmittel erscheint als boulevardeske Kehrseite jener Medaille, deren elitärer Kopf die Tablets von Apple bis Samsung sind: noch jugendliche Avantgarde, doch bald schon massenhafte Normalität. Es ist keine gewagte Vorhersage, dass das Burgenland an seinem 100. Geburtstag endlich seine eigene Tageszeitung hat. Doch sie wird nicht aus Papier sein, sondern ein App – der tägliche Download fürs Pad. Im Wettbewerb um diese Entwicklung liegt die größte Herausforderung für journalistische Medienmacher wie politische Presseförderer im Land unter dem Geschriebenstein.

Anmerkungen

1 Das Burgenland hat 285 000 Einwohner (Großraum Linz), sieben Bezirke (Salzburg vier), 13 Städte (Tirol elf) und 171 Gemeinden (Kärnten 132).

2 Dornbirn, Feldkirch, Bregenz, Lustenau, Hohenems und Bludenz.

3 Das Rundfunkmonopol fiel theoretisch 1993 durch das erste Privatradiogesetz, das aber mit zwei Ausnahmen (Antenne Steiermark und Radio Melody in Salzburg) erst ab 1. April 1998 umgesetzt werden konnte. Anfangs allerdings nur regional. Erst 2001 schuf der Gesetzgeber jene bundesweiten Möglichkeiten, die bislang nur KroneHit nutzen kann. Das Privatfernsehgesetz trat dann am 1. August 2001 in Kraft und ermöglichte vorerst ein bundesweites TV-Programm. ATV startete am 1. Juni 2003 als erster terrestrischer Privatsender Österreichs – fast zwanzig Jahre nach Sat.1 und RTL (Anfang 1984) in Deutschland.

4 Die Media-Analyse (MA) ist die größte regelmäßige Marktforschung Österreichs und existiert seit 1965. Sie ermittelt die Medienreichweiten bei den Österreichern ab 14 Jahren auf Basis von mittlerweile 16 000 persönlich geführten, rund einstündigen Interviews. Ihre Auftraggeber sind die großen Medienhäuser und Werbeagenturen. Die wichtigsten Daten von Radio- und Teletest – den maßgeblichen Studien für den Rundfunk (siehe Anmerkung 6) werden mit der MA fusioniert. Für ihre Durchführung sorgen mehrere Marktforschungsinstitute. Ergebnisse ab 2001 abrufbar unter: www.media-analyse.at (22. 2. 2012).

5 Die Regioprint war eine Erhebung der regionalen Gratiszeitungen und wurde von 1999 bis 2009 durchgeführt – zuletzt mit insgesamt 6500 Interviews (mindestens 500 pro Bundesland). Seit 2010 werden die Gratiszeitungen in der Media-Analyse (MA) erhoben. Die Regioprint 2010 beruht auf einer MA-Spezialauswertung. Ihre Daten dürfen nicht mit früheren Regioprint-Ausgaben oder anderen Studien verglichen werden. In Zukunft werden die Reichweiten der Gratiszeitungen in der Media-Analyse veröffentlicht. Regioprint 2010 abrufbar unter: http://www.themediaconsultants.at/fileadmin/dokumente/Regioprint_2010_PK.pdf (22. 2. 2012).

6 Der Teletest existiert seit 2001. Dabei handelt es sich um Panels in 1500 Haushalten; 3160 Personen ab 12 Jahren repräsentativ für 6 902 630 Erwachsene, 358 Kinder von 3 bis 11 Jahren für 786 852 Kinder in 3 361 000 TV-Haushalten. Wichtigste Ergebnisse tagesaktuell abrufbar unter: http://www.agtt.at/show_content.php?sid=24 (22. 2. 2012). – Der Radiotest ermittelt seit 1993 über mittlerweile 24 000 CATI-Interviews (Computer-Assisted-Telephone-Interviews) pro Jahr die Reichweiten der Radiosender. Wichtigste Ergebnisse abrufbar unter: http://mediaresearch.orf.at/radio.htm (22. 2. 2012).

7 Multimethodenstudie zur Erhebung der Reichweiten von Internet-Angeboten nach Vorbild der deutschen Arge Online Forschung (AGOF); technische Vollerhebung, Onsite-Befragung, bevölkerungsrepräsentative Offsite-Befragung. Abrufbar unter: http://www.oewa.at/index.php?id=14654 (22. 2. 2012).

8 Alle Angaben zur historischen Entwicklung vgl. Fennes, Anton (2000). Das Burgenland als Medienlandschaft. Die Entwicklung der gedruckten und elektronischen Medien im Burgenland seit dem Jahre 1945, in: Widder, Roland (Hg.): Burgenland. Vom Grenzland im Osten zum Tor in den Westen. Geschichte der österreichischen Bundesländer seit 1945, Wien, 217–275.

9 Alle Umsatzzahlen und Eigentumsverhältnisse vgl. derStandard.at, 28.4.2011, abrufbar unter: http://derstandard.at/1303291582296/STANDARD-Ranking-Oesterreich-groesste-Medien-Neue-Player-neue-Allianzen (22.2.2012).

10 Die neue Offenlegungspflicht startet gemeinsam mit dem neuen Medientransparenzgesetz. Abrufbar unter: http://www.ris.bka.gv.at/Dokument.wxe?Abfrage=BgblAuth&Dokumentnummer=BGBLA_2011_I_125 (22.1.2012) und http://www.parlament.gv.at/PAKT/VHG/XXIV/I/I_01276/fname_223546.pdf (22.1.2012).

11 Gesellschafterstruktur abrufbar unter: http://www.ors.at/de/unternehmen/ (22.1.2012).

12 Vgl. Schneeberger in diesem Band.

13 Vgl. derStandard.at, 24.11.2011, abrufbar unter: http://derstandard.at/1319183715535/Vertrag-unterschrieben-BKF-Das-Burgenland-Fernsehen-an-Bohmann-Gruppe-verkauft (22.1.2012).

14 Alle Medien- und Presseförderungsentscheidungen des Bundes sind auf der Homepage der Rundfunk- und Telekomregulierung (RTR) abrufbar z. B. unter: http://www.rtr.at/de/ppf/Pressefoerderung (22.1.2012) und http://www.rtr.at/de/foe/Entsch_2010_PRRF/FoerderentscheidungenHF_2010.pdf (22.1.2012).

15 Laut Verband Österreichischer Zeitungen (VÖZ) und Austria Presse Agentur (APA); vgl. Kleine Zeitung, 20.9.2011, 6.

16 2010 hat allein die Bundesregierung laut einer parlamentarischen Anfragebeantwortung 42,3 Millionen Euro für Öffentlichkeitsarbeit ausgegeben; vgl. derStandard.at, 12.12.2011, abrufbar unter: http://derstandard.at/1323222800206/Finanz-vor-Kanzleramt-Ausgaben-fuer-Regierungswerbung-in-zehn-Jahren-vervierfacht (22.1.2012).

17 Vgl. ORF-Jahresbericht 2010, 13: „Die Umsatzerlöse des ORF-Konzerns lagen 2010 bei 920,4 Mio. Euro (2009: 868,5 Mio. Euro) inklusive der Erträge aus der Teilrefundierung der Gebührenbefreiungen, die die Erlöse aus Programmentgelten auf 580,2 Mio. Euro (2009: 526,4) ansteigen ließen. Die Werbeeinnahmen betrugen 2010 216,2 Mio. Euro (2009: 222,6 Mio. Euro)." Abrufbar unter: http://zukunft.orf.at/rte/upload/texte/2011/jahresbericht_2010.pdf (22.1.2012).

Walter Schneeberger

Think global, act local, watch regional

Hat Regionalfernsehen eine Zukunft?

Ein Tag wie jeder andere ...

Der 19. Oktober 2011 war aus journalistischer Sicht ein unauffälliger Tag. Die Themen der wenigen EILT-Meldungen der Austria Presse Agentur: Finanzkrise in Europa, Kurdenkonflikt Türkei – Irak. Kein „breaking news"-Tag mit riesigen Schlagzeilen also, wie beispielsweise der 20. Oktober, an dem Libyens langjähriger Machthaber Muammar al-Gaddafi getötet worden ist, oder der 18. Oktober, an dem der israelische Soldat Gilad Shalit im Austausch gegen 1027 palästinensische Häftlinge frei kam. Auch in Österreich war die Nachrichtenlage überschaubar. Für Aufmerksamkeit sorgte am 19. Oktober die erste Budgetrede von Finanzministerin Maria Fekter, die Verhaftung eines Frauenmörders in Nizza sowie die Tatsache, dass zum vierten Mal hintereinander niemand den Sechser erraten hatte. Zumindest das eine historische Dimension: Es folgte mit mehr als 10 Millionen Euro der bis dahin höchste Lotto-Jackpot der Geschichte.

An solchen „durchschnittlichen" Tagen ist die Aufmerksamkeit der Medienkonsumenten noch stärker auf das gerichtet, was in der unmittelbaren Umgebung passiert. Was war also im Burgenland los? An diesem 19. Oktober begannen in Raiding die Feiern rund um den 200. Geburtstag von Franz Liszt, die Polizei in Eisenstadt verwies auf einen zehnprozentigen Rückgang der Einbruchszahlen, in Bruckneudorf wurde bei einem Sicherheitstest auf foliertes Glas geschossen, der Winzer Leo Hillinger übernahm für Biosphäre Austria die Patenschaft für die Eiche und Kunden und Standler freuten sich in Oberwart, dass es den Wochenmarkt nach 170 Jahren noch immer gibt.

Ein Tag wie jeder andere – auch im Burgenland. Der ORF hat trotzdem über diese Themen berichtet und das mit hoher Publikumsresonanz: 68 000 Menschen sahen am 19. Oktober im Durchschnitt „Burgenland heute", bis zum Wetter waren es sogar 83 000[1], bei einem Marktanteil von 75 Prozent: Drei von vier

Burgenländern, die um 19 Uhr den Fernseher eingeschaltet hatten, sahen „Burgenland heute"! Insgesamt erreichten die neun regionalen Fernsehsendungen am 19. Oktober fast 1,2 Millionen Zuseher, etwas mehr als die ZIB 1 um 19.30 Uhr (siehe Grafik 1).

Vision Regionalfernsehen

Als Teddy Podgorski 1986, kurz nach seinem Antritt als ORF-Generalintendant, regionales Fernsehen in den Bundesländern ankündigte, meinten viele frei nach seinem langjährigen Freund Helmut Qualtinger bzw. dessen literarischem Alter Ego Travnicek: „Zu was brauch ma das?" (vgl. Krischke 2003)

Skeptiker, auch innerhalb des ORF, konnten sich nicht vorstellen, dass es in den Bundesländern genug relevante Themen für eine tägliche TV-Sendung gibt und dass so ein Programm auf ausreichendes Interesse stößt. Podgorski hatte nicht nur mit politischen Widerständen gegen seine Pläne zu kämpfen. So wurde in manchen Bundesländern befürchtet, dass die Einführung von Regionalfernsehen auf Kosten der nationalen Präsenz in der Berichterstattung gehen könnte. Auch die redaktionelle Kompetenz der Landesstudios sowie die technische Umsetzbarkeit wurden angezweifelt. Investitionen von 350 Millionen Schilling (rund 25 Millionen Euro) in Sendernetz und Technik schufen trotzdem rasch die Voraussetzung für regionales Fernsehen im ORF. Podgorskis Programmkonzept war bestechend klar und einfach: „Ich stelle mir eine Sendung vor, in der Bürger A über seinen Nachbarn B Bescheid weiß", sagte er in einem Interview[2] zu Amtsantritt und verglich die geplante Sendung mit einer Lokalzeitung, die sich den regionalen Problemen von der Politik über Sport, Kultur, Chronik bis zum Wetter widmen soll.

Der Start von „Bundesland heute" am 2.Mai 1988 war dann tatsächlich der Beginn einer großen Erfolgsgeschichte. Zunächst Montag bis Freitag, seit 29. Februar 1999 täglich, wird ORF 2 um 19 Uhr auf neun Bundesländerkanäle auseinandergeschaltet und die Landesstudios senden rund 20 Minuten Regionalfernsehen. Mit einem Mix aus Information, Service und regionalen Alltagsthemen sorgten die Sendungen schon bald für Top-Quoten. Für das Burgenland ganz besonders wichtig war die mit der Regionalisierung verbundene Etablierung und Ausweitung der Sendungen in den Sprachen der Volksgruppen.

Zum 10 Jahres-Jubiläum von „Bundesland heute" meinte Teddy Podgorski: „Für mich bedeutet die Einführung des Bundesländer-Fernsehens einen evolutionären Schritt von einem zentralistisch organisierten Unternehmen zu einem modernen ORF mit föderalistischer Vielfalt. [...] mir war klar, daß die regionale

***Grafik* 1:** Reichweitenverlauf ORF 2 am 19. 10. 2011 (Gesamtbevölkerung 12+)

Quelle: Arge Teletest.

und lokale Information der Grundstock für eine solide Publikumsakzeptanz des ORF sein würde.“[3]

Mittlerweile hat „Bundesland heute“ von allen täglichen Sendungen im Durchschnitt den höchsten Marktanteil (56,6 Prozent)[4] und die größte Reichweite (1047000 Zuseher). Obwohl die TV-Digitalisierung (Satellit + Kabel) insbesondere in den vergangenen zehn Jahren eine Vielzahl von zusätzlichen Sendern und Programmen brachte, konnte und kann „Bundesland heute“ den Marktanteil bei leichten Verlusten auf hohem Niveau halten. Der ORF Burgenland hat sich im Bundesländervergleich in diesen Jahren in das Spitzenfeld vorgearbeitet (siehe Grafik 2).

News you can use

Regionaler content boomt. Nachrichten aus der Region, über den unmittelbaren Lebensbereich, über die Ereignisse „vor der Haustür“ werden gelesen, gehört, gesehen, mehr denn je. Eine Themenauswahl, die sich an Nähe, Aktualität und Betroffenheit orientiert, sorgt für Interesse (vgl. Bachmayer et al. 2007, 149ff). Zwei gesellschaftliche Megatrends verstärken diese Entwicklung:

Grafik 2: Entwicklung der Marktanteile „Bundesland heute" gesamt sowie einzelne Bundesländer[5]

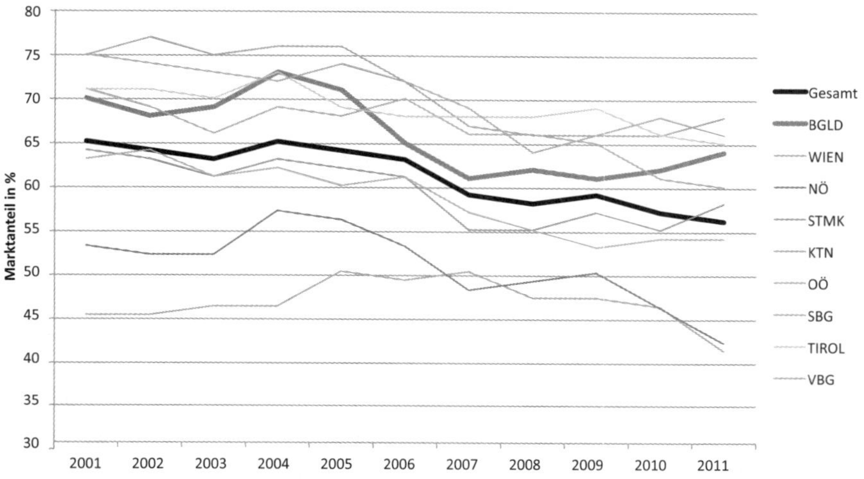

Quelle: Arge Teletest.

Da ist zum einen die zunehmende Komplexität der Welt, der Politik, der Wirtschaft, der technischen und sozialen Entwicklungen. Im Zeitalter der Globalisierung steigen das Bedürfnis nach Erklärung und Bewertung der Ereignisse und der Wunsch nach Orientierung, nach einem Bezugsrahmen, in den die Nachrichten eingeordnet werden können. Was bedeutet das alles für mich, für mein Leben, für meine Umgebung, lautet die häufig gestellte Frage, wenn es zum Beispiel um Finanzkrise, Klimaerwärmung, Internetkriminalität oder Zivilisationskrankheiten geht. Die Grenze zwischen internationaler und regionaler Berichterstattung verschwimmt. Nicht nur was in der Region passiert, ist relevant, sondern auch, was nationale und globale Entwicklungen für die Menschen in der Region bedeuten.

Zum anderen sind auch ländliche Regionen vom gesellschaftlichen Wandel betroffen: der zunehmenden Ausdifferenzierung von Berufs-, Alltags- und Freizeitwelt, der Wegfall der traditionellen primären sozialen Bezugsgruppen wie Großfamilien und peer-Groups in den Dörfern, vom Gesangsverein über die Fußballmannschaft bis zur Feuerwehr. Immer mehr Mini-Familien und Singlehaushalte bilden diese Entwicklung in der Haushaltsstatistik des Burgenlandes ab. Gab es 1971 nur 78 000 Privathaushalte, so waren es 2010 bereits fast

113 000 Haushalte – ein Plus von 44 Prozent.[6] Die Zahl der Ein-Personen-Haushalte hat sich in diesem Zeitraum von 12 100 auf 31 000 fast verdreifacht. Gleichzeitig steigt der Altersschnitt in der Gesellschaft.

Wo Anonymität zunimmt und der face-to-face-Austausch über Alltagserfahrungen seltener wird, steigen sowohl das Bedürfnis nach medial vermittelter Realität als auch das Zeitbudget, solche Angebote zu konsumieren. Davon profitiert das Fernsehen trotz steigender Konkurrenz durch das Internet nach wie vor besonders: 1991 wurde in einem österreichischen Haushalt durchschnittlich 127 Minuten pro Tag ferngesehen – 2010 waren es 162 Minuten![7]

Allerdings hängt die Nutzungsdauer stark vom Lebensalter ab: Die Altersgruppe der 12- bis 29-Jährigen sieht rund 94 Minuten täglich gern– die Generation 60+ mit 245 Minuten fast dreimal so viel.[8] Junge Menschen verbringen mittlerweile mehr Zeit im Netz als vor einem TV-Gerät. So sind laut einer aktuellen Studie Deutschlands 12- bis 19-Jährige durchschnittlich 138 Minuten täglich online.[9] Erfreulich, dass die regionalen TV-Sendungen des ORF auch bei jungen Zusehern beliebt sind: Das Durchschnittsalter von „Bundesland heute" liegt zwar ziemlich exakt bei 60 Jahren, aber auch bei den 12- bis 49-Jährigen erreicht die Sendung einen Marktanteil von 34 Prozent. (Zum Vergleich: Sowohl „Chili" als auch „Seitenblicke" kommen im Durchschnitt auf 10 Prozent und selbst der ausgewiesene Jugend-Wochenendreport „Saturday Night Fever" auf ATV schafft gerade 11 Prozent bei den 12- bis 49-Jährigen.)

Regionales Fernsehen wie „Bundesland heute" ist auch bei jungen Zielgruppen gefragt, weil es ein Grundbedürfnis nach regionaler Information gibt. Das hat übrigens nichts mit dem „Zeitalter der neuen Regionalität" zu tun, das von manchen ausgerufen wird, die sich auf volkstümliche Unterhaltungsmusik mit „Regionalkolorit" ebenso berufen wie auf die Beliebtheit regionaler Genussmittel. Michel Houellebecq persifliert in seinem neuen Roman „Karte und Gebiet" (2011) unter anderem höchst unterhaltsam diese fast schon mythische Verehrung der „Magie des Regionalen" (Houellebecq 2011, 86), wo es dann doch nur um Wurstwettbewerbe und Wanderrouten geht.

Die Magie der Regionen

Von der „Magie der Regionen" spricht ORF-Generaldirektor Alexander Wrabetz auch im Bewerbungskonzept für seine zweite Amtszeit und legt darin ein klares Bekenntnis zu einer nachhaltigen Absicherung der Landesstudios und des regionalen Fernsehangebotes ab. Regionale Nachrichten seien wegen der hohen journalistischen Kompetenz der Landesstudios sowohl für den Programmerfolg des ORF als auch für das Publikum, das dem ORF einen Vertrauensvorschuss entgegenbringt enorm wichtig. „Die Verpflichtung des ORF zur Schaffung von Public Value erfährt durch die Angebote der Landesstudios eine unmittelbare Konkretisierung im Alltag der Konsumenten“[10], so Wrabetz, der auch programmliche und technologische Entwicklungen in den Landesstudios andenkt: So könnte der Anteil regionaler Berichterstattung themenbezogen ausgeweitet werden – zum Beispiel für regionale Bürgerforen oder talk-Elemente, aber auch der Anteil von regionalem Content im nationalen Programm soll erhöht werden. Um die Kostenentwicklung in den Griff zu bekommen, sollen dabei auch neue und günstigere Produktionsmethoden wie zum Beispiel Videojournalismus (Redakteur mit Kamera) eingesetzt werden.

Die Frage, ob Regionalfernsehen eine Zukunft hat, lässt sich somit aus ORF-Sicht für die kommenden Jahre eindeutig mit Ja beantworten. Das Publikumsinteresse als Grundvoraussetzung ist vorhanden und kann bei entsprechendem Angebot weiter ansteigen. Die redaktionelle Kompetenz und sowohl wirtschaftliche als auch politische Unabhängigkeit in den Landesstudios garantieren eine breite gesellschaftliche Akzeptanz. Die ökonomische Absicherung ist durch den enormen Programmerfolg und den ORF-internen „Finanzausgleich“ für die nächsten Jahre gesichert. Ohne diesen Ausgleich wäre regionales TV in der derzeitigen Form in kleinen Bundesländern wie dem Burgenland oder Vorarlberg unmöglich. Hier nimmt der ORF seine Verantwortung als Rundfunk der Gesellschaft in exemplarischer Weise wahr.

Unbestritten schwieriger haben es da private regionale TV-Programmangebote, wie zum Beispiel das Burgenländische Kabelfernsehen. Zum Zeitpunkt des Redaktionsschlusses dieses Beitrags stand die 100-Prozent-Tochter der BEWAG wegen anhaltender Verluste zum Verkauf. Dabei hat die BKF-Mannschaft ein ambitioniertes und informatives Programm gemacht. Allerdings reicht ein Verbreitungsweg ausschließlich über Kabel, mit dem nach Eigenangaben rund 30 000 Haushalte im Burgenland erreicht werden können, offenbar nicht aus, um allein durch Werbeeinnahmen schwarze Zahlen zu schreiben. Der aussichtsreichste Kaufinteressent sieht deshalb das BKF auch als Teil einer grenzüberschreitenden TV-Strategie, die Ostösterreich und die grenznahen Regionen von Bratislava bis nach Westungarn erfasst und auch über DVBT und Satellit verbreitet werden soll.

Chancen und Herausforderungen

Ob privat oder öffentlich rechtlich: So wie Fernsehen generell wird auch die Produktion von Regionalfernsehen in den kommenden Jahren ganz massiv von technologischen und gesellschaftlichen Entwicklungen geprägt werden. Einige Stichworte dazu lauten:

Konvergenz: Fernsehen ist kein versendetes Signal mehr, das live zuhause im Wohnzimmer konsumiert wird. Die Grenzen zwischen analogem Echtzeit-TV und Video-on-demand-Angeboten aus dem Internet, wie zum Beispiel der ORF TV-Thek, verschwinden. Der rasante Ausbau von mobilem Breitband Internet und die Verfügbarkeit von kostenlosem W-LAN werden die Bedeutung von mobilen Endgeräten weiter steigern. Das bringt zusätzliche Inhalte und vertiefende Angebote zu den klassischen Sendungen und erfordert neue Produktionsmethoden in den Redaktionen. Trimedialität, Radio + TV + Internet, wird Standard. Für regionales Fernsehen bieten sich da ganz besondere Chancen: Der virtuelle Dorfbrunnen, der Kommunikationsraum, in dem sich Menschen mit gleichen Interessen, mit gleicher regionaler Verbundenheit treffen, wird rund um die Uhr, an jedem Ort der Welt zugänglich sein!

User generated content: Die rasante Verbreitung von Kameras und Videokameras, eingebaut in Smartphones und tablet-Computer, und die technische Möglichkeit der unmittelbaren Datenübertragung beinhalten ein enormes Potential und entwickeln demokratiepolitische Relevanz: Noch viel stärker als bisher werden privat aufgenommene Videos und Fotos Eingang in die Berichterstattung finden. Die Redaktionen werden ganz besonders gefordert sein, mit diesen Inhalten verantwortungsvoll umzugehen.

Unabhängigkeit: Der Druck auf Redaktionen im regionalen Bereich wächst – sowohl von politischer als auch von wirtschaftlicher Seite. Berater, Coaches, Medientrainings sorgen für eine zunehmende Professionalisierung bei den Akteuren. Lobbyismus und PR werden die Regionalberichterstattung stärker beeinflussen. Redaktionen müssen ausreichend finanziell, personell und technisch ausgestattet sein, um diesem Druck standhalten zu können und die wichtigsten journalistischen Güter, nämlich Kompetenz, Glaubwürdigkeit und Unabhängigkeit, aufrechthalten zu können!

Anmerkungen

1 Alle Reichweitendaten vgl. Arbeitsgemeinschaft Teletest.

2 APA-OTS0075 vom 26. 08. 1986.

3 APA-OTS0237 vom 30. 04. 1998.
4 Vgl. Arge Teletest – Jahresbericht 2010.
5 Jahresdurchschnittswerte aus den Jahresberichten der Arge Teletest (Daten für 2011: 1. 1.–31. 9.!).
6 Vgl. Statistik Austria, abrufbar unter: http://www.statistik.at/web_de/statistiken/bevoelkerung/haushalte_familien_lebensformen/haushalte/023301.html (4. 11. 2011) sowie http://www.statistik.at/web_de/statistiken/bevoelkerung/haushalte_familien_lebensformen/haushalte/023302.html (4. 11. 2011).
7 Vgl. http://medienforschung.orf.at/c_fernsehen/console/console.htm?y=1&z=2 (10. 11. 2011).
8 Vgl. http://medienforschung.orf.at/c_fernsehen/console/console.htm?y=1&z=7 (10. 11. 2011).
9 Vgl. http://www.mpfs.de/fileadmin/JIM-pdf10/JIM2010.pdf, 27 (3. 11. 2011).
10 Vgl. http://images.derstandard.at/2011/07/29/Wrabetz_Konzept_1.pdf, 58ff (10. 11. 2011).

Literatur

Bachmayer, Wolfgang/Huber, Hubert/Schneeberger, Walter (2007). Publizieren wie die Profis, Wien.

Houellebecq, Michel (2011). Karte und Gebiet, Köln.

Krischke, Traugott (Hg.) (2003). Helmut Qualtinger Werkausgabe, Band 3: Travniceks gesammelte Werke und andere Texte für die Bühne, Wien.

Harold Pearson

Markentransfer vom Papier übers Handy aufs iPad

Die Leser-Blatt-Bindung ist ein Zukunftstrumpf der „Kronen Zeitung"

Vorweg ein Dankeschön: Die Burgenländer sind die treuesten „Krone"-Leser, und denen sind wir verpflichtet. Zu mehr Aktualität. Zu einem vielseitigen Inhalt mit allen Informationen, Unterhaltung und pointierten Kommentaren. Burgenländer sind mit der „Krone" immer am Ball. Unsere Reichweite im Burgenland liegt bei 58,3 Prozent. Das heißt: Jeder Zweite greift zu unserem Produkt.

Das Neueste im Land steht im Vordergrund einer Berichterstattung, die für eine hohe Leser-Blatt-Bindung sorgt. Ein Team von qualifizierten Mitarbeitern, die sich im östlichsten Bundesland bestens auskennen und über ausgezeichnete Kontakte verfügen, garantieren, dass dem Leser immer das Neueste vorgesetzt wird. So auch in Zukunft. Landespolitik, Informationen aus den Gemeinden, regionaler Sport und Menschliches sind ein Mix, der Interesse und Neugierde beim Leser hervorrufen soll. Die Nachricht vor der Haustür – sie nimmt im Zeitalter der Globalisierung an Bedeutung zu. Die „Krone" ist eine geistige Heimat für diejenigen, die zuerst österreichisch denken und dann erst in Richtung Europa. Die „Krone": eine etablierte Tageszeitung mit Ansehen und Reichweite. Eine bewährte Marke auf dem Printsektor. Solide Berichterstattung für die Bevölkerung: Das ist auch im Burgenland unser erfolgreicher Grundsatz. Und mit krone.at hat die Nummer 1 unter den österreichischen Tageszeitungen eine wichtige Rolle auf dem elektronischen Sektor übernommen.

Wie sieht die Zukunft der Tageszeitung aus? Mit der Veränderung der Lesergewohnheiten wird sich die Zeitung generell Schritt für Schritt verändern. In der Optik und textlich. Auf dem Handy oder dem iPad gibt es die Zeitung schon als Alternative zum Druckprodukt. So gut wie möglich wird man mit den elektronischen Medien wie Radio oder Fernsehen Schritt halten.

Wobei die eindeutige Stärke des gedruckten Mediums in der Information sozusagen „hinter der Geschichte" liegt. Im Gegensatz zum „Newsflash" hat die

Tabelle 1: 20-Jahres-Vergleich der Tageszeitungen
Absolute Mehrheit: Die „Kronen Zeitung" erreicht im Burgenland seit Dekaden täglich rund 60 Prozent der über 14-Jährigen. Ihre Tagesreichweite in diesem Bundesland hat in den vergangenen zwanzig Jahren nie die 50-Prozent-Hürde unterschritten. Das ist ansonsten nur den „Vorarlberger Nachrichten" im „Ländle" gelungen. Der stärkste Herausforderer der „Krone" existiert längst nicht mehr: „Täglich Alles" erreichte 1993 immerhin mehr als die halbe Reichweite des Platzhirschen. Doch auch nach dem Ende dieses Boulevardblattes von Kurt Falk konnte der „Kurier" nicht mehr an seine ehemalige Stärke anschließen. Nach kurzen Höhenflügen von „Standard" und „Presse" kommen inzwischen „Österreich" und „Heute" deutlich über die Fünf-Prozent-Marke.

	Krone	Täglich Alles	Kurier	Österreich	Heute	Standard	Presse	Kleine
1990	61,8		26,2			2,3	0,7	3,5
1992	55,6		22,1			1,7	2,2	1,5
1993	50,4	28,9	17,8			2,7	2,6	2,6
1994	57,1	22,8	16,9			2,9	1,3	2,6
1995	57,9	19,8	15,8			4,0	2,6	2,1
1996	60,9	19,0	19,8			3,4	3,6	3,7
1997	57,3	18,1	17,1			3,4	3,5	1,7
1998	59,4	19,3	19,9			3,9	3,2	3,0
1999	60,1	15,8	19,0			3,1	3,6	1,2
2000	61,1		20,0			4,7	4,6	3,0
2001	61,2		20,4			3,1	3,2	2,1
2002	61,2		18,2			3,3	3,5	2,7
2003	59,8		18,9			3,8	4,3	2,9
2004	59,0		17,1			3,4	2,4	3,1
2005	59,2		19,3			3,4	3,2	2,6
2006	60,5		15,6			3,3	3,1	2,5
2007	56,5		17,9			5,2	6,5	2,4
2008	55,5		17,6	8,4		5,4	4,6	2,9
2009	58,5		19,2	8,6		4,8	4,6	3,0
2010	59,0		15,3	7,1	5,2	3,0	3,5	3,2

Quelle: Media-Analyse (MA), Jahresberichte 1990–2010 (1991 erschien keine MA).

Zeitung mehr „Sendezeit", das heißt mehr Platz. Radio und Fernsehen reißen die Geschichte an, die Zeitung leuchtet die Inhalte weiter aus, um es dem Leser zu erleichtern, sich eine eigene Meinung zu bilden. Die Zeitung wird geistige Schützenhilfe in Bezug auf aktuelle Ereignisse leisten. Meinungsbildung, ohne zu bevormunden, das ist es. Nicht umsonst gilt die „Krone" als „sympathisch".

Laptop, Handy und Internet: Das Werkzeug der Journalisten hat sich grundlegend geändert und erlaubt die Recherche vor Ort, das Ergebnis kann sofort an die Redaktion weitergegeben werden. Wie wird die Zeitung kommender Generationen aussehen? Papier, Kunststoff oder ein Bildschirm.

Die Zukunft wird es uns zeigen.

Die Weichen sind längst gestellt.

Markus Stefanitsch

Vom Wochenblatt zum Online-Meinungsmacher

Über neue Ansätze zur Leser-Blatt-Bindung in der BVZ

Für alle Medien – und für Printmedien in ganz besonderer Weise – ist eine enge Beziehung und feste Bindung zu den Rezipient/inn/en respektive den jeweiligen Leserinnen und Lesern von größter Bedeutung. Akzeptanz, Reichweite, wirtschaftlicher Erfolg und die damit einhergehenden Möglichkeiten guter journalistischer Arbeit hängen damit unmittelbar zusammen. Deshalb hat die Burgenländische Volkszeitung (BVZ) seit ihrem Neustart unter dem Dach des Niederösterreichischen Pressehauses auch einen ganzen Fächer an Anknüpfungspunkten und Beziehungspflege zu ihren Leserinnen und Lesern entwickelt. – Und das nicht nur im Bereich des redaktionellen Marketings.

So gibt es etwa neben der Wahl zum Bezirkssportler bzw. zur Bezirkssportlerin oder neben der Wahl des beliebtesten Vereins des Landes auch Projekte wie „Unsere Taferlklassler" (hier werden alle Schulanfänger/innen des Burgenlandes in der Zeitung veröffentlicht) oder „Unsere Vifzacks", wo alle Schüler/innen mit lauter „Sehr gut" oder mit „Gutem Erfolg" präsentiert werden.

Im Sommer 2011 startete das Team der BVZ ein bis dato einzigartiges Lesermodul im Burgenland, dem dieser Beitrag gilt: den „Club der BVZ-Meinungsmacher".[1]

Entwicklung der BVZ

Zunächst ein Blick auf die Geschichte: Die „Burgenländische Volkszeitung" (BVZ) gehört seit Juli 2003 der Zeitungsgruppe des Niederösterreichischen Pressehauses an. Seither kann sich die Kauf-Wochenzeitung über stetig steigende Verkaufs- und Abozahlen freuen.[2] Seit der Neuübernahme im Jahr 2003 gibt es sechs regionale Bezirkszeitungen mit inkludierten landesweiten Politik-, Wirtschafts-, Kultur- und Gesellschaftsseiten. Die BVZ beschäftigt rund 70 Redakteurinnen und Redakteure und journalistische Mitarbeiter/innen sowie knapp 20 kaufmännische Angestellte – die zum überwiegenden Teil aus der Region stammen oder dort leben. Der Erfolg der BVZ spiegelt sich nicht nur bei den Abonnentenbestellungen und dem wöchentlichen Kauf in der Trafik wider, sondern auch durch viele Leserreaktionen. Die Devise: „Wer bewusst kauft, liest bewusst!"

Man kann zu Recht behaupten, dass die BVZ als „Burgenlands Vielseitigste Zeitung" bezeichnet werden kann. Kein Medium im Burgenland berichtet derart vielseitig (im doppelten Sinn des Wortes) über das Land – im Schnitt werden jede Woche zwischen 400 und 500 aktuelle Seiten produziert. Mit rund 2500 Artikeln und Fotos wird Woche für Woche die Vielseitigkeit des Burgenlandes abgelichtet. Die Berichterstattung umfasst Politik, Wirtschaft, Regionales, Chronik, Gesellschaft, Service und einen großen Sportteil – sowohl auf Landes- als auch auf Bezirks- und Gemeindeebene.

Online-Umfragen

Das jüngste erfolgreich eingeführte Instrument stellt der „Club der BVZ-Meinungsmacher" dar.[3] Mittels eines modernen Online-Umfragesystems können BVZ-Meinungsmacher garantiert anonym bei aktuellen oder brisanten Themen ihre Stimme abgeben. Durch die Vielzahl der Teilnehmer/innen wird monatlich in der BVZ ein gesamtes burgenländisches Stimmungs- und Meinungsbarometer abgebildet. „Der Club der BVZ-Meinungsmacher soll die Stimmungslage der Burgenländerinnen und Burgenländer widerspiegeln", erörtert NÖ-Pressehaus-Geschäftsführer und Erster Chefredakteur Harald Knabl die Beweggründe für das neue Konzept.[4] In einer monatlichen Umfrage geben die BVZ-Meinungsmacher ihre Stimme zu verschiedenen aktuellen Themen ab. „Den Meinungen unserer Leserinnen und Leser werden dadurch künftig noch mehr Gewicht verliehen."[5]

Die BVZ-Meinungsmacher werden die Stimmungslage zu den Themen im Burgenland transportieren und somit den Verantwortlichen im Land Anhaltspunkte liefern, wie sie noch besser Entscheidungen im Sinne der Burgenländer/innen treffen können.

Mit dem Club der BVZ-Meinungsmacher startet die BVZ eine neue Art der Kommunikation zwischen Zeitung und Leser/innen. Wesentliche Punkte des Konzepts sind:

- BVZ-Meinungsmacher erhalten pro Monat ein E-Mail, in dem sie zu einer Online-Umfrage eingeladen werden.
- Die Themen für die monatliche Umfrage werden von der BVZ-Redaktion ausgewählt. Neben politischen und wirtschaftlichen Themen werden auch die Bereiche Kultur, Sport oder Gesellschaft behandelt.
- Bei jeder monatlichen Umfrage werden zusätzlich auch politische Persönlichkeiten abgefragt. So bekommen BVZ-Leser/innen einen Überblick, welcher Politiker, welche Politikerin gerade „top" oder „flop" ist.
- Die monatliche Umfrage ist garantiert anonym.
- Die Umfrage-Ergebnisse werden in der BVZ (Print und Online) veröffentlicht.
- BVZ-Meinungsmacher bekommen einen Tag vor Erscheinen der Zeitung erste Ergebnisse. Außerdem erhalten sie die gesamte detaillierte Auswertung.
- BVZ-Meinungsmacher haben auch Zugang zu speziellen Veranstaltungen mit verschiedenen Persönlichkeiten und Expert/inn/en und können im Internet im Umfrage-Forum mitdiskutieren.
- Die BVZ ist auf der Seite der Leser/innen: Die Ergebnisse der Umfrage sind Auftrag, mit intensiver Berichterstattung die Verantwortlichen des Landes (sowohl in der Politik, der Wirtschaft, der Kultur, in der Gesellschaft und im Sport) zum Handeln zu bewegen, wenn etwas nicht im Sinne der Bevölkerung gemacht oder geplant wird.

Erwartungen übertroffen

Der Start der ersten BVZ-Meinungsmacher-Umfrage erfolgte am 28. September 2011 und übertraf die Erwartung deutlich: Schon zur Premiere nahmen 372 BVZ-Meinungsmacher (eine einmalige Registrierung auf der Homepage der BVZ ist erforderlich) an dieser Umfrage teil. Für den Startschuss des BVZ-Meinungsmacher-Projektes wurden bewusst allgemein burgenländische Themen, vor allem auch im Hinblick auf das 90-Jahr-Jubiläum im Jahr 2011, gewählt.[6]

Es folgten im Jahr 2011 zwei weitere Umfragen – im November zum Schwerpunkt „Sicherheit" und im Dezember zum Schwerpunkt „Weihnachten". Die Beteiligung lag mit 462 (November)[7] und 392 (Dezember)[8] auf ähnlichem Niveau.

Auch wenn diese Ergebnisse der BVZ-Meinungsmacher (noch) nicht als repräsentativ gewertet werden, so zeigt der Vergleich mit ähnlichen Umfragen von renommierten Meinungsforschungsinstituten doch ein recht plausibles Meinungsbild der Burgenländer/innen.

Wirkungen der Umfrage

Das Instrument der BVZ-Meinungsmacher spielt im Zeitungsverlag BVZ eine gewichtige Rolle. Themen, die im Club der BVZ-Meinungsmacher polarisieren, werden sowohl im Print- als auch im Online-Bereich weiterführend behandelt, recherchiert und redaktionell aufbereitet. Die Verantwortlichen des Landes und der öffentlichen Einrichtungen werden mit den Ergebnissen konfrontiert und diese im Medium BVZ veröffentlicht. Dies soll eine lebendige, offene Diskussion zwischen Leserinnen und Lesern, den Politikerinnen und Politikern und anderen Opinion Leadern und letztendlich auch dem Medium BVZ selbst ermöglichen.

Allgemein will die BVZ mit dem Tool auch dem Trend folgen, dass Menschen immer mehr ihr Recht nutzen wollen, aktiv mitzureden und auch aktiv etwas zu bewegen. Der Club der BVZ-Meinungsmacher bietet diese Plattform für alle Leser/innen aus allen Bevölkerungsgruppen und -schichten.

Der Club der BVZ-Meinungsmacher ist somit eine dreifache Win-Situation:

Erstens: Die Leser/innen haben die Möglichkeit, bei verschiedensten Themen aktiv mitzureden und sich miteinzubringen.

Zweitens: Die Politiker/innen sowie Opinion Leader des Landes bekommen „Anregungen, was das Volk wirklich will und fordert".

Drittens: Die BVZ vertieft die wichtige Bindung zur ihren Leserinnen und Lesern.

In diesem Sinne: Werden auch Sie BVZ-Meinungsmacher!

Anmerkungen

1 Vgl. Pehm, Georg/Stifter, Herbert (denkteam+partner) (2011). Club der Meinungsmacher. Konzeptskizze, Neutal (unveröffentlichtes Manuskript).
2 Zuletzt weißt die Mediaanalyse 2010/11 insgesamt 123 000 Leser/innen pro Ausgabe aus; vgl. http://www.media-analyse.at/studienPublicPresseRegionale WochenzeitungTotal.do?year=10/11&title=Regionale Wochenzeitung&subtitle=Total (12. 11. 2011).
3 Vgl. http://www.bvz.at/meinungsmacher/ (12. 11. 2011).
4 O. A. (9/2011). BVZ-Meinungsmacher: Heute geht's los!, BVZ, Ausgabe 39, 28. 9. 2011, 2.
5 Ebd.
6 Vgl. o. A. (10/2011). Gesellig sind wir, aber Witze sind out, BVZ, Ausgabe 40, 5. 10. 2011, 2f.
7 Vgl. BVZ, Ausgabe 45, 9. 11. 2011, 3.
8 Vgl. BVZ, Ausgabe 49, 7. 12. 2011, 3.

Christian Uchann

Gratiszeitung: Strohfeuer oder Fixpunkt der Medienlandschaft?

Die „Bezirksblätter" im Verbund der Regionalmedien Austria (RMA)

„Gratiszeitungen sind Reichweiten-Jumbos der Zukunft", meinte der ehemalige Vorstandsvorsitzender der Styria Medien AG, Horst Pirker, bei einer Diskussion im Rahmen der Österreichischen Medientage im September 2006. Auch wenn sich der Medienprofi dabei auf den Tageszeitungsmarkt bezogen hatte, kann der Befund auf die wöchentlich erscheinenden regionalen Printprodukte ausgedehnt werden – die sich fünf Jahre später mit wenigen Ausnahmen über steigende Reichweitenzahlen freuen dürfen.

War früher ein Vergleich zwischen Kaufzeitungen und kostenlosen Regionalmedien, deren Reichweiten durch die sogenannte Regioprint[1] erhoben wurden, nicht zulässig, ist mit der Aufnahme der Gratistitel in die Media-Analyse[2] bestätigt, „dass die Regionalzeitungen in allen neun Bundesländern die reichweitenstärksten Printtitel stellen"[3]. So lassen sich die Ergebnisse der aktuellen Media-Analyse 2010/11 leicht auf den Punkt bringen: Kaufzeitungen verlieren, Gratiszeitungen gewinnen!

Die burgenländische Medienlandschaft

Kommen wir zur burgenländischen Medienlandschaft, verbleiben aber bei den Auswertungen der Media-Analyse. Mit 190 000 Lesern bzw. 76,8 Prozent[4] sind die „Bezirksblätter", die jeden Mittwoch gratis in alle Haushalte des Burgenlandes per Post zugestellt werden, die reichweitenstärkste Zeitung, gefolgt von der „Kronen Zeitung" mit (58,3 Prozent), BVZ (43,4 Prozent), „Kurier" (15,6 Prozent), „Österreich" (7,6 Prozent), „Standard" (3,2 Prozent) und „Presse" (2,6 Prozent).

Anders als bei der Gratistageszeitung „Heute", die vor allem junge Leser anspricht, steigen die Reichweiten bei den „Bezirksblättern" mit dem Alter. Bei den 14- bis 19-Jährigen betragen sie 60,2 Prozent, bei den 50- bis 59-Jährigen 83,9 und bei den 60- bis 69-Jährigen 84,4 Prozent. Geringer sind die Unterschiede zwischen Männern (77,3 Prozent) und Frauen (76,3 Prozent).

Erfolgsfaktoren

Welche Faktoren sind nun für diesen Erfolg verantwortlich?

Für die Beantwortung dieser Frage blicken wir etwas zurück: ins Jahr 2000, als im Oktober mit dem Einstieg bei zwei renommierten Zeitungen – der „Bezirksrundschau Oberwart" (gegründet 1986) und „Eisenstadt aktuell" (gegründet 1990) – sowie der Neugründung von weiteren drei Lokalausgaben der Start der „Bezirksblätter Burgenland" erfolgte. Die burgenländische Medienlandschaft war damals im Bereich der wöchentlich erscheinenden Printprodukte von zwei Parteizeitungen bestimmt: der „Burgenländischen Volkszeitung" (BVZ) und der „Burgenländischen Freiheit" (BF).

Im Juli 2003 wurde die ÖVP-nahe BVZ mit sechs Regionalausgaben vom Niederösterreichischen Pressehaus (NÖN) übernommen. Einen Eigentümerwechsel gab es auch bei der SPÖ-Parteizeitung BF. Im Jänner 2007 erfolgte die Übernahme durch die Leykam Medien AG als Mehrheitseigentümer. Aufgrund wirtschaftlicher Aussichtslosigkeit wurde die älteste burgenländische Zeitung – erstmaliges Erscheinen zum Jahreswechsel 1921/22 – im Jänner 2009 eingestellt.

In diesem Zusammenhang kann man der These folgen, „dass mit der Gründung von Gratismedien in den einzelnen Bundesländern zum Teil Lücken geschlossen wurden, die von eingestellten regionalen Parteizeitungen hinterlassen wurden."[5]

Wie die Autoren der Projektarbeit „Wochenzeitungen in lokalen Märkten" des Institutes für Medienwirtschaft an der FH St. Pölten weiters richtig anmerken, war auch die „Vernachlässigung der lokalen Märkte durch die Tagespresse" für die erfolgreiche Verbreitung von regionalen Gratismedien förderlich.

Damit sind wir bei der inhaltlichen Ausrichtung angekommen: Die Strategie der „Bezirksblätter", ausschließlich auf regionale Themen zu setzen, mag als Selbstverständlichkeit für ein Regionalmedium gelten. Allerdings ist die konsequente Umsetzung keine leichte Aufgabe, ist man doch auch als Lokaljournalist immer wieder dazu verführt, „die große Weltpolitik", „den internationalen Star" oder Ähnliches in der Berichterstattung unterzubringen.

Diesen Verführungen zu widerstehen und zu hundert Prozent zutiefst lokalen Content anzubieten bzw. auf die lokale Relevanz zu achten, ist die große Herausforderung für den Lokaljournalisten. Selbst der Besuch eines Bundesministers findet dann aufgrund der vollen Konzentration auf die „Regionalität" nicht unbedingt Eingang in die Berichterstattung. Ein Umstand, der oft auf Unverständnis in den diversen Parteizentralen stößt.

Annäherung zwischen Gratis- und Kaufzeitungen

Der große Wandel, der sich in den vergangenen Jahren im Bereich der Gratismedien vollzogen hat, betrifft vor allem die redaktionellen Inhalte, die immer mehr an Bedeutung gewannen – auch wenn aus wirtschaftlich nachvollziehbaren Gründen der redaktionelle Anteil bei Kaufwochenzeitungen höher liegt als bei Gratiswochenzeitungen.

In der inhaltlichen Struktur fand hingegen eine Annäherung zwischen Gratis- und Kaufzeitungen statt. Die Themenpalette der redaktionellen Berichterstattung umfasst demnach auch bei den Bezirksblättern Politik, Lokales, Wirtschaft, Kultur und Sport – erweitert durch einen hohen Anteil an serviceorientierten Seiten, die unter anderem einen umfangreichen Veranstaltungskalender oder einen Kleinanzeigenteil beinhalten. Dem Motto folgend „Jeder Leser soll sich in den Bezirksblättern wiederfinden" nehmen die lesergebundenen Inhalte einen großen Anteil am Umfang der Zeitung ein. Dazu zählen Leserbriefe oder Berichte von Vereinen und Schulen. Die Rolle der Leser soll sich dementsprechend nicht nur auf die Nutzung des Mediums beschränken, sie sollen sich vielmehr auch passiv und aktiv an den Inhalten der Wochenzeitung beteiligen.

Die „Regionauten"

Diese Zielsetzung lässt sich vor allem in Verbindung mit dem Internet-Auftritt umsetzen. Auch im World Wide Web folgen die Bezirksblätter konsequent der Strategie, lokale Nachrichten in den Vordergrund zu stellen und den Usern aktuelle News aus ihrem Bezirk zu bieten. Darüber hinaus ist der user generated content ein wichtiger Teil der Online-Strategie. Die „Regionauten", wie die Leserreporter der „Bezirksblätter" genannt werden, berichten online auf www.meinbezirk.at über aktuelles aus ihrer Lebensumwelt, wobei dieses Konzept eine Verbindung zur Wochenzeitung schafft. So werden die besten

Regionauten-Beiträge – als solche gekennzeichnet – auch in der Printausgabe veröffentlicht.

Journalistische Grundsätze gelten auch für Gratismedien

Zurück zum Inhalt von Gratiszeitungen – am Beispiel der „Bezirksblätter Burgenland". Vertreter von Kaufzeitungen argumentieren oft mit dem Argument Qualität, dass ihrem Geschäftsmodell auch in Zukunft Erfolg versprechen soll, und bewerten Gratismedien oft sehr unverblümt mit Aussagen wie „Masse statt Klasse" oder „Was nichts kostet, ist nichts wert". Manche sprechen sogar von einer „Gefährdung der Demokratie und des Journalismus" durch die Gratismedien.

Als Journalist, der beide Seiten kennt, kann der Autor dieser Zeilen beruhigen. Zumindest für die Redakteure der „Bezirksblätter" gelten dieselben Ansprüche wie für jene, die bei den sogenannten – und oft selbsternannten – Qualitätsmedien tätig sind: gründliche Recherche, Ausgewogenheit, Unabhängigkeit, die Achtung auf Wahrheit und die Wahrung der Menschenwürde. Einen besonderen Stellenwert hat in diesem Zusammenhang die klare Trennung zwischen redaktionellem Text und Werbung – vor allem für ein Medium, das ausschließlich von Anzeigenerlösen lebt. Mit einer klaren und sauberen Kennzeichnung wird eine entsprechende Orientierung gegeben und wahrscheinlich der wichtigste Beitrag für die Gewährleistung des kostbarsten Guts des Journalismus – nämlich der Glaubwürdigkeit – geleistet. Für den deutschen Zeitungswissenschafter Prof. Klaus Schönbach bedeutet Professionalität im Journalismus, dass Zeitungen stets ihr Versprechen einlösen, vertrauenswürdige und gleichbleibende Qualität zu liefern. Dazu gehören für Schönbach unter anderem: keine Vermischung von Werbung und redaktionellem Inhalt und das Bestehen auf Unabhängigkeit gegenüber Politik, Verbänden, Firmen und Vereinen![6]

Diese Grundsätze sind ständige Begleiter der „Bezirksblätter"-Redakteure, wobei man nicht vergessen darf, dass deren Umsetzung unter strenger Beobachtung steht – und zwar durch die Lesergemeinde. Ob die beeindruckenden Reichweiten, die das zentrale ökonomische Erfolgskriterium darstellen, mit einem Produkt zu erzielen sind, das sowohl Glaubwürdigkeit als auch qualitätsvollen und kritischen Journalismus vermissen lässt, darf jedenfalls bezweifelt werden.

Mit den bisherigen Ausführungen sollte die Beantwortung der Frage, die diesen Aufsatz titelt, großteils erfolgt sein: Gratismedien sind alles andere als ein

Strohfeuer in der Medienlandschaft – vor allem auf dem überschaubaren burgenländischen Markt.

Zukunftsaussichten

Doch wie ist es um die Zukunft der „Bezirksblätter Burgenland" bestellt? Dazu ein Rückblick ins Jahr 2009, als von der Styria Media Group AG und der Moser Holding AG mit der Gründung der Regionalmedien Austria (RMA) ein neues Kapitel in der österreichischen Mediengeschichte geschrieben wurde. Durch die Zusammenführung der Regionalmedien „Woche", „Bezirksblätter", „BZ-Wiener Bezirkszeitung" und den Kooperationspartnern „Bezirksrundschau Oberösterreich" und RZ-Medien Vorarlberg ist ein einzigartiges Netzwerk von etablierten Gratis-Printprodukten geschaffen worden – und zwar rund 130 Titel österreichweit mit 3 885 000 Lesern. Das entspricht einer nationalen Reichweite von 54 Prozent[7]. Von den Vorteilen dieses Netzwerkes profitieren vor allem die Anzeigenkunden, denen Geomarketing geboten wird: Man kann flächendeckend schalten, aber – und das ist genau der USP der RMA-Produkte – man kann das Inserat auch bis in 130 Mutationen herunterbrechen.

Es sind somit drei Säulen, die den wirtschaftlichen Erfolg jedes einzelnen Gratismediums sichern: die nationale Ebene – etwa mit Ministerien und österreichweit agierenden Unternehmen –, das Bundesland mit den entsprechenden Anzeigenkunden sowie die lokalen Unternehmen.

Die Dynamik, die den Gratiszeitungsmarkt der vergangenen Jahre gekennzeichnet hat, sollte damit prolongiert sein. Doch auch wenn die RMA nun als starker nationaler Player eine zunehmend gewichtigere Rolle spielt, darf niemals auf das Fundament des Erfolgs vergessen werden: Qualität und Lesernähe!

Anmerkungen

1 Die Regioprint war eine vom VRM (Verband der Regionalmedien) in Auftrag gegebene Studie der kostenlosen Regionalzeitungen Österreichs. Die Regioprint wurde von 1999 bis 2009 als unabhängige Medienuntersuchung jährlich durchgeführt.

2 Seit 2010 werden die regionalen Gratiszeitungen gemeinsam mit der Media-Analyse erhoben

3 Henrich, Dieter (Geschäftsführer des Verbandes der Regionalmedien Österreichs, VRM) (2011). Reichweite gesteigert, MedienManager 9/2011, 14.

4 Vgl. MA 2010/11, Erhebungszeitraum 7/10–6/11, Leser pro Ausgabe im Burgenland, Schwankungsbreite +/–2,6 Prozent.

5 Kurzbericht des Projekts des Institutes für Medienwirtschaft an der FH St. Pölten, Wochenzeitungen in lokalen Märkten, 4.

6 Kurzfassung der Rede anlässlich der Verleihung des Deutschen Lokaljournalistenpreises der Konrad-Adenauer-Stiftung, September 2007.

7 Vgl. MA 2010/11, Erhebungszeitraum 7/10–6/11, Nettoreichweite: Leser pro Ausgabe in Österreich 14 plus, max. Schwankungsbreite +/–0,8 Prozent. RMA gesamt: „Bezirksblätter" Burgenland, NÖ, Salzburg, Tirol; „Woche" Kärnten, Steiermark; „BZ-Wiener Bezirkszeitung"; Kooperationspartner: „Bezirksrundschau OÖ", Regionalzeitungen Vorarlberg – wöchentlich/14-täglich; kostenlos.

Georg Pehm

Verhaltenes „Gefällt mir"

Zur Nutzung von Facebook in der strategischen Kommunikation burgenländischer Politiker/innen

„Frauentausch gucken … Pflichtprogramm". – Auch Mitteilungen wie diese stehen auf Facebook-Pinnwänden von Politker/inne/n. So unpolitisch die Kurzinfo erscheinen mag, so politisch ist die Offenherzigkeit allemal. Freilich unbeabsichtigt.

Denn wenngleich auch die Spitzen der Republik – Bundespräsident, Bundeskanzler, Vize-Kanzler, etliche Ministerinnen und Minister – „drinnen" sind, nutzen Politiker/innen die Social Media Plattform Facebook überraschend zurückhaltend für den Austausch mit ihren Wähler/inne/n.[1] Es ist – im Terminus der Plattform gesprochen – noch ein verhaltenes „I like". Zu diesem Befund kommt eine quantitative Untersuchung, die für den Zeitraum vom 1. Jänner 2011 bis 30. Juni 2011 durchgeführt worden ist.[2] Demnach pflegen gerade einmal vier von 56 Spitzenpolitiker/inne/n und zwei von 30 Bürgermeister/inne/n der größten Gemeinden des Burgenlandes Facebook regelmäßig zur politischen Kommunikation.

Damit bleibt viel Potential für politische Kontaktnahme (oder zumindest Informationsarbeit) ungenutzt. Schließlich stellt Facebook eine hervorragende Möglichkeit dar, mit einer potenziell großen Anzahl an Menschen in Kontakt treten, zu diskutieren, Meinungen und Stimmungen zu erfahren und Inputs für die eigene Aufgabe zu bekommen.[3] Man habe außerdem Möglichkeiten zum Agenda Setting und zur Darstellung eigener Ansichten, ohne die Interpretation durch die Vertreter/innen der Medien oder dafür Inserate schalten zu müssen.[4]

Dies gilt vor allem für jene Zielgruppe, von der die Politik immer wieder betont, sie gehöre zu den wichtigsten überhaupt: nämlich die Jugend. Obwohl exakte Zahlen fehlen, kann aus anderen Untersuchungen abgeleitet werden, dass über ein Drittel der Bevölkerung ab 13 Jahren, also an die 90 000 Menschen aus dem Burgenland, über einen Facebook-Account verfügen.[5] Davon wiederum dürfte fast jeder zweite User unter 25 Jahre und dürften drei von vier Usern unter 35 Jahre alt sein.[6] Facebook zählt damit zu den wichtigsten Kommunikationskanälen der Politik mit jungen Menschen.

Im Folgenden sollen die Vorgangsweise dieser Untersuchung dargelegt, die wichtigsten Ergebnisse präsentiert und Schlussfolgerungen zur Diskussion gestellt werden.

Zwei Gruppen von Politiker/inne/n wurden dabei untersucht:

- Regionale Spitzenpolitikerinnen und -politiker. Damit sind alle Politiker/innen zusammengefasst, die als Mitglieder der Bundesregierung und der Burgenländischen Landesregierung oder als Abgeordnete zum Nationalrat, Bundesrat und zum Burgenländischen Landtag tätig waren. (Keine bzw. keiner der österreichischen Abgeordneten zum Europäischen Parlament kommt aus dem Burgenland.) Insgesamt fallen in die Gruppe 56 Personen.
- Bürgermeisterinnen und Bürgermeister der 30 größten (der insgesamt 171) burgenländischen Gemeinden. Diese repräsentieren rund 115 200 Einwohner/innen, was 40,6 Prozent der Gesamtbevölkerung Burgenlands entspricht.[7]

Folgende Fragestellungen standen im Mittelpunkt:

- Liegt zum Stichtag 30. Juni 2011 eine Mitgliedschaft bei Facebook vor?
- Ist der Facebook-Auftritt eingeschränkt und nur für Freunde zugänglich oder besteht ein uneingeschränkter Zugang für jeden Internet-User?
- Sind die einzelnen Bereiche des Facebook-Accounts (Pinnwand, Infos, Fotos, Freunde etc.) frei oder beschränkt zugänglich?
- Ist die Anzahl an Facebook-Freunden zu sehen? Und wie viele Freunde weist die Politikerin bzw. der Politiker auf?
- Wie viele aller Eintragungen auf der Pinnwand stammen von der Politikerin bzw. vom Politiker (und nicht nur von Freunden bzw. Besucher/inne/n des Accounts)?
- Wie viele Eintragungen, die von der jeweiligen Politikerin, vom jeweiligen Politiker stammen, können – in einem weiteren Sinn – als „politische Aussage" gewertet werden?[8]

Ergebnisse bei Spitzenpolitiker/inne/n

Insgesamt sind von den 56 in der Bundes- und Landespolitik tätigen Politikerinnen und Politikern 34 (oder rund 60 Prozent) auf Facebook vertreten. Ein Drittel verfügt über kein Facebook-Profil (siehe Grafik 1). Einen uneingeschränkten

Grafik 1: Präsenz burgenländischer Politiker/innen auf Facebook (in Prozent; n = 56)

Quelle: Vgl. Anmerkung 2.

Zugang zu ihrem Facebook-Profil gewährt rund die Hälfte (45 Prozent). Sie sind somit auch von Nicht-Mitgliedern der Social Media Plattform Facebook erreichbar.

Ein Facebook-Profil angelegt zu haben bedeutet aber keineswegs auch politische Kommunikation: Nur jede fünfte Politikerin bzw. jeder fünfte Politiker (21 Prozent) hat innerhalb eines halben Jahres wenigstens einen einzigen Eintrag mit einer politischen Aussage auf Facebook gepostet.

Herausragend hingegen das Aktivitätsniveau von Landtagsabgeordneten Michel Reimon (Grüne): Er kommt im Untersuchungszeitraum auf mehr als 160 „politische Postings“. Insgesamt verfasste er auf seiner Pinnwand über 420 Einträge. Damit stammt mindestens jedes dritte Posting aller burgenländischen Politiker/innen von Reimon.

Bei sechs Politiker/inne/n findet sich innerhalb von sechs Monaten kein einziger eigener Beitrag. Weitere sechs Politiker/innen schafften durchschnittlich pro Quartal einen Beitrag.

Politikerinnen stehen den neuen Möglichkeiten näher als Politiker: Frauen sind zu rund drei Viertel auf Facebook vertreten, die männlichen Kollegen nur zu 57 Prozent anzutreffen.

Während lediglich nur jeder bzw. jede zweite ÖVP-Politiker/in über ein Profil auf Facebook verfügt, sind es bei der SPÖ zwei Drittel der Mandatarinnen und Mandatare.

Ohne Beachtung von etwaigen Doppel- und Mehrfachzählungen haben die burgenländischen Politiker/innen auf Facebook zum Stichtag 30. Juni 2011 insgesamt 29 900 Freunde. Im Durchschnitt kommen damit auf jede Politikerin bzw. auf jeden Politiker 1068 Freunde. Spitzenreiter ist Klub-Obmann Johann

Grafik 2: Anzahl an Freunden von burgenländischen Spitzenpolitiker/inne/n auf Facebook

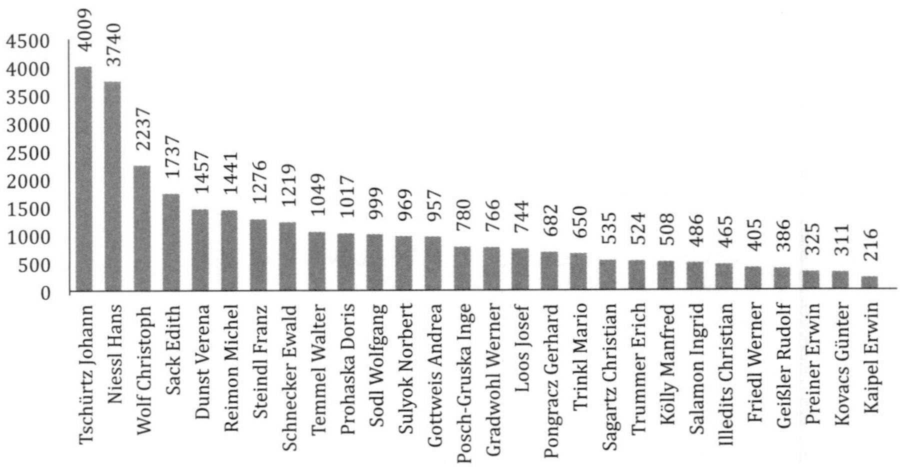

Quelle: Vgl. Anmerkung 2.

Tschürtz (FPÖ). Er weist über 4000 Freunde auf. Auf den Plätzen sind Landeshauptmann Hans Niessl mit mehr als 3740 „Gefällt mir"-Klicks auf seiner Seite (anstatt „Freunde" im Profil) und Landtagsabgeordneten Christoph Wolf (ÖVP), der mehr als 2200 Freunde zählt (siehe Grafik 2).

Keiner der Bundespolitiker aus dem Burgenland (Minister Norbert Darabos, Minister Nikolaus Berlakovich, Staatssekretär Josef Ostermayer) ist bislang auf Facebook vertreten.

Ergebnisse bei Bürgermeister/inne/n

In dieser Gruppe verfügt nur jede bzw. jeder Dritte über einen Facebook-Auftritt. Damit hinken die Spitzen der Städte und Gemeinden den Landes- und Bundespolitiker/inne/n deutlich hinterher. Einen uneingeschränkten Zugang zum Facebook-Profil gewährt lediglich jeder bzw. jede vierte Bürgermeister/in (siehe Grafik 3).

Zwei Drittel der Top-30-Bürgermeister/innen (20) gehören der SPÖ an, jede bzw. jeder vierte der ÖVP (8), zwei vertreten Bürgerlisten. Von jenen, die auf

Grafik 3: Präsenz von Bürgermeister/inne/n der 30 größten burgenländischen Gemeinden auf Facebook (in Prozent; n = 30)

Quelle: Vgl. Anmerkung 2

Facebook vertreten sind, gehören neun der SPÖ und je einer der ÖVP bzw. einer Liste an.

Ohne Beachtung von etwaigen Doppel- und Mehrfachzählungen haben die in Facebook vertretenen Top-30-Bürgermeister/innen zum Stichtag 30. Juni 2011 insgesamt rund 4700 Freunde. Im Durchschnitt kommt damit jede bzw. jeder auf rund 530 Freunde.

Spitzenreiter ist Peter Vargyas (Mörbisch, SPÖ) mit über 900 Freunden vor Josef Loos (Illmitz, SPÖ) mit über 740 Freunden und Gerhard Pongracz (Oberwart, SPÖ) mit über 680 Freunden.

Facebook als Chance

Nur vier von 56 Spitzenpolitiker/inne/n aus dem Burgenland nutzen derzeit Facebook zur Kommunikation über Pinnwand-Postings in regelmäßigen Abständen, die als „politisch" zu werten ist. Dieses Quartett verfügt über mehr als zehn Postings dieser Art in sechs Monaten. Damit lassen 93 Prozent der Spitzenpolitiker/innen diese Kommunikationsschiene weitgehend außer Acht.

Von den Top-30-Bürgermeister/inne/n nutzen im Untersuchungszeitraum nur zwei Facebook zur „politischen" Kommunikation. Damit lassen neun von zehn der Top-Ortschefinnen bzw. -chefs diese Schiene für politische Kommunikation ungenutzt.

Keine Aussage kann hierbei darüber getroffen werden, worin diese Distanz begründet ist. Aus persönlichen Beobachtungen dürften dabei sowohl der Zu- und Umgang der bzw. des Einzelnen mit neuen Medien, mangelnde Kenntnisse über das Kommunikationsverhalten der jeweiligen Zielgruppen oder auch eine unzureichende Förderung seitens der gesetzgebenden Institutionen, der Klubs oder Parteien eine Rolle spielen.[9] Ebenso bleibt offen, ob und wie engagierte und zielgruppengerechte politische Kommunikation in und über Facebook (und andere Social Media Plattformen) wirkt. Es wäre lohnend, mit einer österreichweiten vergleichenden Untersuchung auch dieser Fragestellung nachzugehen.

Facebook kann eine Chance sein – für die einzelne Politikerin bzw. den einzelnen Politiker ebenso wie für eine dringend erforderlich scheinende Belebung der politischen Kommunikation.

Anmerkungen

1 Vgl. wiko (2011). Vier von zehn österreichischen Politikern kommunizieren über Facebook, abrufbar unter: http://www.wiko.cc/news/2011-08/vier_von_zehn_oesterreichischen_politikern_kommunizieren_ueber_facebook/13397 (15. 10. 2011).

2 Es ist dies eine Untersuchung, die im Rahmen eines Ferialarbeitsprojekts in der Stabsstelle „Statistik Burgenland" des Amtes der Burgenländischen Landesregierung umgesetzt werden konnte. Für die quantitative Erhebung ist Victoria Wessely herzlich zu danken.

3 Vgl. Social Media Expertin Judith Denkmayr in: Schüller, Rainer/Jungnikl, Saskia (2011). „Solange es Faymann gibt, wird es auch Failmann geben", derStandard.at, 18. 11. 2011, abrufbar unter: http://derstandard.at/1319183212494/Innenpolitik-im-Netz-Solange-es-Faymann-gibt-wird-es-auch-Failmann-geben (15. 10. 2011).

4 Vgl. ebd.

5 Vgl. Hutter, Thomas. Blog zu Social Media und Facebook Marketing, 26. 7. 2011, abrufbar unter: http://www.thomashutter.com/index.php/2011/07/Facebook-infografik-und-demografische-daten-deutschland-osterreich-und-schweiz-per-juni-2011/ (15. 10. 2011).

6 Vgl. ebd., Statistik Burgenland und eigene Berechnungen.

7 Einbezogen in die Untersuchung wurden folgende Gemeinden (Reihung nach Einwohner/innenzahl): Eisenstadt, Oberwart, Mattersburg, Neusiedl am See, Pinkafeld, Neudörfl, Jennersdorf, Parndorf, Güssing, Gols, Großpetersdorf, Neufeld, Deutschkreutz, Rechnitz, Oberpullendorf, Siegendorf, Pöttsching, Forchtenstein, Frauenkirchen, Wiesen, Bruckneudorf, St. Margarethen, Purbach, Hornstein, Rohrbach, Stegersbach, Illmitz, Schattendorf, Andau, Mörbisch.

8 Dabei wurde ein sehr breites Verständnis von „politischer Erklärung" (etwa: „Raus aus der Atomkraft!") im Gegensatz zu Informationen aus dem privaten („Gehe jetzt schlafen") oder beruflichen Bereich („Viel los heute") bzw. aus organisatorischen, terminlichen Gründen („Morgen in X-Dorf") angelegt.

9 Vgl. dazu auch Pehm, Georg/Sinowatz, Lisa (2011). Lebendig, vielfältig, leidenschaftlich! Demokratie braucht neue Impulse. Samt Extra-Portion Mut, in: Gerbavsits, Michael/Kreiner-Ebinger, Claudia/Pehm, Georg/Steiger-Moser, Susanna (Hg.): denk.mal. Standpunkte. Ausblicke. Visionen, Oberwart, 15ff.

Evelyn Fertl

Die „BF" und ihr fotografisches Erbe

Zur wissenschaftlichen Digitalisierung einer Fotosammlung

„nicht der schrift-,
sondern der fotografieunkundige
wird der analfabet der zukunft sein."
(László Moholy-Nagy, 1928)

In öffentlichen Archiven und Museen mangelt es meist nicht an Bildern, die fotografischen Objekte sind aber nur in den seltensten Fällen lückenlos systematisch erschlossen. Gleichzeitig sehen sich Konservatoren von Fotoarchiven heute mit einer wahren Flut von Anfragen unterschiedlichster Nutzergruppen konfrontiert: So verwenden Historiker in immer größerem Ausmaß Fotografien zur Vermittlung von (visuellen) Inhalten.[1] Ahnenforscher suchen Bilder längst verstorbener Vorfahren. Architekten und das Bundesdenkmalamt bedienen sich historischer Fotos, um (denkmalgeschützte) Häuser originalgetreu restaurieren zu können. Auch (Schulbuch-)Verlage, elektronische Medien, Zeitungen und Ausstellungskuratoren versuchen, der Allgegenwärtigkeit von Bildern Rechnung zu tragen, und stellen ausführliches Fotomaterial bereit.

Dass der Fotobestand einer (vormals von einer politischen Partei geführten) Wochenzeitung im öffentlichen Interesse liegt, eine wesentliche Rolle als „Kulturgut" und Teil des „kulturellen Erbes" einnimmt und zugleich einen wichtigen Beitrag zur Auseinandersetzung mit Fotografie als kulturelles, politisches, gesellschaftliches und soziales Medium leisten kann, zeigen nachfolgende Ausführungen.

Wissenschaftliche Digitalisierung der „BF"-Fotosammlung

Ende des Jahres 2006 verkaufte die SPÖ Burgenland die von ihr 1921 als „Burgenländische Freiheit" („BF") gegründete Wochenzeitung an die Leykam Medien

AG.[2] Die bis dahin in den Räumlichkeiten der Partei untergebrachten analogen Fotobestände der Zeitung wurden 2007 dem Burgenländischen Landesarchiv in Eisenstadt zur Nutzung überstellt.[3] Letzteres verpflichtete sich dabei vertraglich zur sachgemäßen Aufbewahrung und Bereitstellung des Fotomaterials, Eigentümerin blieb jedoch die SPÖ Burgenland.

Die Bestände der „BF"-Fotosammlung umfassen etwa 250 000 bis 300 000 Negative und mehr als 50 000 Dias und Fotografien in allen erdenklichen Formaten auf Papierträgern. Der größte Teil dieses umfangreichen Bildmaterials war bei Überstellung in das Landesarchiv unsystematisch abgelegt. Im Rahmen eines vom Europäischen Fonds für regionale Entwicklung (EFRE) geförderten und von Bund und Land Burgenland mitfinanzierten Projekts[4] führte die Autorin 2009/10 die Sichtung und Ordnung aller Papierabzüge durch, um das Auffinden von Bildmaterial und die Arbeit mit dem Bestand (noch vor der elektronischen Aufnahme in eine Fotodatenbank) zu ermöglichen.

Im Jahr 2010 begann die Autorin im Rahmen eines weiteren EFRE-Projekts[5] mit der Inventarisierung und planmäßigen Erfassung der Fotos in das Katalogisierungssystem DABIS.[6] Ziel dieses Projektes ist es, den „BF"-Fotobestand aus seiner vorliegenden analogen in eine digitale Form zu überführen und Informationen zu den Fotos in der DABIS-Fotodatenbank des Landesarchivs zu verwalten. Die Beschreibungskategorien umfassen dabei Aufnahmeort, Sujet, Schlagwort(e), Person(en), Fotoart, Maße, Inventarnummer, Provenienz, sonstige Materialbeschreibung und (falls bekannt) Fotograf und Aufnahmedatum – sie entsprechen jenen internationalen Richtlinien, die für die seriöse wissenschaftliche Fotoerschließung gefordert werden. Auch Publikationen, in denen „BF"-Fotos reproduziert wurden, bzw. Hinweise auf die jeweiligen Ausgaben der Zeitung werden vermerkt.[7]

Neben der Erschließung der Fotos stellen Objektschutz (das heißt fachgerechte Konservierung der „BF"-Fotobestände und Erhaltung des Sammlungsgutes)[8] sowie digitale Langzeitarchivierung mittels Scans[9] wichtige Projektaufgaben dar.

Auf Grundlage dieser Zielsetzungen soll letztlich der Aufbau eines digitalen Studienarchivs für die Benutzer der Fotosammlung des Landesarchivs erfolgen. Da die Fotodatenbank aber auch urheberrechtlich geschützte Objekte beinhaltet, ist die Lösung grundlegender rechtlicher Fragen – etwa des Urheberrechts, der Werknutzung oder des Persönlichkeitsschutzrechts – Voraussetzung für die angestrebte virtuelle Zugänglichkeit des Materials im Internet (vgl. Telem et al. 2006, 124; Telem/Dögl 2007, 43ff). (Ohne vorherige Klärung der Fotorechte und ohne Erlaubnis des jeweiligen Rechteinhabers stellt die öffentliche Präsentation von Fotos eine Verletzung des Urheberrechts dar, das erst 70 Jahre nach dem Tod des Urhebers endet.[10])

„BF“-Fotos als „Kulturgüter“ und Teil des „kulturellen Erbes“

Das Österreichische Denkmalschutzgesetz (DMSG) definiert „Kulturgut“ als „von Menschen geschaffene unbewegliche und bewegliche Gegenstände [...] von geschichtlicher, künstlerischer oder sonstiger kultureller Bedeutung“, deren Erhaltung „im öffentlichen Interesse“ liegt.[11] Auch Fotografien sind als „Kulturgüter“ zu verstehen, wenn durch ihre Erhaltung die vom DMSG geforderte „geschichtliche Dokumentation erreicht werden kann“.[12] Die Digitalisierung von historischem Bildmaterial stellt heute einen wichtigen Bereich im Kulturerbe- und Kulturgüterschutz dar.[13]

Als Teil des „kulturellen Erbes“[14] einer Region nimmt die umfangreiche „BF“-Fotosammlung eine bedeutende Rolle in der Vermittlung von Identität wie auch in der Erforschung der Geschichte des Burgenlandes der 1950er- bis 1990er-Jahre ein.[15] Der Themenbereich der Fotos und Negative ist breit gestreut und hat überwiegend Burgenlandbezug. Die Schwerpunkte der Bestände liegen in Fotos zur politischen Geschichte des Burgenlandes, historischen Ereignisbildern, kulturgeschichtlichen Themen wie Alltag, Kultur, Wirtschaft und Gewerbe. Auch topografische Ansichten, Landschaftsaufnahmen und die Dokumentation von Architektur gehören zur Sammlung. Als Dokumente des Lebens und der Tätigkeiten der Menschen sind die „BF“-Bilder zweifellos „Symbole nationaler, regionaler bzw. lokaler Identität“[16] und damit für den Betrachter auch eine Quelle emotionaler Erfahrungen.

Bildung durch „BF“-Fotos

Die Bedeutung von „Kulturgütern“ – wie sie auch zeithistorische Fotografien darstellen – geht aber weit über den rein emotionalen, die Identität einer Gesellschaft betreffenden Wert hinaus. Denn gerade öffentliche Sammlungen, Museen und Archive üben als Bewahrer von „Kulturgut“ eine besondere Bildungsfunktion aus. Ein digitales Studienarchiv, wie es für die Fotosammlung des Burgenländischen Landesarchivs vorgesehen ist, kann die Nachfrage nach Lernressourcen befriedigen, die in einer sich immer stärker herausbildenden Wissens- und Informationsgesellschaft gefordert werden. So schließt etwa die historisch-politische Bildung heute verstärkt mit ein, über die Mechanismen von Bildern zu reflektieren und sehen zu lernen. Aufgrund der Vielzahl an Themen, die das „BF“-Fotoarchiv abdeckt, können Bildungseinrichtungen, Pädagogen, Studenten, Schüler und lebenslang Lernende von der Digitalisierung der „BF“-Fotos profitieren (vgl. Mulrenin/Geser 2002, 64ff; Hamann 2007, 12).

Vermittlung von „BF"-Fotos

Die Digitalisierung schafft neue Möglichkeiten für die Vermittlung des „BF"-Bildmaterials. Nicht nur die Veröffentlichung von Fotos auf Tourismusseiten im Internet, sondern vor allem kunst- und kulturvermittelnde Aktivitäten tragen dazu bei, die Sammlung einer breiten Öffentlichkeit umfassend zu präsentieren und gleichzeitig ihren regionalen und nationalen Stellenwert zu erhöhen.[17]

So erhielten Interessierte Gelegenheit, bei Ausstellungen im Landesmuseum Burgenland zahlreiche (zum Teil bisher unpublizierte) „BF"-Fotos zu sehen: „Das Burgenland und der Fall des Eisernen Vorhanges" (2009), „Kultur pur. Kulturpolitik und kulturelles Leben im Burgenland. 1921 bis heute" (2010) und „Burgenland: 90 Jahre – 90 Geschichten" (2011).

Fotografien sind auch aus der burgenländischen Lokalgeschichte nicht wegzudenken und keine in den letzten Jahren erschienene (Orts-)Chronik und Festschrift kam ohne sie aus. So fanden etwa über 130 historisch-relevante „BF"-Aufnahmen Eingang in den Jubiläumsfotoband „Burgenland – Menschen. Leben. Fotografie" von Evelyn Fertl und Rita Münzer, der burgenländisches Leben von 1921 bis 2011 dokumentiert.

***Grafik* 1:** DABIS-Katalogisat, BLA Inv.Nr. 37 BF

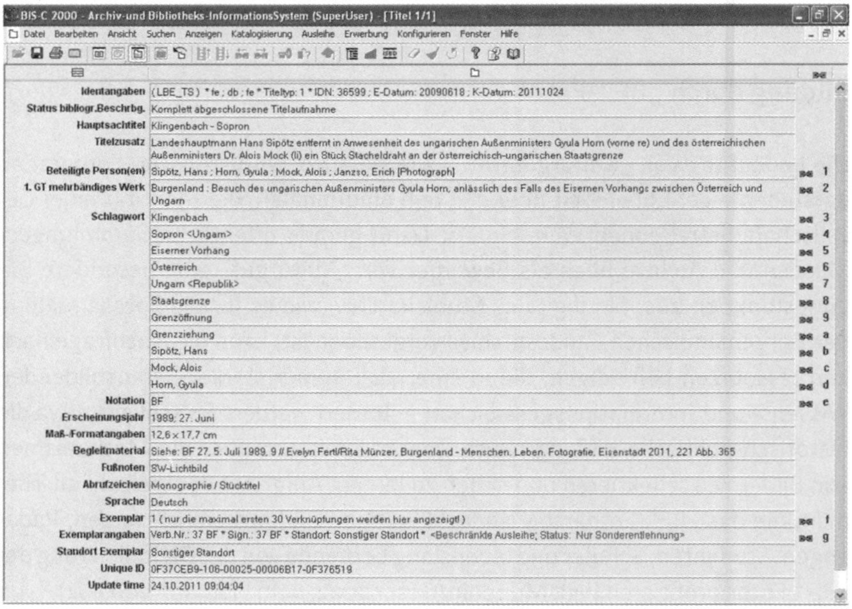

BIS-C 2000 - Archiv-und Bibliotheks-InformationsSystem (SuperUser) - [Titel 1/1]

Datei Bearbeiten Ansicht Suchen Anzeigen Katalogisierung Ausleihe Erwerbung Konfigurieren Fenster Hilfe

Identangaben	(LBE_TS) * fe ; db ; fe * Titeltyp: 1 * IDN: 36599 ; E-Datum: 20090618 ; K-Datum: 20111024	
Status bibliogr.Beschrbg.	Komplett abgeschlossene Titelaufnahme	
Hauptsachtitel	Klingenbach - Sopron	
Titelzusatz	Landeshauptmann Hans Sipötz entfernt in Anwesenheit des ungarischen Außenministers Gyula Horn (vorne re) und des österreichischen Außenministers Dr. Alois Mock (li) ein Stück Stacheldraht an der österreichisch-ungarischen Staatsgrenze	
Beteiligte Person(en)	Sipötz, Hans ; Horn, Gyula ; Mock, Alois ; Janzso, Erich [Photograph]	1
1. GT mehrbändiges Werk	Burgenland : Besuch des ungarischen Außenministers Gyula Horn, anlässlich des Falls des Eisernen Vorhangs zwischen Österreich und Ungarn	2
Schlagwort	Klingenbach	3
	Sopron <Ungarn>	4
	Eiserner Vorhang	5
	Österreich	6
	Ungarn <Republik>	7
	Staatsgrenze	8
	Grenzöffnung	9
	Grenzziehung	a
	Sipötz, Hans	b
	Mock, Alois	c
	Horn, Gyula	d
Notation	BF	e
Erscheinungsjahr	1989; 27. Juni	
Maß-Formatangaben	12,6 x 17,7 cm	
Begleitmaterial	Siehe: BF 27, 5. Juli 1989, 9 // Evelyn Fertl/Rita Münzer, Burgenland - Menschen. Leben. Fotografie, Eisenstadt 2011, 221 Abb. 365	
Fußnoten	SW-Lichtbild	
Abrufzeichen	Monographie / Stücktitel	
Sprache	Deutsch	
Exemplar	1 (nur die maximal ersten 30 Verknüpfungen werden hier angezeigt!)	f
Exemplarangaben	Verb.Nr.: 37 BF * Sign.: 37 BF * Standort: Sonstiger Standort * <Beschränkte Ausleihe; Status: Nur Sonderentlehnung>	g
Standort Exemplar	Sonstiger Standort	
Unique ID	0F37CEB9-106-00025-00006B17-0F376519	
Update time	24.10.2011 09:04:04	

Wissenschaftliche Auseinandersetzung mit „BF"-Fotos

Die Foto-Digitalisierung ermöglicht nicht zuletzt Wissenschaftern unterschiedlicher Provenienz den Zugang zu neuen Sammlungen und damit auch zu neuen Forschungsthemen.

Bisherige Ansätze in der Bildwissenschaft verstanden Fotografie entweder als authentische, die Wahrheit abbildende Illustration vergangener Ereignisse oder als künstlerisches Ausdrucks- und Gestaltungsmittel. Heute werden im Diskurs auch historische Zusammenhänge, Institutionen, Gesellschaftssysteme, Medien etc., in denen Fotografie verwendet wird, in die Interpretation miteinbezogen. Nach Jens Jäger sind Bilder „Kommunikationsmedien, die Hinweise auf ihre intendierten Betrachter enthalten" (Jäger 2000, 81). Demzufolge ergibt sich für die Fotografie – und insbesondere für die Presse- und Reportagefotografie – die Möglichkeit, anhand von Zeitschriftenfotos Untersuchungen zu den jeweiligen Adressaten anzustellen und daraus Erkenntnisse über das Selbstverständnis sozialer Gruppen sichtbar zu machen (vgl. Jäger 2000, 79ff; Jäger 2009, 91ff). Denn die Bedeutung eines Bildes hängt auch vom Wissen des Rezipienten um Bildinhalte und Bildelemente sowie von den kulturellen Bedingungen, in denen er sich bewegt, ab.

Auch wenn sich Zeitungsleser von heute mit einer wahren Bilderflut konfrontiert sehen, wurden Fotojournalismus und Pressefotografie in der Bild- und Kommunikationsforschung bisher sträflich vernachlässigt. Besonders das Verhältnis zwischen Text und Fotografie oder die Wirkung und der Einfluss von Pressefotos auf den Inhalt der Presse und den Rezipienten sind nicht hinreichend erforscht.[18] Eine Studie zur politischen Ikonografie und zur Rolle der Fotografie im Burgenland (bzw. in Österreich) stellt ein Forschungsdesiderat dar, das gerade durch das umfangreiche Bildmaterial einer ehemaligen burgenländischen Parteizeitung geschlossen werden könnte. Denn in der „BF"-Fotosammlung finden sich nicht nur jene Fotos, die letztlich Eingang in die Berichterstattung fanden, sondern auch jene, die der redaktionellen Schere zum Opfer fielen. Vergleiche zwischen veröffentlichten und unveröffentlichten Aufnahmen ermöglichen letztlich Rückschlüsse auf Auswahlkriterien und Intention der Redaktion.

Conclusio

Der Einsatz von Bildern zur Dokumentation politischen Handelns wie auch als (Macht-)Instrumente in der politischen Auseinandersetzung ist unbestritten.[19]

Dass selbst die wissenschaftliche Aufarbeitung von zeithistorisch wertvollen Fotografien zum Politikum werden kann, zeigt der heftige Widerstand der ÖVP Burgenland gegen die Digitalisierung der „BF"-Fotos im Landtagswahlkampf 2010.[20] (Im Jahr darauf initiierte die ÖVP Burgenland ihrerseits ein Digitalisierungsprojekt, das ebenfalls aus öffentlichen Mitteln finanziert wird: In den kommenden Jahren soll das aus rund 20000 Fotos bestehende Fotoarchiv der ehemaligen ÖVP-Parteizeitung „BVZ" online gestellt werden.[21])

Alles, was von einer Gesellschaft bleibt, ist Teil des „Kulturerbes" – auch die Fotografie – und als solches erhaltenswert. Fotografien in Archiven und Museen sind daher – unabhängig von parteipolitischen Befindlichkeiten – als Unikate unersetzliche „Kulturgüter", deren Digitalisierung wesentlich zum Schutz der empfindlichen fotografischen Objekte beiträgt.

Die digitale Nutzbarmachung der „BF"-Fotosammlung stimuliert nicht nur den Ausstellungstourismus, Verlage und Medienunternehmen.[22] Das zentrale Argument für die Digitalisierung stellt vor allem die Verbesserung der Zugänglichkeit für eine breite, interessierte Öffentlichkeit wie auch für ein Fachpublikum aus den Sektoren Wissenschaft und Bildung dar.[23] Denn sie ermöglicht erstmals wissenschaftlichen, redaktionellen, kommerziellen und privaten Nutzern den Zugang zum „BF"-Bildmaterial und leistet damit zweifellos einen unschätzbaren Beitrag zur Erhaltung des burgenländischen „kulturellen Erbes".

Anmerkungen

1 Zu Bildquellen in der Geschichtsforschung vgl. etwa Jäger/Knauer 2009.

2 Ab 10. Februar 1967 firmierte die Partei-Wochenzeitung unter „BF – Die Zeitung für das Burgenland", von 27. Oktober 1988 bis 14. März 2007 unter „BF – Die Burgenland-Woche". Nach dem Verkauf an die Leykam Medien AG wurde sie bis 2009 als unabhängige Gratiszeitung „Burgenland Freizeit" weitergeführt. Zur Geschichte der „BF" vgl. http://www.bf-archiv.at (24.11.2011).

3 Noch 2011 wurden mehrere Tausend Dias der „BF" in einer von der SPÖ Burgenland genutzten Garage in Eisenstadt aufgefunden und an das Burgenländische Landesarchiv überstellt.

4 „Wissenschaftliche Digitalisierung des BF-Fotoarchivs", Projektdauer: 1. Mai 2009–30. April 2010, Projektträger: Verein der Freunde der „BF".

5 „Wissenschaftliche Digitalisierung des BF-Fotoarchivs – Datensicherung", Projektdauer: 1. Mai 2010–30. April 2012, Projektträger: Verein der Freunde der „BF".

6 Das Burgenländische Landesarchiv verwendet zur Digitalisierung seines Fotobestands seit 2005 die von der DABIS GmbH – Gesellschaft für Datenbank-InformationsSysteme entwickelte Katalogisierungssoftware. Zu DABIS vgl. http://www.dabis.eu (24.11.2011).

7 Zu den Richtlinien für die Fotoerschließung vgl. zusammenfassend Zenker-Oertel 2005, 20ff (mit weiterführender Literatur); Schmidt 1994, 58ff; Hesse/Schmidt 1997, 10.

8 Laut Studie der European Commission on Preservation and Access ist die „Lebensdauer der fotografischen Objekte [...] in Dezennien zu bemessen“ (Petschar 2002, 251). Die Digitalisierung bedeutet zugleich eine konservatorische Maßnahme, da Originale in Zukunft geschont werden können. Zur Fotokonservierung vgl. u. a. Schmidt 1994; Hesse/Schmidt 1997; Telem et al. 2006, 116ff.

9 Die digitale Langzeitarchivierung erfolgt durch Speicherung der Scans auf den Bilddatenserver des Burgenländischen Landesarchivs. Retuschen und Bildbearbeitungen unterbleiben, um eine authentische Überlieferung der Motive zu gewährleisten.

10 Zur Dauer des Urheberrechts siehe UrhG § 60 und 61.

11 DMSG § 1 (1). Die Begriffe „Denkmal“ und „Kulturgut“ sind gleichbedeutend, siehe § 1 (11).

12 DMSG § 1 (2).

13 Zum Kulturgüterschutz vgl. http://www.kulturgueterschutz.at (24.11.2011).

14 Zur Definition von kulturellem (und wissenschaftlichem) Erbe vgl. Telem et al. 2006, 35, 44ff.

15 Die „BF“-Fotosammlung umfasst nur analoge Fotos und Dias ab den 1950er-Jahren. Vor dieser Zeit kam die Berichterstattung der „BF“ fast gänzlich ohne Bilder aus. Die Digitalfotos, die ab den 1990er-Jahren gemacht wurden, sind nicht Teil der „BF“-Fotosammlung.

16 Vgl. „Kulturgut“-Definition der Österreichischen Gesellschaft für Kulturgüterschutz, abrufbar unter: http://www.kulturgueterschutz.at/sites/defin.php (24.11.2011).

17 Zur Vermittlung von „Kulturerbe“ vgl. Telem et al. 2006, 53.

18 Vgl. Jäger 2000, 104ff; Jäger 2009, 120ff. Der Fokus der Forschung liegt vornehmlich in der propagandistischen Bilderpolitik totalitärer Regime, vgl. Jäger 2000, 117ff und Jäger 2009, 129ff.

19 Vgl. Hamann 2007 und http://www.bildpolitik.de (24.11.2011).

20 Vgl. u. a. o. A. 2009, 7; Millendorfer 2010, 3.

21 Vgl. http://burgenland.oevp.at/bvzarchiv (24.11.2011); o. A. 2011.

22 Zur ökonomischen Bedeutung von „Kulturerbe“ (etwa im Bereich des Tourismus) und seiner kommerziellen Nutzung vgl. Mulrenin/Geser 2002, 69ff, 131ff; Telem/Dögl 2007, 15ff.

23 Zum Zugang digitaler Ressourcen des „kulturellen Erbes“ vgl. Mulrenin/Geser 2002, 50ff.

Literatur

Hamann, Christoph (2007). Visual History und Geschichtsdidaktik. Bildkompetenz in der historisch-politischen Bildung, Herbolzheim.

Hesse, Wolfgang/Schmidt, Marjen (1997). Faustregeln für die Fotoarchivierung. 3., erw. und aktualisierte Aufl. (Rundbrief Fotografie, Sonderheft 1), Göppingen.

Jäger, Jens (2000). Photographie: Bilder der Neuzeit. Einführung in die Historische Bildforschung (Historische Einführungen 7), Tübingen.

Jäger, Jens (2009). Fotografie und Geschichte (Historische Einführungen 7), Frankfurt am M./New York.

Jäger, Jens/Knauer, Martin (Hg.) (2009). Bilder als historische Quellen? Dimension der Debatten um historische Bildforschung, München.

Millendorfer, Wolfgang (2010). Historisch wertvoll – und teuer, BVZ 5, 3. 2. 2010, 3.

Mulrenin, Andrea/Geser, Guntram (Salzburg Research Forschungsgesellschaft mbH) (2002). The DigiCULT Report, Technological Landscapes for Tomorrow's Cultural Economy. Unlocking the Value of Cultural Heritage. Full Report, Luxemburg.

o. A., EU-Geld für BF-Archiv, BVZ (Beilage) 15, 8. 4. 2009, 7.

o. A., VP Burgenland digitalisiert Fotoarchiv der früheren Parteizeitung BVZ, derstandard.at, 21. 11. 2011, abrufbar unter: http://derstandard.at/1319183408449 (24. 11. 2011).

Petschar, Hans (2002). Der digitale Bildspeicher. Oder die Sehnsucht nach dem idealen Archiv, in: Schögl, Uwe (Hg.): Im Blickpunkt. Die Fotosammlung der Österreichischen Nationalbibliothek, Innsbruck, 246–252.

Schmidt, Marjen (1994). Fotografien in Museen, Archiven und Sammlungen. Konservieren. Archivieren. Präsentieren, München.

Telem, Roman/Dögl, Christian (uma information technology Gmbh) (2007). Kulturelles Erbe und Wirtschaft in Österreich. Über wissenschaftliche Quellen und ihre ökonomischen Implikationen. Studie im Auftrag des Bundesministeriums für Wirtschaft und Arbeit, Wien.

Telem, Roman/Dögl, Christian/Kagel, Ela (uma information technology Gmbh) (2006). Wissenschaftliches und kulturelles Erbe in Österreich. Über die Definition, Sammlung, Erfassung, Erhaltung und Zugänglichkeit von wissenschaftlichen Quellen. Studie im Auftrag des Rats für Forschung und Technologieentwicklung (RFTE) und des Bundesministeriums für Bildung, Wissenschaft und Kultur (BMBWK), Wien.

Zenker-Oertel, Claudia (2005). Die Verzeichnung von Fotobeständen am Beispiel des Bestandes M 660/319 im Hauptstaatsarchiv Stuttgart. Transferarbeit im Rahmen der Ausbildung für den Höheren Archivdienst, Marburg.

Gabi Tremmel

offen, online & original – das bf-archiv.at

Ein regionales Projekt zur Überwindung der digitalen Kluft

The BF archive (www.bf-archiv.at) is going to be described as a project which is based on three principles: open access, availability on the World Wide Web and optical character recognition. One of the main goals of the project has been conserving cultural heritage as well as lowering the barriers for users. Therefore knowledge society, digital divide and freedom are key words of this paper.[1]

Vom Bewahren zum Bewegen

Das klassische Archivwesen setzt in erster Linie auf das (Auf-)Bewahren von Daten in Form von Büchern, Akten, Zeitungen etc. Ein Großteil des so bewahrten kulturellen Erbes ist theoretisch zwar öffentlich, praktisch stellt sich dennoch oft die Frage des Zugangs, der Erreichbarkeit. Digitalisierung und die Bereitstellung von Archiven und Bibliotheken über das Internet schaffen hier völlig neue Zugänge; erschließen neue Benutzer/innengruppen ebenso wie neue Fragestellungen. Unter dem Label der digitalen und globalen Wissensgesellschaft (vgl. Bittlingmayer 2001, 15) kann es daher nicht nur Ziel, sondern muss es Aufgabe sein, mit den Möglichkeiten neuer Technologien das kulturelle Erbe nicht nur für eine kleine Elite, sondern für möglichst alle zugänglich zu machen (vgl. Crane 2003, 41). Und möglichst alle meint hier gerade in Bezug auf „regionale" Projekte wie das BF-Archiv die Freiheit vor Ort (vgl. Dobusch et al. 2011) – für eine Bildungsgesellschaft, die sich nicht digital spalten lässt.

Technologie und Inhalt beeinflussen einander: Sie eröffnen neue Fragen und Forschungsperspektiven. Sie bieten neue Wege zur Organisation und Verbreitung von Ideen (vgl. Crane 2003, 39). So ist es gerade die Volltextdigitalisierung, mit deren Hilfe die digitale Bibliothek bzw. das digitale Online-Archiv zu einem Ort der Bewegung wird. Denn erst wenn die digitale Bibliothek nicht mehr nur die Originale imitiert (etwa durch Imagedigitalisierung), sondern den radikalen Medienbruch wagt, werden komplexe Recherchen und Interpretationen möglich. Ein Knackpunkt bleibt jedoch immer der Faktor Zugang. Bereits früh entwickelte sich daher unter Programmierer/inne/n ebenso wie jungen Wissenschafter/inne/n die Diskussion zu Free Software und Open Access. Projekte wie GNU rund um Richard Stallman und die Creative Commons-Initiative von Lawrence Lessig sind nicht umsonst Ausgangspunkt eines nach wie vor nicht abgeschlossenen Aushandlungsprozesses über den Zugang zu Wissen und Macht.

„Die Motivation war, fast 90 Jahre burgenländische Geschichte ins Internet zu bekommen. Und so konnten wir die Zeitung auch der heutigen und den zukünftigen Generationen zur Verfügung stellen."
Mag. Michael Gerbavsits, Verein Freunde der BF

Das Projekt

Die „Burgenländische Freiheit" wird 1921[2] als Zeitung der Sozialistischen Partei gegründet. In den 1930er-Jahren wird das Parteiorgan vom austrofaschistischen Regime verboten. Nach einer 11-jährigen Unterbrechung erscheint die „Burgenländische Freiheit" erstmals wieder am 21. Februar 1946. In den 1960ern kommt es zu umfassenden Reformen der BF (Titel der Zeitung ab 1967), die sie zur auflagenstärksten Wochenzeitung des Landes werden lässt. Trotz zahlreicher Veränderungen in der österreichischen Medienlandschaft in den 1980er- und 1990er-Jahren erzielt die BF 2001 eine Reichweite von 34,9 Prozent im Burgenland.[3] Im Jahr 2006 kommt es zum Verkauf der BF an die Leykam Medien AG. 2009 wird die Wochenzeitung endgültig eingestellt. Der mit dem Verkauf gegründete „Verein der Freunde der BF" kümmert sich seither um das Erbe der ehemaligen Parteizeitung – eine Zeitung, die fast 90 Jahre das Leben, die Politik und den Sport des Burgenlandes dokumentierte. Die BF ist damit ein Stück burgenländische Geschichte. Um dieses Stück Geschichte einem breiteren Publikum zugänglich zu machen und zu bewahren, bemühte sich der Verein um die Realisierung eines offenen Online-Archivs. Die Projektleitung wurde der Kaltenbrunner Medienberatung übertragen, die bereits 2001 bis 2004 die Digitalisierung der AZ geleitet hatte (vgl. Kaltenbrunner et al. 2004).

„Tatsächlich sprechen Zeitungsarchive ein großes Publikum an – wenn der Zugang offen ist, die Recherche in den Beständen einfach und die Benutzung möglichst unkompliziert."
Dr.in Daniela Kraus und Dr. Andy Kaltenbrunner, Medienberatung

Als einen der ersten Schritte organisierte die Kaltenbrunner Medienberatung Tests zu neuen Techniken und zur Optimierung der Retrodigitalisierung bei österreichischen und internationalen Anbietern. Ab April 2009 wurden Feasibility-Studien zu Umfang und Qualität des BF-Materials angestellt. Dafür wurden Zeitungsbände der Burgenländischen Landesbibliothek in Eisenstadt, BF-Bestände von Privaten sowie der SPÖ Burgenland gesichtet. Die weiteren Schritte: Digitalisierung der gesamten Archivbestände der BF ab 1922 (ca. 174 000 Seiten), die Integration dieser Daten in ein offenes Online-Archiv inklusive intelligenter Such- und Downloadfunktionen, die Einbettung der Inhalte in einen zeit- und mediengeschichtlichen Rahmen sowie die Vorbereitung von Optical Character Recognition (OCR) und Seitenbearbeitung für spätere Implementierung einer Volltextsuche.

„Das Scannen von Zeitungsarchiven stellt wegen mehreren Faktoren eine größere Herausforderung dar als das Scannen von Büchern. Dazu zählt die niedrige Papierqualität ebenso wie die Bindung der Zeitung in Jahrgangsbüchern."
Mag. Wolfgang Novak, Treventus

Nach ersten Testscans durch Treventus Mechatronics Anfang Juli 2009 musste aufgrund der in den Falz hineinlaufenden Schriften eine Kategorisierung (A, B & C) der Jahrgangsbände vorgenommen werden. Beim Arbeitsgruppentreffen am 22. Juli 2009 entschied sich das Team aufgrund erheblicher Mehrkosten gegen das Aufschneiden und die Neubindung von „Problembänden" der Kategorie (C). Vor allem, weil die angewendete Scantechnologie es erlaubt sehr weit in den Falz hinein zu scannen. Durch diese Technologie konnte ein Großteil der Seiten vollständig gescannt werden; nicht unwesentlich für die Vorbereitung der OCR. Die kleinformatigen Bände wurden über einen ScanRobot erfasst, der für etwa 159 000 Seiten 79 Stunden im Einsatz war. Das BookEye Scannen der großformatigen Bände beanspruchte bei nur 15 000 Seiten 60 Stunden. Als Speicherformat wurde JPEG festgelegt. Für die Integration der Daten in das Online-Archiv musste noch vor Beginn der eigentlichen Scans die Indizierung sowie die Materialübergabe und Speicherung zwischen Treventus und Scharf_net geklärt werden. Letztere zeichneten neben dem Design auch für die

Programmierung der Website samt Archiv-Datenbank verantwortlich. Um die Einbettung des Archivs in einen zeit- und mediengeschichtlichen Kontext kümmerte sich ein Redaktionsteam bestehend aus Daniela Kraus, Renée Lugschitz und Gabi Tremmel.

„Die BF ist heute mehr als eine bloße Zeitungssammlung – sie ist in ihrer Gesamtheit eine einzigartige Zeitzeugin der wechselvollen Geschichte des Burgenlandes."
Mag. Georg Pehm, Verein Freunde der BF

Der immense technische und redaktionelle Aufwand konnte dank einer Unterstützungszusage des Europäischen Fonds für Regionale Entwicklung, kofinanziert von Bund und Land Burgenland, realisiert werden. Im September 2010 wurde das Archiv bei einer Präsentation gemeinsam mit Kulturlandesrat Helmut Bieler für die Öffentlichkeit frei geschaltet.[4] Bereits während der laufenden Scans wurde bei einer Besprechung am 20. Jänner 2010 auf Initiative des Entwicklungsteams entschieden, die Original-Texterfassung von 1984 bis 2007 durchzuführen. Im Jahr 2011 wurde die weitere Volltextsuche zurück bis ins Jahr 1922 implementiert. Damit ist das BF-Archiv das am weitesten zurückreichende, österreichische Printmedienarchiv mit Volltextsuche im Web.[5]

„free knowledge is not a matter of free beer"
(frei nach Richard Stallman, GNU)

Die Freiheit, die wir brauchen

Das BF-Archiv bezieht als ein mit öffentlichen Mitteln gefördertes Projekt klar Position und stellt all seine Inhalte interessierten Nutzer/inne/n kostenlos zur Verfügung. Andreas Kellerhals wirft in Zusammenhang mit der Digitalisierung von Archiven die Frage auf: Wer profitiert (nach wirtschaftlichen Gegebenheiten) von der „alles ist überall und sofort verfügbar"-Situation (vgl. Kellerhals 2004, 14)? Die Autorin des Artikels ist davon überzeugt, dass es eine Ergänzung des Satzes braucht, auf „alles ist *für alle* überall und sofort verfügbar" – ansonsten wird der Profit größer sein als der kollektive intellektuelle Gewinn (vgl. Rifkin 2000). Die in das BF-Online-Archiv integrierte Statistik zeigt pro Monat etwa 3000 Visits – bei Verweilzeiten von durchschnittlich 20 Minuten. Und obwohl diese Zahlen beeindruckend sind und den Erfolg eines kostenlos abrufbaren Online-Archivs unterstreichen, darf in Hinblick auf den freien Zugang zu Wissen ein Umstand nicht aus den Augen gelassen werden:

„Die ‚reale' Ungleichheit determiniert regelmäßig die ‚digitale', denn sozial ungleich verteilte Chancen bestimmen, ob jemand Zugang zum Internet hat oder nicht. Keinen Zugang zum Internet zu haben bedeutet wieder im Vergleich zu all jenen, die Zugang haben, weniger Handlungs- und Gestaltungsraum zu haben. Während bestehende soziale Ungleichheit heute die digitale Ungleichheit determiniert, verstärkt diese wiederum die soziale Ungleichheit von morgen." (Hiesmair/Dobusch 2011, 14)

Ausblick: Im Kampf gegen den Digital Divide, der sich nicht nur im Zugang, sondern auch in den Nutzungszwecken manifestiert, würde sich gerade das BF-Archiv aufgrund seiner regionalen Bezüge als Kooperationsprojekt im Bildungsbereich anbieten. So könnte das Online-Archiv als Informationsmedium etabliert und parallel dazu die Bedienungskompetenz abseits von Google und youtube gesteigert werden.

Anmerkungen

1 This text is licensed under the Creative Commons Attribution-ShareAlike 3.0 (CC BY-SA 3.0).

2 Das Online-Archiv beginnt mit der Ausgabe vom 14. April 1922 (Jg. 2). Leider fehlen sowohl in der Landesbibliothek als auch in der Nationalbibliothek bzw. in den Beständen der SPÖ die erste Nummer der Zeitung vom 19. November 1921 sowie die Nummern 1 bis 5 aus dem Jahr 1922. Sollten aufmerksame Leser/innen Exemplare der gesuchten Ausgaben in privaten Beständen haben, könnten diese nachträglich digitalisiert und dem Archiv hinzugefügt werden. Kontakt: team@bf-archiv.at.

3 Vgl. die www.media-analyse.at-Studie zum Jahr 2001 für regionale Wochenzeitungen.

4 Vgl. Bandat, Sabine, Landesmedienservice vom 27. 9. 2010 auf: www.burgenland.at/aktuell/2173.

5 Laufend werden Nutzung und Reaktionen von User/inne/n zu Verständlichkeit der Website und ihrer Archivfunktionen erfasst, um diese zu perfektionieren. Vereinzelt mögliche Scan- oder Datierungsfehler in den Tausenden BF-Ausgaben können anhand von Hinweisen korrigiert werden. Kontakt: team@bf-archiv.at.

Literatur

Bittlingmayer, Uwe H. (2001). „Spätkapitalismus" oder „Wissensgesellschaft"?, Aus Politik und Zeitgeschichte, B 36/2001, 15.

Crane, Gregory (2003). The 'Perseus Project' and the Problems of Digital Humanities, in: Burch, Thomas/Fournier, Johannes/Gärtner, Kurt/Rapp, Andrea (Hg.): Standards und Methoden der Volltextdigitalisierung. Beiträge des Internationalen Kolloquiums an der Universität Trier, 8./9. Oktober 2001, Mainz, 39–50.

Dobusch, Leonhard/Forsterleitner, Christian/Hiesmair, Manuela (Hg.) (2011). Freiheit vor Ort. Handbuch kommunale Netzpolitik, München.

Hiesmair, Manuela/Dobusch, Leonhard (2011). Freie Funknetze: Kommunale Kämpfe gegen die „Digitale Spaltung", in: Dobusch, Leonhard/Forsterleitner, Christian/Hiesmair, Manuela (Hg.): Freiheit vor Ort. Handbuch kommunale Netzpolitik, München, 11–44.

Kaltenbrunner, Andy/Kraus, Daniela/Radinger, Tobias (2004). Die Digitalisierung der Arbeiter-Zeitung: www.arbeiter-zeitung.at, relation N.F./n.s. 1, 2004. online edition, 381–402.

Kellerhals, Andreas (2004). 222 Jahre Schweizerisches Bundesarchiv – Reflexion, Vision, Spekulation, in: Koller, Christophe/Jucker-Kupper, Patrick (Hg.): Digitales Gedächtnis. Archivierung und die Arbeit der Historiker in Zukunft, Zürich, 13–26.

Rifkin, Jeremy (2000). Access. Das Verschwinden des Eigentums. Frankfurt am M.

Abschnitt IV

Identität und Diversität

Doris Schamp

Ägidius J. Zsifkovics

Christliche Zeichen als Fenster zum Morgen

Situation und Zukunft der katholischen Kirche im Burgenland

Als Bischof der Diözese Eisenstadt beginne ich, wann immer ich offiziell zu den Menschen meiner Diözese sprechen oder schreiben darf, meine Worte gerne mit einem „pannonischen Grüß Gott!". Man wird einen solchen Gruß einem burgenländischen Kirchenmann, der an die Existenz Gottes und an die Kraft göttlichen Segens für die Angesprochenen glaubt, nicht verdenken. Was aber bedeutet ein uralter, in allen monotheistischen Religionen vorkommender Segenswunsch, der mit dem austriakischen „Grüß Gott" eine bereits so einzigartige, in andere Sprachen nicht übersetzbare Wendung gefunden hat, wenn er auch noch mit dem Attribut „pannonisch" versehen, also gewissermaßen *in forma specifica sideranopolitana*[1] verwendet wird?

Ebenso gerne thematisiere ich in meinen Reden und Predigten den heiligen Martin von Tours, den Diözesanpatron des Burgenlandes, den römischen Pannonier, der seinen Mantel mit einem Bettler teilt (vgl. Zsifkovics 2010a). Auch über diese Vorliebe wird sich kein sozialisierter Mitbürger, wie fern er der katholischen Kirche im Einzelfall auch stehen mag, wundern. Dass ein katholischer Bischof von einem Heiligen seiner Kirche spricht, dürften sogar säkularisierte Pragmatiker völlig unaufgeregt zur Kenntnis nehmen und dürfte selbst im neoliberal verflachten Werbejargon hartgesottener Marketingprofis als „Branding" oder „Product Placement" durchgehen. Was aber bedeutet es wirklich, den Menschen des Burgenlandes im 21. Jahrhundert von einem ihrer pannonischen Landsleute zu erzählen, dessen Gestus des Mantelteilens nach 16 Jahrhunderten auf der ganzen Welt bekannt und zu einer semantischen Universalie (vgl. grundsätzlich Eco 1997 auch vieler Nicht-Christen geworden ist?

„Symbole enthüllen Wirklichkeit, eröffnen ein Geheimnis" (Kapellari 2006, 16), hat einer meiner Mitbrüder im Bischofsamt einmal geschrieben. Beide von mir bemühten Symbole, das *Segenswort* wie das *Martinsbild*, besitzen große

Kraft, ihr Wesen geht über folkloristische Traditions- und verbale Denkmalpflege weit hinaus. Das ihnen anhaftende Lokalkolorit ist nicht weniger als *partikularistischer Ausdruck des Universalen*. Können sie uns aber auch etwas über die Zukunft sagen?

Die Bedeutung christlicher Zeichen für das Politische

Ein kirchlicher Beitrag in einem Jahrbuch für Politik darf, in zunächst historisch-pragmatischer Betrachtungsweise, nicht verschweigen, dass es das Christentum gewesen ist, das durch seine Symbolik und Bilderwelt und deren weltweiten Export dem Menschen die Vorstellung von Gleichzeitigkeit ermöglichte. Damit lieferte es die Grundlage für die Bildung von Nation und Nationalstaat, die später als zivilisatorisches Modell an den gesamten Erdball weitergegeben wurden.

Das Christentum, so der Politologe Benedict Anderson, „verschaffte sich seine universale Form durch eine Unzahl von Besonderheiten und Einzelheiten: dieses Relief, jenes Fenster, diese Predigt, jene Geschichte, dieses Erbauungsspiel, jene Reliquie [...] Dieses Nebeneinander von kosmischer Universalität und weltlicher Partikularität manifestierte das Christentum trotz seiner Ausgedehntheit als jeweiliges Replikat der Gemeinschaft, gleichgültig ob in Schwaben oder Andalusien." (Anderson 1996, 28)

Auch im Pannonien der Jetztzeit ist die Mehrdimensionalität der christlichen Symbole und heiligen Zeichen von unauslotbarer Tiefe geblieben: Der Universalismus der Botschaft Jesu Christi, die Menschwerdung Gottes als Band zwischen Himmel und Erde, die in zwei Jahrtausenden entstandene universale Bilderwelt der Katholiken (vgl. dazu gleichermaßen exemplarisch wie eindrucksvoll Thiele 2008) sowie die dazu gehörenden Erzählungen und schließlich – da der Geist die Form benötigt – die Manifestation der Frohbotschaft in den weltkirchlichen Strukturen einer durch die Zeiten pilgernden Papstkirche, die sich in den Ortskirchen mit all ihrer Vorläufigkeit und allen menschlichen Unzulänglichkeiten widerspiegelt – dies alles macht die katholische Kirche Burgendlands selbst zu einem Zeichen, zum Symbol (griech.: „symballo" für „zusammenfügen"), in dem sich zwei getrennte Teile zu einem Ganzen verdichten, sich Gott in den irdischen Geschicken von Mensch und Menschheit manifestiert.

Burgenländische Kirchengeschichte als Symbol von Heilsgeschichte und unser heutiger Platz darin

Burgenlands irdisches Geschick wäre ohne den christlichen Geist, Glauben und Mut so vieler burgenländischer Frauen und Männer heute ein anderes (vgl. Zsifkovics 2010b; 2010c). Der Aufbau des Landes nach der verheerenden Katastrophe des Ersten Weltkriegs und seiner Angliederung an Österreich war aussagekräftiges Symbol der in tiefer Volksfrömmigkeit gelebten Frohbotschaft, dass Liebe stärker ist als Vertreibung, Vernichtung und Tod. Die tätige Nächstenliebe eines Ladislaus Batthány-Strattmann, des seligen Arztes der Armen (Seligsprechung am 23. März 2003 durch den seligen Papst Johannes Paul II.), hat sich eingegraben in den pannonischen Landstrich wie ein Pflug in die Erde und ist bis heute spürbar (vgl. Zsifkovics 2010d). Der Aufbau war aber auch Symbol des engagierten Wirkens verdienstvoller Persönlichkeiten an der Spitze kirchlicher Verwaltung. Während Apostolische Administratoren (Burgenland war von 1922 bis 1960 Apostolische Administratur) durch zielbewusste Arbeit die Voraussetzungen für den geistlich-geistigen Aufbau des Landes zu einer Diözese bewirkten, widmeten sich später Burgenlands Bischöfe (mit päpstlicher Bulle vom 14. Oktober 1960 wurde der letzte Apostolische Administrator DDr. Stefan László zum ersten Diözesanbischof von Eisenstadt ernannt) der geistlichen Erneuerung des Landes im Geist des Zweiten Vatikanischen Konzils (vgl. zur Diözesangeschichte im Detail Diözese Eisenstadt 2011, 58–61).

Nach Bischof Dr. Paul Iby (Bischofsweihe und Amtseinführung 1993), der den „Dialog für Burgenland" initiierte, um eine aktive Auseinandersetzung mit kirchlich und religiös relevanten Themen quer durch alle Bevölkerungsschichten zu ermöglichen, wurde schließlich mir die große Verantwortung übertragen, der Diözese Eisenstadt mit ihren derzeit 172 Pfarren (in zwölf Dekanate zusammengefasst) als ihr dritter Diözesanbischof auf der Pilgerfahrt in die Zukunft voranzugehen. Mit meiner Bischofsweihe und Amtseinführung am 25. September 2010 im Dom zu Eisenstadt wurde der Hirtenstab nunmehr an mich weitergegeben und mit ihm die große Frage: „Welchen Weg sollen wir gehen?" Persönlicher Leitstern für meinen Hirtendienst war von Anfang an mein bischöflicher Wahlspruch, das Wort Mariens an die Diener bei der Hochzeit von Kana aus dem Johannesevangelium: „Was Er euch sagt, das tut!" (vgl. Rupprecht 2011, 59 und 94). Aber, was sagt uns Jesus heute? Welcher ist heute der Weg, der zu ihm führt? Was sollen wir Christen in Kirche und Welt eigentlich tun (vgl. Zsifkovics 2010e)?

Parallel zum strukturellen Aufbau der katholischen Kirche im Burgenland haben sechs Jahrzehnte ungebremsten Wirtschaftswachstums und steigenden Wohlstands in Österreich und Mitteleuropa unsere Gesellschaft dramatisch verändert. Die Lebensmittelpakete und Dollarkuverts der ersten burgenländischen Auswanderer (etwa aus meinem Geburtsort Güssing, wo in den 1930er-Jahren jeder Vierte auswanderte) an die Heimat gehören der Vergangenheit an (vgl. Zsifkovics 2010c), Burgenland, das einstige Armenhaus Europas, ist zu einer seiner Vorzeigeregionen geworden; alles, wofür unsere Vorfahren noch gebetet, gehofft und gelitten haben: Für uns Heutige ist es wahr geworden – Friede, Sicherheit, Arbeit und Wohlstand! „Es ist nicht ausgeschlossen", schreibt der Schweizer Schriftsteller Urs Widmer mit Blick auf die historisch nie dagewesene Lebensqualität der heute in Mitteleuropa Lebenden, „dass wir die sind, die das Beste, Höchste und Tollste erleben, zu dem die Menschheit fähig ist. Gerade wir sind die Gewinner einer Lotterie, die seit sechshunderttausend Jahren gespielt wird, Generation um Generation. Sind wir nicht Glückspilze?" (Widmer 2010, 93f) Doch der hohe Lebensstandard, darunter „die Antibiotika, die uns zu einer kollektiven Beinah-Unsterblichkeit verholfen haben" (so Widmer 2010, 93f), haben neben einer Erosion des Religiösen auch zu einer generellen psychologischen Regression der Gesellschaft geführt. So wie vieles an authentischer religiöser Erfahrung in der Konsumgesellschaft zu einem oberflächlichen Säkularismus verwässert wurde und in der Wissensgesellschaft zu einer scheinbaren Hinauserklärung Gottes aus dem Universum geführt hat, ist auch im politisch-sozialen Zusammenleben die existentielle Erfahrung menschlicher Eigenverantwortung und Gestaltungskraft verloren gegangen und einem kindlichen Anspruchsdenken gegenüber „Vater" Staat gewichen (das sich in letzter Zeit vermehrt auch gegen „Mutter" Kirche richtet). Politische Parteien, verstärkt auf die Gunst der Medien angewiesen, müssen heute in kürzester Zeit komplexe Themen „verkaufen" und den Wählergeschmack treffen, ohne zu viel Sachverstand zu verlangen; Imagepflege wird für öffentliche Personen immer wichtiger, politische und sonstige Berater werden zu Stylisten im Dienste einer neuen Überzeugung: „Videor, ergo sum – Ich werde gesehen, also bin ich!" (Dror 1994, 82f) Damit aber wird Descartes'scher Tradition („Cogito, ergo sum!") und dem Denken als vorrangiger abendländischer Kategorie menschlicher Eigendefinition eine Absage erteilt.

Die Katholische Kirche bekommt in solcher Umgebung schmerzhaft zu spüren, was es bedeutet, einer Wahrheit verpflichtet zu sein, die nicht in 30 Sekunden Sendezeit und in primitiven Schlagzeilen und provokant verkürzten Kampfwörtern Platz finden kann. Schon länger zwar erscheint das Christentum, der Motor vergangener europäischer Zeiten, vielen „nur noch als eine Art von Bewahrungsanstalt, aus der das Leben sich allmählich zurückzieht" (De Lubac 1979 [1968], 91). Aber so viel über dieses Image in kirchlicher Selbstkritik auch zu sagen wäre: Es hängt stark damit zusammen, mit welchen Zerrbildern viele der heutigen Massenmedien die katholische Kirche darstellen.

Ausblick und Vermächtnis: Von der Volkskirche zur Bekenntniskirche

Die österreichischen Bischöfe haben in Sorge um Gegenwart und Zukunft der Kirche in Österreich bei ihrer Herbstvollversammlung 2011 auf eindrucksvolle Weise ihr Bestreben bekundet, „in einer Zeit, die von tiefgreifenden Veränderungen geprägt ist", gemäß dem großen Anspruch des Zweiten Vatikanischen Konzils „nach den Zeichen der Zeit zu forschen und sie im Lichte des Evangeliums zu deuten mit dem Ziel einer Erneuerung der Kirche." Sie haben darauf hingewiesen, dass die österreichischen Diözesen sich dieser Situation stellen und „die Chancen zu Neuem" wahrnehmen und haben alle Katholiken und Verantwortungsträger für das öffentliche Leben darum ersucht, „dies wohlwollend zu sehen und mitzutragen, statt Modelle aufzudrängen, die nach Überzeugung vieler zu kurz greifen oder gar der kirchlichen Identität schwerwiegend widersprechen und die Einheit der Kirche aufs Spiel setzen."[2]

Der Weg, den ich in der Diözese Eisenstadt beschreite, um diese kirchliche Erneuerung im Geist des Konzils unter den heute gegebenen Bedingungen mitzutragen, beruht auf der Überzeugung, dass ein wesentlicher Teil der spirituellen und strukturellen Probleme unserer Gesellschaft darauf zurückgeht, dass die Begegnung des Menschen mit dem Echten, mit dem, was die Menschenseele anrührt, kurz: dass das Gotteserlebnis heute so verkümmert ist. Daher gilt auf diesem Weg mein ganzes Bemühen einer Kirche, der es gelingt, sich von der *Volkskirche* zur *Bekenntniskirche* weiter zu entwickeln. Dies erfordert eine glaubhafte Vermittlung der Christusbotschaft in Tat und Wort, die es Menschen in Freiheit möglich macht, sich von einem *Traditionschristentum* bloßer Konvention zu lösen und den Schritt hin zu einem *Entscheidungschristentum* persönlicher Gottessuche und Gotteserfahrung zu tun, in dem liturgische und sakramentale Praxis wieder tief empfunden und authentisch gelebt werden kann. Ein Anspruch, der sich mit dem Begriff der „Neuevangelisierung aller Getauften und Gefirmten" ausdrücken lässt und Thema konkreter missionarischer Initiativen ist:

- Das aus Anlass des 50-Jahre-Jubiläums des Zweiten Vatikanischen Konzils von Papst Benedikt XVI. für 2012 proklamierte weltweite „Jahr des Glaubens" wird in der Diözese Eisenstadt Anlass sein, gemeinsam mit allen, die uns begleiten wollen, auf die Texte dieses großen Reformkonzils zu hören und Antworten zu finden auf die brennenden Fragen von heute.
- Pfarrverbände und Seelsorgeräume in der Diözese sollen gestärkt werden, und zwar in Berücksichtigung natürlich gewachsener menschlicher Beziehungen möglichst dort, wo sich Modelle der Zusammenarbeit bereits in der Vergangenheit bewährt haben. Erneuerung bedarf immer auch des zwischenmenschlichen Elements.

- Da Erneuerung auch den Geist der Gemeinschaft benötigt, sollen Wallfahrten und verschiedenste Formen überdiözesaner Zusammenarbeit verstärkt gepflegt werden. Am 8. September 2011 fand bereits eine gemeinsame Wallfahrt der Erzdiözese Bratislava, der Diözese Györ und der Diözese Eisenstadt nach Frauenkirchen statt, eine weitere grenzüberschreitende Wallfahrt gibt es im Südburgenland zwischen den Diözesen Szombathély, Murska Sobota und Eisenstadt.
- Da eine Martinsdiözese auch eine „Martinstat“ schuldet, ermöglichen Diözesanpartnerschaften mit Bistümern in Indien und Afrika konkrete Hilfe in Übersee, aber auch Erneuerung und Erweiterung unseres eigenen Horizonts durch die Begegnung mit indischen und afrikanischen Priestern, die in der Diözese Eisenstadt tätig sind.
- Der Dienst der Kirche an menschlicher Einheit und Gemeinwohl ist unabdingbarer Begleitumstand jeder geistlichen Erneuerung, sei es die in der Diözese Eisenstadt gelebte christliche Ökumene, die Seelsorge für die deutsche, kroatische und ungarische Volksgruppe sowie für die Volksgruppe der Roma und nicht zuletzt die karitative Sorge um Kinder und Jugendliche sowie Arme und Notleidende.

Echte Erneuerung wird nicht zuletzt bedeuten, den großen christlichen Bildern ihre inneren Botschaften zurückzugeben und ihnen dadurch – im gleichen Maße wie die Katholische Kirche als unersetzbare Kultur- und Denkmalbewahrerin sich in Österreich auch um die äußere Erneuerung des Blattgoldes an ihren Rahmen sorgt (und dabei leider vom Staat mit vielsagenden 382 Euro Denkmalförderung pro kirchlichem Gebäude und Jahr im Stich gelassen wird) – zu neuem, echtem Glanz in den Herzen der Menschen zu verhelfen. Als der selige Papst Johannes Paul II. am 24. Juni 1988 auf dem Flugfeld von Trausdorf a. d. W. vor etwa 100 000 Menschen (darunter neben vielen aus unserer Diözese auch zahlreiche Ungarn und Kroaten) den Gottesdienst feierte, segnete er die Anwesenden und ermutigte sie mit Blick auf den heiligen Martin, „Brückenbauer“ zu sein – nach außen, hin zu den Nachbarn im Osten, aber auch nach innen, hin zum unmittelbaren Nachbarn und Nächsten! Weisheit eines Papstes, der um die Kraft der Zeichen und Symbole wusste.

Martin: Eine Gestalt, die zur Zeit der Völkerwanderung in einer aus den Fugen geratenen Welt des Umbruchs und der sich verschiebenden Grenzen versuchte, das Christentum zur Grundlage des Lebens und des Handelns für sich wie für andere zu machen. Der römische Pannonier aus Szombathély/Steinamanger, der im Gestus des Teilens die psychische „Habenstruktur“ durch die „Seinstruktur“ (zur Unterscheidung vgl. Fromm 1976) ersetzt und zur immerwährenden Ikone geworden an den heutigen Betrachter appelliert, es ihm gleich zu tun.

Weil Gestalt und Tat des Martinus die seelische Erneuerung, den inneren Aufbruch des Einzelnen im Sinne echter biblischer Metanoia vor Augen führen, haben sie das Format für eine zivilisatorische Erneuerung (zur zivilisatorischen Bedeutung der Martinsgestalt vgl. Zsifkovics 2011).

Der Segenswunsch: Wer dem anderen ehrlich wünschen kann, dass Gott ihn segnen möge, der bekennt neben einem wohlwollenden Charakter in echter epistemologischer Bescheidenheit, dass es über und um uns Größeres gibt. Dieses Bekenntnis ist heutzutage kein geringes. Es impliziert eine Abwendung von dezisionistischem Machbarkeitswahn funktionalistischer Geister hin zu neuer Bescheidenheit und Achtsamkeit gegenüber den Quellen, die der Mensch selbst nicht bereitet, obwohl er ständig aus ihnen schöpft. In *pannonischer* Ausformung ist dieses Bekenntnis alles andere als ein Lippenbekenntnis, sondern gelebte Praxis eines Landes, in dem das harmonische Miteinander aller Volksgruppen, Konfessionen, Sprachen und Kulturen gelingt und beispielgebend für ganz Europa ist. So hält im kleinen Burgenland die große Welt ihre Probe und findet Zeichen einer zivilisatorischen Erneuerung, die das Loslassen von alten Geschichten, Schuldzuweisungen, Interessen möglich macht. Das ist der Kern der christlichen Botschaft und die Bedingung der Zukunft des Einzelnen wie der Gesellschaft schlechthin. Einer Zukunft, deren Parameter nicht immer schnellere Formen der Datenübertragung und immer flachere Bildschirme sind, sondern das menschliche Herz, das in Gott zur Ruhe kommt.

Gott segne unser Burgenland!

Anmerkungen

1 Vom lateinisch-griechischen „Sideranopolis" für „Eisenstadt".

2 Presseerklärungen der Herbstvollversammlung der Österreichischen Bischofskonferenz (7. bis 10. November 2011), Salzburg, abrufbar unter: www.bischofskonferenz.at.

Literatur

Anderson, Benedict (1996). Die Erfindung der Nation, Frankfurt am M.

De Lubac, Henry (1979 [1968]). Die Kirche, zitiert in: Esser, Brigitta/von Gemmingen, Eberhard (Hg.): In Gesellschaft Jesu. Texte zur Nachfolge von Ignatius bis Teilhard de Chardin, Mainz.

Diözese Eisenstadt (Hg.) (2011). Kirchlicher Standesausweis der Diözese Eisenstadt. XIII. Ausgabe, Eisenstadt.

Dror, Yehezkel (1994). Ist die Erde noch regierbar? Ein Bericht an den Club of Rome, München.
Eco, Umberto (1997). Vier moralische Schriften, München/Wien.
Fromm, Erich (1976). Haben oder Sein, München.
Kapellari, Egon (2006). Heilige Zeichen in Liturgie und Alltag, 6. Aufl., Graz.
Rupprecht, Franz Joseph (2011). Erfülle treu deinen Dienst. Die Bischofsweihe von Ägidius J. Zsifkovics, Eisenstadt.
Thiele, Johannes (Hg.) (2008). Die Bilder der Katholiken, Freiburg.
Widmer, Urs (2010), in: No Future, Zürich, 93–94.
Zsifkovics, Ägidius (2010a). Grußwort, in: TelefonSeelsorge und Online-Beratung der Katholischen und Evangelischen Kirche Burgenland (Hg.): 25 Jahre Telefonseelsorge Burgenland, Eisenstadt.
Zsifkovics, Ägidius (2010b). Grußwort, in: Frauenkommission der Diözese Eisenstadt (Hg.): Frauen erzählen. 50 Jahre Diözese Eisenstadt, Eisenstadt, 11–12.
Zsifkovics, Ägidius (2010c). Grußwort, in: Burgenländische Gemeinschaft (Hg.): Zeitschrift der Burgenländischen Gemeinschaft, Nr. 416/2010, 1.
Zsifkovics, Ägidius (2010d), Einleitung, in: Dirnbeck, Josef: Geöffnete Augen. Der selige Ladislaus Batthyány-Strattmann und sein Leben als Arzt der Armen, 2. Aufl., Güssing.
Zsifkovics, Ägidius (2010e). Grußwort, in: Pastoralamt der Diözese Eisenstadt (Hg.): Burgenländisches Jahrbuch 2011. Worauf es ankommt, Eisenstadt.
Zsifkovics, Ägidius (2011). Kanzelwort zum Martinsfest 2011, Eisenstadt.

Willi Brunner, Alois Luisser

Konstruktiver Ungehorsam

Anliegen und Ziele der Pfarrer-Initiative im Burgenland

Um die Ziele der Pfarrer-Initiative zu verstehen, muss man sich mit der Situation der Katholischen Kirche und ihren Strukturen intensiv beschäftigen. Was damit gemeint ist, möge durch ein kleines Beispiel erläutert werden: 30 Jahre nach der Ermordung von Erzbischof Oscar A. Romero in San Salvador zeigen seine Tagebuchaufzeichnungen ein erschütterndes Bild von den Beziehungen zum Vatikan. Hochrangige Militärs und auch Amtsbrüder intrigierten immer wieder in Rom gegen den mutigen Bischof, sodass nicht nur das Leid der Armen schwer auf ihm lastete, sondern auch das Unverständnis und die Hartherzigkeit, die ihm die eigene Kirche ständig entgegenbrachte.[1]

Kirchliche Reformbewegungen seit den 1990er-Jahren

Nachdem „Wir sind Kirche" mit 500 000 Unterschriften in ganz Österreich (1995) ein in keinem Fall mehr zu übergehendes Reformpotential sichtbar gemacht hatte, haben der „Dialog für Österreich" und weitere Erneuerungsbewegungen (Priester ohne Amt, Laieninitiative) mit unterschiedlichem Erfolg versucht, den Druck zu erhöhen, damit endlich erkennbare Schritte einer Reform eingeleitet würden. Die Unterschriftslisten, Appelle und Forderungskataloge erreichten zwar viel mediale Aufmerksamkeit, aber aufseiten der Bischöfe kamen – wenn überhaupt – Vertröstungsversuche und ein notorisch wiederholtes Killer-Argument: „Das kann nur Rom ändern!"

Gerade im Burgenland haben wir Höhen und Tiefen erlebt, die die Hochschaubahn widerspiegeln, auf der unsere Kirche unterwegs war und weiter ist. Unter allen österreichischen Diözesanbischöfen war es ausschließlich Bischof Dr. Paul

Iby, der mit Überzeugung den „Dialog für Österreich" in einen „Dialog für Burgenland" münden ließ. Eine Projektgruppe erarbeitete in einem zweijährigen Prozess von 1999 bis 2001 einen Anliegen- und Maßnahmen-Katalog[2], der in 14 Kapiteln insgesamt 72 Forderungen anführte. Darin enthalten waren auch die Forderung nach Veränderungen der Zulassungsbedingungen zum Priesteramt: Die Möglichkeit von „viri probati" (bewährte und verheiratete Männer sollen die Priesterweihe empfangen können) sollte in Rom geprüft werden und der Zugang der Frauen zu allen kirchlichen Ämtern wurde eingefordert (sowohl die Diakonatsweihe wie auch die Priesterweihe für Frauen wurden befürwortet)!

Die Antwort aus Rom ließ nicht allzu lange auf sich warten. Der damalige Präfekt der Glaubenskongregation, Joseph Kardinal Ratzinger, zitierte Bischof Iby nach Rom und verlangte von ihm die volle Zustimmung zur Lehre der Kirche, wie Rom sie vorgibt. Das war gleichzeitig der Tiefpunkt einer burgenländischen Erfolgsgeschichte. Rom hatte gesprochen – die Sache war aber damit keineswegs erledigt!

Zur Vorgeschichte gehören auch viele außerösterreichische Entwicklungen, die hier nicht in den Blick kommen können. Erwähnt sei nur das „Memorandum von Theologieprofessoren und -professorinnen zur Krise der katholischen Kirche: Ein notwendiger Aufbruch"[3] – ein glaubwürdiger und tatsächlich notwendiger Neustart nach dem Bekanntwerden der kirchlichen Missbrauchsskandale: den Tatsachen ins Auge zu sehen, nichts zu vertuschen und klar einzubekennen, dass ohne Strukturmaßnahmen eine echte Erneuerung der Kirche nicht möglich ist! Anfang 2011 wurde damit – beginnend in Deutschland – eine massive Reformdiskussion eingeleitet. Niemand ahnte damals, dass nur wenige Monate später aus Österreich – von der Pfarrer-Initiative – diese Diskussion maßgeblich in Schwung gehalten werden wird!

Die Ziele der Pfarrer-Initiative

Im April 2006 machten zehn Pfarrer (größtenteils aus der Erzdiözese Wien) ihren Sorgen und ihrer Unzufriedenheit Luft und wurden damit zum Sprachrohr für Hunderte Kollegen in ganz Österreich: Die Pfarrer-Initiative war geboren.[4] Hintergrund dieses Unmutes war und ist die Erfahrung: Als Seelsorger werde ich mit meinen drängendsten Problemen weder vom Bischof noch vom Papst ernst genommen. In der auseinanderklaffenden Schere von Priestermangel und der gewünschten Zukunft der Pfarrgemeinden bleiben die einzelnen Christen, die ganze Gemeinde und erst recht der zuständige Pfarrer auf der Strecke. Der Wunsch der Gläubigen nach der sonntäglichen Eucharistie in der eigenen

Pfarre, die Mitverantwortung aller Getauften, die Krise des Bußsakraments, die persönlichen und pastoralen Probleme von geschiedenen Wiederverheirateten und die Stagnation in der Ökumene waren in diesem Aufschrei inkludiert.

Damit konstituierte sich erstmals so etwas wie eine unabhängige Pfarrer-Gewerkschaft. Nach der Bestellung und Weihe des neuen Bischofs von Eisenstadt in der Person von Dr. Ägidus Zsifkovics (September 2010) kam es zum ersten Zusammenschluss aller vier maßgeblichen Reformbewegungen in Österreich: „Plattform Wir sind Kirche", „Priester ohne Amt", „Pfarrer-Initiative" und „Laieninitiative". In einer „Entschließung" wandte man sich direkt an den Papst mit der Aufforderung, er möge bei Bischofsbestellungen seine Vorgangsweise „rechtfertigen und korrigieren"![5]

Unwahrscheinlich leise, wenn nicht gar Stillschweigen war die Reaktion auf diese erstaunliche Herausforderung. Wollten sich die vier Reformgruppen nicht mit diesem „Totstellen" der Hierarchie zufrieden geben, mussten sie eine noch größere Provokation an den Tag legen. Dies gelang mit dem „Aufruf zum Ungehorsam" – nun war das Fass wirklich am Überlaufen.[6] Damit vollzog man einen Quantensprung in der Auseinandersetzung mit der Hierarchie: Man begnügte sich nicht mit Bitten, auch nicht mit Appellen, nicht einmal mit Forderungen, sondern erklärte unumwunden die aktuelle Praxis: Wir tun bereits jetzt, was uns „Rom" nach wie vor offiziell nicht erlaubt! Die sieben Punkte im Einzelnen lauten (gekürzt):

- WIR WERDEN in Zukunft in jedem Gottesdienst eine Fürbitte um Kirchenreform sprechen.
- WIR WERDEN gutwilligen Gläubigen grundsätzlich die Eucharistie nicht verweigern.
- WIR WERDEN möglichst vermeiden, an Sonn- und Feiertagen mehrfach zu zelebrieren oder durchreisende und ortsfremde Priester einzusetzen.
- WIR WERDEN künftig einen Wortgottesdienst mit Kommunionspendung als „priesterlose Eucharistiefeier" ansehen und auch so nennen.
- WIR WERDEN auch das Predigtverbot für kompetent ausgebildete Laien und Religionslehrer missachten.
- WIR WERDEN uns dafür einsetzen, dass jede Pfarre einen eigenen Vorsteher hat: Mann oder Frau, verheiratet oder unverheiratet, hauptamtlich oder nebenamtlich.
- WIR WERDEN deshalb jede Gelegenheit nützen, uns öffentlich für die Zulassung von Frauen und Verheirateten zum Priesteramt auszusprechen.

Nun war es der Kirchenleitung unmöglich, darauf nicht zu reagieren. War es zunächst der Grazer Diözesanbischof Dr. Egon Kapellari, der Einhalt gebietend mahnte: „herunter vom Gas", ließ sich der Wiener Erzbischof Dr. Christoph

Schönborn gar dazu hinreißen, den rebellierenden Pfarrern vorzuschlagen, sie mögen einen Austritt aus der Katholischen Kirche erwägen![7] Doch diese Warnungen konnten weder am Aufruf noch an der weiter steigenden Zustimmung durch Pfarrer, Diakone und Laien etwas ändern.

So ist es nicht verwunderlich, dass nach diesen schnellen Hüftschüssen die Bischöfe die Diskussion wieder in ruhige Gewässer bringen wollen: Man müsse das Paket aufschnüren, über einiges sei man ja zu reden bereit. Der emeritierte Pastoraltheologe Dr. Paul Zulehner hat zuvor unmissverständlich auf die Gefahr einer Kirchenspaltung hingewiesen. Das könnte letztlich zu einem „Austrittsdesaster"[8] führen, so Zulehner.

Schnelle Auswege in diesem gravierenden Konflikt kann es nicht geben. Die Pfarrer-Initiative will und wird nichts zurücknehmen. Mit ca. 400 Mitgliedern (Priester und Diakone, Stand Anfang September 2011) hat die Pfarrer-Initiative in Österreich eine kritische Masse erreicht, ohne die die Zukunft der Kirche nicht zu händeln ist. Das wissen auch Kardinal Schönborn und alle Mitglieder der Österreichischen Bischofskonferenz. In Abstimmung mit Rom hat man sich offensichtlich auf (zunächst?) behutsame Versuche, bei einzelnen Mitgliedern der Pfarrer-Initiative ein Umdenken zu bewirken, geeinigt.

Nach der Vollversammlung der Pfarrer-Initiative am 6. November 2011 in Linz, die ein eindeutiges Votum zum „Ungehorsam" aufzeigte, wurde die internationale Vernetzung mit Priestergruppen in verschiedensten Ländern vorangetrieben. Seit 2012 setzt die Initiative „dem gegenwärtigen Aushungern der Gemeinden und der Seelsorge unter dem Druck des Priestermangels und der Überalterung des Klerus mehrfach ein entschiedenes NEIN entgegen."[9]

Die Pfarrer-Initiative im Burgenland

Aus der Diözese Eisenstadt sind (nur) sieben Pfarrer, zwei Diakone und ebenso viele Laien der Pfarrer-Initiative beigetreten. Wenngleich der „Ungehorsam" sicherlich auch in vielen anderen Pfarren gelebt wird, fragen sich die Autoren: Ist es die Angst oder die Oberflächlichkeit, die viele Seelsorger davon abhält, diesen Reformweg mitzugehen? Der überaus informative Blog von Eduard Posch[10] aus Pinkafeld (er ist unter anderem im Vorstand der Laieninitiative tätig) liefert viele wertvolle und kritische Beiträge, aber für mutige und wegweisende Schritte in unserer Diözese braucht es mehr Vernetzung und Austausch!

Ohne langen Atem und tiefes Vertrauen in das Wirken des Heiligen Geistes werden wir keines dieser Ziele erreichen. Erst wenn wir uns über alle Gegnerschaft im Richtungsstreit hinaus als berufene und ermächtigte Zeugen des Glaubens anerkennen, kann der Dialog beginnen. Er wird ganz sicherlich nicht bei den Strukturfragen enden, aber diese auszuklammern ist unmöglich!

Anmerkungen

1 Vgl. Christ in der Gegenwart, Nr. 39/2011, 428 und auch die Schilderungen über vatikanische Erhebungsmethoden, wie sie Weihbischof Dr. Helmut Krätzl in seinem neuesten Buch berichtet: Krätzl, Helmut (2011). Mein Leben für eine Kirche, die den Menschen dient, Innsbruck, bes. 125–153.

2 Vgl. Dialog für Burgenland. Anliegen und Maßnahmen. Dialog mit Gott und den Menschen. Hg. vom Bischöflichen Ordinariat der Diözese Eisenstadt, 24. 2. 2001.

3 Vgl. http://www.memorandum-freiheit.de/, 4. 2. 2011-

4 Vgl. http://www.pfarrer-initiative.at/, Grundsatzerklärung, 2. 4. 2006.

5 http://www.pfarrer-initiative.at/, Entschließung, Dez. 2010.

6 Vgl. http://www.pfarrer-initiative.at/, „Aufruf zum Ungehorsam", 19. 6. 2011.

7 Vgl. http://www.erzdioezese-wien.at/content/topnachricht/articles/2011/07/07/a26246, 7. 7. 2011.

8 http://derstandard.at/1313024605465/Pfarrer-Initiative-Zulehner-Spaltung-der-Kirche-moeglich, 19. 8. 2011.

9 Die aktuellen Entwicklungen der Pfarrer-Initiative finden sich im Internet: http://www.pfarrer-initiative.at/ Diözesanbischof Dr. Egon Kapellari ist in seinem Fastenhirtenbrief 2012 direkt auf die Reformbewegungen eingegangen.
Eine scharfe Replik von Herbert Kohlmeier findet sich unter http://www.herbert-kohlmaier.at/?p=191

10 Vgl. http://begegnungunddialog.blogspot.com/.

Kathrin Stainer-Hämmerle

Was geht die Burgenländer Kärnten an?

Zu den Änderungen des Volksgruppengesetzes

Am 16. August 2011 wurden unter öffentlichen und medialen Jubelrufen in den Kärntner Gemeinden Bad Eisenkappel/Železna Kapla und Sittersdorf/Žitara vas zweisprachige Ortstafeln errichtet. Dieser Tag markierte mit den dazugehörenden Festakten den symbolischen Beginn der Umsetzung einer historischen Einigung, an deren Ende 164 zweisprachige topographische Aufschriften im südlichsten Bundesland stehen sollten. Mit dabei an diesem Feiertag waren mit Bundeskanzler Werner Faymann (SPÖ), Staatssekretär Josef Ostermayer (SPÖ), Landwirtschaftsminister Nikolaus Berlakovich (ÖVP) und Landeshauptmann Gerhard Dörfler (FPK) die politischen Spitzenvertreter von Bund und Land. Ministerpräsident Borut Pahor reiste aus Slowenien an und die Vertreter der slowenischen Minderheit in Kärnten waren in neuer Eintracht versammelt.

Ein historischer Moment

56 Jahre hatte es gedauert, viele Verhandlungsrunden auf Bundes- und Landesebene, mehrere im letzten Moment verworfene Lösungsvorschläge sowie durch Skandale geschwächte politische Gegner im „Ortstafelstreit" waren notwendig für den oft so bezeichneten „historischen Durchbruch" in der Ortstafelfrage. Weniger in den Schlagzeilen war rund um die Jubelmeldungen aus dem Süden die Mitbetroffenheit des Burgenlandes, wo bereits seit dem Jahr 2000 51 zweisprachige Ortstafeln stehen. Von den mit der Kärntner Einigung einhergehenden Änderungen des Volksgruppengesetzes – der Hebung der zweisprachigen Ortstafeln in den Verfassungsrang – wurde die Situation der Minderheiten im Burgenland genauso beeinflusst.

Vom Burgenland nach Kärnten und wieder retour

Die Vorgeschichte ist weitgehend bekannt: Jahrzehntelang gelang es einigen Blechschildern am Ortsbeginn und -ende einen Keil in die Kärntner Gesellschaft zu treiben. Tafeln, denen auch der Verfassungsgerichtshof eine besondere symbolische Bedeutung zugestanden hat, sollen sie doch der Allgemeinheit Kenntnis darüber geben, dass in diesem Gebiet eine ins Auge springende – verhältnismäßig größere – Zahl von Minderheitenangehörigen lebt.[1] Tafeln, die als ein Symbol von Heimat interpretiert werden. Tafeln, die aber auch an den Sturm darauf und den Streit um die Grenze erinnern. Klaus Ottomeyer bezeichnete Kärnten als ein Land mit vielen traumatischen Erfahrungen, die durch die Generationen gehen (vgl. Ottomeyer 2006). Zu den Ursachen für die besonders tiefen Gräben in der Kärntner Gesellschaft zählen kurz gefasst: der Abwehrkampf 1918 bis 1920, das Ergebnis der Volksabstimmung 1920, die wirtschaftlichen und kulturellen Homogenisierungsversuche beiderseits der Grenze, die Rolle von Kärntnern in der NS-Besatzung auf slowenischem Gebiet sowie die Slowenen-Deportationen 1942, die Besetzung von Teilen Südkärntens durch Tito-Partisanen nach Kriegsende, die jugoslawischen Gebietsforderungen gegenüber Österreich nach 1945 und der Ortstafelsturm 1972 mit den darauf folgenden Anschlägen auf Denkmäler und Einrichtungen (vgl. Karner 2006, 644ff). Vor allem der Ortstafelsturm 1972 reaktivierte die traumatische Angst bei vielen Volksgruppenangehörigen bzw. beeinflusste entscheidend die politische Sozialisation der jüngeren Generation, die von den leidvollen Erfahrungen des Zweiten Weltkriegs und der Zeit des Nationalsozialismus verschont geblieben waren. Erfahrungen, die ein Aufeinanderzugehen für beide Seiten schwer machten und wohl auch einen Unterschied zur Situation im Burgenland bilden.

Doch auch im Burgenland wurden zweisprachige Ortstafeln – zwar weder so konfliktreich noch so bejubelt – erst im Jahr 2000 aufgestellt. Zum Festakt in Großwarasdorf/Veliki Borištof am 13. Juli 2000 reiste damals ebenfalls ein Bundeskanzler in Person von Wolfgang Schüssel (ÖVP) an. Er enthüllte die erste Tafel gemeinsam mit dem damaligen Landeshauptmann Karl Stix (SPÖ). Ein halbes Jahr später hieß es diesbezüglich unter der Bevölkerung im Burgenland auf die Frage nach den Erfahrungen mit den neuen Tafeln: Nema Problema.[2]

Dennoch: Das Hauptaugenmerk bei allen Diskussionen und Berichten rund um zweisprachige Ortstafeln lag und liegt auf Kärnten und dessen jahrzehntelange Unfähigkeit zum Kompromiss. Dabei werden die spezifische Situation im Burgenland und vor allem die Mitbetroffenheit der dort ansässigen Minderheiten bei Änderungen des Volksgruppenrechts gern übersehen. So hat die Aufstellung der Tafeln im Jahr 2000 auch einen Anstoß zur Lösung der Ortstafelfrage in Kärnten gegeben. Denn dadurch wurde die Diskussion in Kärnten wieder aufgenommen und die Forderung nach einer Novellierung des als zu restriktiv empfundenen Volksgruppengesetzes neu entfacht. Die in den 1970er-Jahren festgelegte 25-Prozent-Regel für die Errichtung der Ortstafeln wurde schließlich 2001 vom Verfassungsgerichtshof als verfassungswidrig aufgehoben. Die anschließend notwendige Reparatur durch die Politik blieb aber aus und mehrere Verhandlungsrunden unter verschiedensten (partei-)politischen Vorzeichen und Beteiligten scheiterten am Exempel Kärnten. So hatten die Burgenländer unterm Strich zwar eine schnellere Lösung gefunden, allerdings auf einer schlechteren gesetzlichen Grundlage: Die inzwischen allgemein als zu hoch angesehene 25-Prozent-Regel bildet nach wie vor die Grundlage für die Topographieverordnung Burgenland – bis zum heutigen Tage und seit der Einigung in Kärnten nun auch noch im Verfassungsrang.

Der burgenländische Weg zu zweisprachigen Ortstafeln

Den Entwurf zur burgenländischen Verordnung schickte noch Bundeskanzler Viktor Klima (SPÖ) auf den Weg. Es war eine seiner letzten Amtshandlungen als Regierungschef. Den Abschluss fand das Langzeitprojekt erst in der schwarzblauen Wenderegierung. Der Ministerrat[3] beschloss am 23. Mai 2000 eine Verordnung für die Aufstellung zweisprachiger Ortstafeln im Burgenland. Insgesamt sollten in 47 Orten bzw. Ortsteilen des Burgenlandes deutsch-kroatische Tafeln stehen, in vier Orten deutsch-ungarische Tafeln. Im Vergleich zum Begutachtungsentwurf kamen einige Orte hinzu. Hauptkriterium für die Aufnahme in die Liste der zweisprachigen Orte war aber für die Bundesregierung ein Anteil von 25 Prozent zweisprachiger Bevölkerung bei der Volkszählung 1991. Nach der Zustimmung des Hauptausschusses im Nationalrat im Juni 2000 trat die Verordnung nach Verlautbarung im Bundesgesetzblatt am 22. Juni 2000 in Kraft. So hatte der VP-Kanzler Wolfgang Schüssel die Ehre die erste zweisprachige Ortstafel im Burgenland zu enthüllen.

Das Memorandum aus Kärnten

Medial eher unbemerkt, quasi als Nebeneffekt der Ortstafeleinigung, wurde im Sommer 2011 bereits zum siebten Mal seit 1976 das Volksgruppengesetz novelliert. Für Kärnten bedeutete diese Novelle den großen Durchbruch in dieser Frage, für das Burgenland vielleicht eher einen Kollateralschaden.

Die politische Einigung in Kärnten in der Ortstafelfrage erfolgte zunächst bei den Verhandlungen zwischen Staatssekretär Josef Ostermayer (SPÖ), dem Kärntner Landeshauptmann Gerhard Dörfler (FPK) sowie den Volksgruppenvertretern Valentin Inzko (Rat der Kärntner Slowenen), Bernard Sadovnik (Gemeinschaft der Kärntner Sloweninnen und Slowenen) und Marjan Sturm (Zentralverband der Kärntner Slowenen). Am 26. April 2011 unterzeichneten die Verhandler ein Memorandum mit folgendem Inhalt „betreffend zweisprachige ‚topographische Aufschriften', die Amtssprache sowie Maßnahmen für die Zusammenarbeit mit der slowenischsprachigen Volksgruppe".

Das Memorandum im Wortlaut:[4]

Die Unterzeichnenden kommen überein:

1. Eine verfassungsrechtliche Lösung mit folgendem Inhalt soll im Sommer 2011 umgesetzt werden:
   - Taxative Aufzählung von 164 Ortschaften (gemäß Beilage A – hier erfolgt eine Aufzählung der betroffenen Kärntner Ortschaften, Anm. d. Verf.).
   - Im Hinblick auf die Gemeindeautonomie wird festgehalten, dass es wie bisher auch weiterhin rechtlich zulässig ist, bei entsprechender Beschlusslage im Gemeinderats weitere zweisprachige Ortsbezeichnungstafeln sowie Bezeichnungen oder Aufschriften topographischer Natur aufzustellen.
   - Schaffung einer Verfassungsbestimmung, wonach die zuständigen Behörden ohne unnötigen Aufschub verpflichtet sind, die jeweils in Betracht kommenden Ortstafeln und Ortsbezeichnungstafeln zu errichten.
   - Das Inkrafttreten dieses Bundesgesetzes darf nicht dazu verwendet werden, zum Zeitpunkt des Inkrafttretens bestehende zweisprachige Bezeichnungen und Aufschriften topographischer Natur zu beseitigen.
   - In den Erläuterungen des Volksgruppengesetzes wird klargestellt, dass auch Vertreter juristischer Personen, deren satzungsmäßiger Zweck sich mit den Angelegenheiten der slowenischen Volksgruppe beschäftigt, Anbringen (in den Amtssprachengemeinden) auch in slowenischer Sprache einbringen können.
   - Mit Verweis auf Art. 118 Abs. 7 B-VG wird festgehalten, dass Gemeinden im Rahmen ihrer Gemeindeautonomie auch weiterhin die Möglichkeit haben, auf Antrag die Besorgung einzelner Angelegenheiten des eigenen Wirkungsbereiches auf die Bezirkshauptmannschaften zu übertragen.
   - Amtssprache sowie Schaffung einer Bestimmung, die es auch Gemeinden, die nicht in der Liste genannt sind, ermöglicht, freiwillig die Amtssprache in mündlicher und schriftlicher Form zu verwenden.

2. Es wird festgehalten, dass keine sogenannte „Öffnungsklausel" vorgesehen ist.
3. Es wird vereinbart, dass es zu keiner „Minderheitenfeststellung" kommt.
4. Die Kärntner Landesregierung wird ein Dialogforum für die Entwicklung des gemischtsprachigen Gebietes einrichten. Zusammensetzung: je ein(e) Vertreter/-in aller im Landtag vertretenen Parteien, die Mitglieder der Landesregierung bzw. ein von diesen namhaft gemachter Vertreter, je ein(e) Vertreter/-in der slowenischen Organisationen, ein(e) Vertreter/-in der Enotna Lista sowie sechs Bürgermeister/-innen (je zwei aus den Bezirken Völkermarkt und Klagenfurt Land, je einer/eine aus den Bezirken Villach Land und Hermagor). Themenbezogen können weitere Expert/-innen zu den Beratungen des Dialogforums beigezogen werden. Eine Koordinationsstelle wird beim Volksgruppenbüro im Amt der Kärntner Landesregierung eingerichtet.
5. Die Arbeiten am Volksgruppengesetz „neu" werden unter enger Einbindung der Volksgruppe zügig fortgeführt.
6. Die Abstimmungsspende seitens des Bundes – aus Anlass der Wiederkehr der Volksabstimmung 1920 – soll gemäß Ministerratsvortrag € 4 Mio. betragen. Die Auszahlung und Abwicklung wird direkt durch den Bund erfolgen. Ein entsprechendes Gesetz ist bis Sommer 2011 geplant. Die Aufteilung der Mittel soll mit Einbindung der Volksgruppe und den betroffenen Gemeinden erfolgen. Unter anderem sollen daraus die slowenische Musikschule/ Glasbena Sola, private und öffentliche Kindergärten sowie weitere Projekte der Gemeinden erfolgen.
7. Der Slowenischen Musikschule kommt eine zentrale Bedeutung zu. Die Finanzierung wird durch Bund, Land und private Beiträge erfolgen. Die Republik Slowenien wird eingeladen, sich an der Projektfinanzierung zu beteiligen. Es ist beabsichtigt, die Finanzierung und die Organisationsstruktur der Musikschule systemisch zu lösen. Eine entsprechende Arbeitsgruppe mit Vertretern der Landesregierung und Vertretern der slowenischen Musikschule wird eingerichtet.
8. Das BG/BRG für Slowenen als Bildungsinstitution mit Slowenisch als Unterrichtssprache soll bei der Unterrichtsorganisation und -entwicklung durch eine schulbezogene erhöhte WE-Zuteilung (ca. 70 WE) unterstützt werden. Im Bereich der Schulentwicklung werden am BG/BRG für Slowenen neue Modelle (neue Unter-/Mittelstufe bzw. nahtstellenübergreifende Projekte) zur Intensivierung des Slowenischspracherwerbs erarbeitet und mit entsprechender Unterstützung des BMUKK eingeführt.
9. Der Bund (BMUKK) prüft wohlwollend, ob es im Rahmen der budgetären Bedingungen möglich ist, darüber hinaus weitere Werteinheiten (WE) für

einzelne Projekte des slowenischsprachigen Unterrichts zur Verfügung zu stellen.

10. Der im Bundeskanzleramt eingerichtete Volksgruppenbeirat für die slowenische Volksgruppe wird in Zusammenarbeit mit Experten/-innen Empfehlungen für die Förderungswürdigkeit von mehrsprachigen Kindergärten erarbeiten.

Das Memorandum als Grundlage der Einigung umfasste somit auch über die Frage der zweisprachigen Ortstafeln hinausgehende Themen, insbesondere zum zweisprachigen Schulwesen. Weiters wurden bisherige Stolpersteine wie die Öffnungsklausel oder die Minderheitenfeststellung definitiv aus den Verhandlungen zur Volksgruppengesetzesnovelle herausgenommen. Eine Novelle, deren Grundlage von den Vertretern der slowenischen Minderheit in Kärnten festgelegt wurde, die aber alle Volksgruppen betreffen sollte.

Die Novelle des Volksgruppengesetzes

Die legistische Umsetzung der politischen Einigung in Kärnten erfolgte wie im Memorandum gefordert in Form eines Verfassungsgesetzes. Diese Änderung beschränkte sich allerdings nicht auf Kärnten, sondern erfolgte durch Änderung und Ergänzung des Volksgruppengesetzes und wirkte somit auf alle Volksgruppen in Österreich, auch auf die im Burgenland. Inhalt des Volksgruppengesetzes ist darüber hinaus nicht nur die Anbringung zweisprachiger topographischer Bezeichnungen und Aufschriften, sondern auch die mögliche Verwendung der kroatischen, slowenischen und ungarischen Sprache zusätzlich zur deutschen Sprache als Amtssprache. Vertreter der Burgenlandkroaten kritisierten die geplanten Änderungen und wiesen auf Verschlechterungen durch die Einschränkung aller topographischen Bezeichnungen auf Ortstafeln sowie bei der Amtssprache hin.[5]

Somit ersetzt das neue Volksgruppengesetz die Topographieverordnung-Burgenland (BGBl. II 170/2000), die beiden Topographieverordnungen-Kärnten (BGBl. II 245/2006 und 263/2006 soweit in Kraft getreten) sowie die Amtssprachenverordnung-Ungarisch (BGBl.II 229/2000 idF BGBl. II 335/2000), die Amtssprachenverordnung-Kroatisch (BGBl. II 231/1990 idF BGBl. II 6/1991) und die Amtssprachenverordnung-Slowenisch (BGBl. II 307/1977 idF 428/2000). Das Memorandum wurde Teil der Erläuterungen, in denen festgelegt wurde, dass mit der Erhebung in den Verfassungsrang den Erkenntnissen des Verfassungsgerichtshofes Genüge getan und andererseits eine umfassende und dauerhafte rechtliche Regelung gefunden werden sollte. Zusätzlich, wird erläutert, „soll auch die Zulässigkeit der Verwendung der kroatischen, slowenischen und ungarischen Sprache zusätzlich zur deutschen Sprache als Amtssprache verfassungsgesetzlich geregelt werden."[6]

Im Gesetz selbst wurden die Voraussetzungen und Kriterien für die Errichtung zweisprachiger Tafeln nicht festgeschrieben. Vielmehr erfolgte eine taxative Aufzählung aller Orte, wo in Zukunft zweisprachige Ortstafeln aufzustellen sind. Die Kärntner Einigung umfasst im Wesentlichen drei Gruppen: erstens jene Ortschaften, für die bereits die Topographieverordnung-Kärnten[7] zweisprachige Tafeln vorsah. Zweitens sämtliche Ortschaften, mit denen sich der Verfassungsgerichtshof beschäftigte. Drittens alle Ortschaften, in denen der Anteil der gemischtsprachigen Bevölkerung mindestens 17,5 Prozent beträgt. Für das Burgenland werden alle Gebietsteile aufgelistet, für die bereits die Topographieverordnung-Burgenland[8] zweisprachige Schilder vorsah.

Neben den 164 Tafeln in Kärnten mit deutsch-slowenischen Aufschriften erfolgte in der Regierungsvorlage die Aufzählung folgender 51 Gemeinden und Ortschaften im Burgenland, inklusive der zu verwendenden Bezeichnungen in der Sprache der Volksgruppe:

Deutsch und Kroatisch:

1. Politischer Bezirk Eisenstadt-Umgebung:

Hornstein	Vorištan
Klingenbach	Klimpuh
Oslip	Uzlop
Siegendorf	Cindrof
Steinbrunn	Štikapron
Trausdorf an der Wulka	Trajštof
Wulkaprodersdorf	Volkaprodrštof
Zagersdorf	Cogrštof
Zillingtal	Celindof

2. Politischer Bezirk Güssing:

Güttenbach	Pinkovac
Neuberg im Burgenland	Nova Gora
Stinatz	Stinjaki

3. Politischer Beirk Mattersburg:

Antau	Otava
Baumgarten	Pajngrt
Drassburg	Rasporak

4. Politischer Bezirk Neusiedl am See:

Neudorf	Novo Selo
Pama	Bijelo Selo
Parndorf	Pandrof

5. Politischer Bezirk Oberpullendorf:

Frankenau (Gemeinde Frankenau-Unterpullendorf)	Frakanava
Großmutschen (Gemeinde Frankenau-Unterpullendorf)	Mučindrof
Kleinmutschen (Gemeinde Frankenau-Unterpullendorf)	Pervane
Unterpullendorf (Gemeinde Frankenau-Unterpullendorf)	Dolnja Pulja
Großwarasdorf (Gemeinde Großwarasdorf)	Veliki Borištof
Kleinwarasdorf (Gemeinde Großwarasdorf)	Mali Borištof
Langental (Gemeinde Großwarasdorf)	Longitolj
Nebersdorf (Gemeinde Großwarasdorf)	Šuševo
Kaisersdorf	Kalištrof
Kroatisch Geresdorf (Gemeinde Nikitsch)	Gerištof
Kroatisch Minihof (Gemeinde Nikitsch)	Mjenovo
Nikitsch (Gemeinde Nikitsch)	Filež
Weingraben	Bajngrob

6. Politischer Bezirk Oberwart:

Althodis (Gemeinde Markt Neuhodis)	Stari Hodas
Spitzzicken (Gemeinde Markt Neuhodis)	Hrvatski Cikljin
Dürnbach im Burgenland (Gemeinde Schachendorf)	Vincjet
Schachendorf (Gemeinde Schachendorf)	Čajta
Schandorf	Čemba
Allersdorf im Burgenland (Gemeinde Weiden bei Rechnitz)	Ključarevci
Allersgraben (Gemeinde Weiden bei Rechnitz)	Širokani
Mönchmeierhof (Gemeinde Weiden bei Rechnitz)	Marof
Oberpodgoria (Gemeinde Weiden bei Rechnitz)	Podgorje
Parapatitschberg (Gemeinde Weiden bei Rechnitz)	Parapatićev Brig
Podler (Gemeinde Weiden bei Rechnitz)	Poljanci
Rauhriegel (Gemeinde Weiden bei Rechnitz)	Rorigljin
Rumpersdorf (Gemeinde Weiden bei Rechnitz)	Rupišće
Unterpodgoria (Gemeinde Weiden bei Rechnitz)	Bošnjakov Brig

Weiden bei Rechnitz (Gemeinde Weiden bei Rechnitz)	Bandol
Zuberbach (Gemeinde Weiden bei Rechnitz)	Sabara

Deutsch und Ungarisch:

1. Politischer Bezirk Oberpullendorf:

Gemeinde Oberpullendorf	Felsőpulya

2. Politischer Bezirk Oberwart:

Oberwart	Felsőőr
Siget in der Wart (Gemeinde Rotenturm an der Pinka)	Őrisziget
Unterwart	Alsóőr

Bezüglich der Regelungen, die das Burgenland betreffen, hielt damit die Regierungsvorlage materiell die geltende Rechtslage aufrecht, inklusive die im Jahr 2000 noch gültige 25-Prozent-Regel. In den entsprechenden Gemeinden mussten daher mindestens 25 Prozent der Einwohner Kroatisch oder Ungarisch sprechen. Die Empfehlung des Verfassungsgerichtshofes, die Quote auf zehn Prozent abzusenken, wurde weder in Kärnten noch im Burgenland erfüllt. Dies hätte für das Burgenland bedeutet, dass zum Beispiel im Bezirk Güssing in fünf Ortschaften (Eisenhüttl, Hackerberg, Reinersdorf, Kroatisch Tschantschendorf und Heugraben) zweisprachige Ortstafeln aufgestellt werden müssten. Angemerkt werden muss an dieser Stelle auch, dass in der Steiermark überhaupt keine zweisprachigen Ortstafeln mehr vorgesehen sind. 1955 wurden diese im Staatsvertrag noch explizit zugesichert.

Angesichts der bereits von Kolonovits[9] festgestellten Bandbreite der Meinungen über den maßgeblichen Minderheitenprozentsatz erfolgte somit im Sommer 2011 auf Basis eines breiten politischen Konsenses eine Klarstellung durch den Verfassungsgesetzgeber.[10] In der Liste mit den Ortschaften, die nun eine zweisprachige Tafel erhalten, finden sich allerdings recht unterschiedliche Prozentsätze von Minderheitenangehörigen. So gilt für Kärnten eine 17,5-Prozent-Regel auf der Basis der Volkszählung 2001 mit Ausnahmen in jenen Gemeinden, die Gegenstand der Erkenntnisse des Verfassungsgerichtshofes waren bzw. für die bereits zuvor die Topographieverordnung Kärnten galt. Im Burgenland hingegen stützte man sich auf die 25 Prozent laut Volkszählung 1991. Die Aufzählung in Form einer Liste von Ortschaften ohne die Festlegung von ihr zugrundeliegenden Prozentsätzen hat neben der Chance auf eine historische Lösung auch einen handfesten pragmatischen Hintergrund: Will die Politik keine eigens durchgeführte Erhebung der Volksgruppenangehörigen durchführen, so fehlen ihr in Zukunft schlichtweg die erforderlichen Daten als Grundlage. 2001 wurde letztmals im Zuge der Volkszählung eine Erhebung der Umgangssprache miterhoben. Mit der neuen Form der Registerzählung ist dies nicht mehr möglich. Eine „Minderheitenfeststellung" bzw. deren Ausschluss war aber lange Zeit immer äußerst umstritten und gegen den Willen der Volksgruppe kaum durchsetzbar.

Die parlamentarische Debatte

Zur Debatte im Nationalrat über die Änderungen im Volksgruppengesetz am 6. Juli 2011 reisten aus Kärnten die Spitzen der Landespolitik an und so saßen in der Zuschauergalerie Landeshauptmann Gerhard Dörfler (FPK), LH-Stellvertreter Peter Kaiser (SPÖ) und Landesrat Josef Martinz (ÖVP). Zu ihnen gesellten sich die beiden Kärntner Volksgruppenvertreter Marjan Sturm (Zentralverband der Kärntner Slowenen) und Bernard Sadovnik (Gemeinschaft der Kärntner Sloweninnen und Slowenen) sowie der slowenische Botschafter. Anwesende Repräsentanten des Burgenlandes wurden im Protokoll hingegen nicht erwähnt.

Ungewohnt schwergewichtig war auch die Rednerliste zum Tagesordnungspunkt 1: Bundesgesetz, mit dem das Volksgruppengesetz geändert wird. So meldeten sich in der Debatte zu Wort: Bundeskanzler Werner Faymann (SPÖ), Staatssekretär Josef Ostermayer (SPÖ), Außenminister Michael Spindelegger (ÖVP), der Obmann des zuständigen Verfassungsausschusses Peter Wittmann (SPÖ), die Klubobfrau Eva Glawischnig (Grüne), Klubobmann Josef Bucher (BZÖ), Altbundeskanzler Wolfgang Schüssel (ÖVP) sowie der ehemalige Staatssekretär Reinhold Lopatka (ÖVP). Von den Kärntner Abgeordneten redeten die ehemalige Außenministerin Ursula Plassnik (ÖVP), Christine Muttonen (SPÖ), Martin Strutz (FPÖ), Volksgruppensprecher Stefan Petzner (BZÖ), Peter Stauber (SPÖ), Maximilian Linder (FPÖ), Sigisbert Dolinschek (BZÖ), Gabriel Obernosterer (ÖVP) und Josef Jury (FPÖ). Weiters debattierten der Minderheitensprecher Wolfgang Zinggl (Grüne), Minderheitensprecher Franz Kirchgatterer (SPÖ), Peter Fichtenbauer (FPÖ), Alev Korun (Grüne) und Gerald Grosz (BZÖ). Als einzige Burgenländer meldeten sich der Minderheitensprecher Oswald Klikovits (ÖVP) sowie Christiane Brunner (Grüne) zu Wort.

Im Mittelpunkt der Debatte stand für die meisten Abgeordneten Kärnten, sie lobten die Einigung und hoben die Rolle ihrer Partei hervor oder beglichen parteipolitisch motivierte alte Rechnungen. Viel war von der Erfüllung des Art. 7 des Staatsvertrages die Rede oder von der Bedeutung dieses historischen Tages sowie dem langen Weg dahin und der Vorgeschichte in Kärnten. Als Einzige kritisierten die Grünen die Regierungsvorlage und insbesondere auch, dass kein Vertreter/keine Vertreterin der kroatischen oder ungarischen Minderheit aus dem Burgenland in die Verhandlungen miteinbezogen wurde. Außenminister Spindelegger garantierte in seiner Rede, dass durch die getroffene Lösung für Kärnten die Rechte der anderen Volksgruppen nicht beeinträchtigt würden.

Im Abänderungsantrag der Grünen, eingebracht von Wolfgang Zinggl, wurde nochmals die Nicht-Einbindung der kroatischen und ungarischen Volksgruppe kritisiert, was für die Grünen „ein grobes demokratiepolitisches und bundesstaatliches Defizit darstellt."[11] Das der Novellierung zugrunde liegende Memorandum wurde nur mit Vertretern der Kärntner Slowenen verhandelt und weil es außerdem keine Begutachtungsfrist gab, blieb auch diese Möglichkeit der Stellungnahme verwehrt. Christiane Brunner, burgenländische Abgeordnete der Grünen, erklärte in ihrer Rede die Beweggründe ihrer Partei für die drei symbolischen Gegenstimmen – darunter ihre eigene – gegen die Änderungen des Volksgruppengesetzes:[12] das Entscheiden über die Köpfe der anderen Volksgruppen hinweg. Sie erinnerte auch an die in ihren Augen fehlenden Ortstafeln in Reinersdorf, Hackerberg, Heugraben und Eisenhüttel. Sigisbert Dolinschek vom BZÖ und im zweisprachigen Gebiet in Südkärnten lebend, erläuterte aus seiner Sicht die Unterschiede zwischen der Situation im Burgenland und in Kärnten.[13] So gab es im Burgenland keine Übergriffe der Kroaten und Gebietsansprüche und keinen Abwehrkampf. Josef Ostermayer, der verhandelnde Staatssekretär, ging in seiner Rede auf die burgenländischen Minderheiten ein und berichtete von Gesprächen mit der kroatischen und ungarischen Minderheit. Ostermayer versprach außerdem eine weitere „Modernisierung" des Volksgruppengesetzes bis Herbst oder Winter 2012, bei der alle eingebunden werden sollen.[14] Was vor allem der Burgenländer und Minderheitensprecher der ÖVP, Oswald Klikotvits, begrüßte.

Das Gesetz wurde in der 112. Sitzung des Nationalrates mit Zweidrittelmehrheit und gegen die drei Proteststimmen der Grünen angenommen. Am 21. Juli 2011 folgte die Zustimmung im Bundesrat, nachdem der Vorsitzende des behandelnden Ausschusses für Verfassung und Föderalismus, Josef Saller (ÖVP), als Berichterstatter die Annahme empfohlen hatte. Staatssekretär Josef Ostermayer (SPÖ) und der Kärntner Landeshauptmann Gerhard Dörfler (FPK) blickten nochmals auf die gemeinsamen Verhandlungen zurück. Burgenland war bei beiden Reden kein Thema. Bundesrätin Ana Blatnik (SPÖ), Kärntner Slowenin, sowie die beiden Kärntner Bundesräte Karl Petritz (ÖVP) und Franz Pirolt (FPÖ) fanden ebenfalls keine Worte zur Situation im Burgenland. Erst Jennifer Kickert (Grüne, Wien) ging in ihrer Rede auf den Ausschluss der Kroaten und Ungarn bei den Verhandlungen ein, was Staatssekretär Ostermayer in einem Zwischenruf prompt als falsch bezeichnete. Stefan Schennach (SPÖ, Wien) und Efgani Dönmez (Grüne, Wien) betonten die grundsätzliche Bedeutung der Volksgruppen für Österreich, gingen aber nicht näher auf den Prozess ein.[15]

Symbole oder Pragmatismus

Im Umgang mit den Ortstafeln beweist das Burgenland, dass es anders ist. Der gefürchtete Ortstafelsturm blieb im Jahr 2000 aus, heute stehen die Tafeln ganz selbstverständlich. Eine Situation, die auch für Kärnten zu wünschen ist. Doch auch im Umgang mit den Angehörigen der Minderheit finden sich im Burgenland Unterschiede: Sie sind in der Öffentlichkeit sichtbarer. In der Politik etwa mit Terezija Stoisits, Grün-Politikerin und Volksanwältin, mit Nikolaus Berlakovich, Landwirtschaftsminister im Kabinett Faymann, oder Norbert Darabos, ebendort Verteidigungs- und Sportminister.

Wikipedia, als zwar nicht wissenschaftlich zitierfähiges Medium, aber durchaus geeignet, den Wissensstand einer breiten Bevölkerungsschicht wiederzugeben, nennt unter dem Stichwort Burgenlandkroaten folgende Persönlichkeiten: Nikolaus Berlakovich (Landwirtschaftsminister), Paul Blaguss (Unternehmer), Rudolf Buczolich (Burgtheaterschauspieler, ehemaliger Intendant der Schlossspiele Kobersdorf und Seefestspiele Mörbisch), Norbert Darabos (Österreichischer Bundesminister für Landesverteidigung), Ernst A. Grandits (Autor, Filmemacher und Journalist), Marijana Grandits (Politikerin), Andreas Ivanschitz (Fußballspieler), Lorenz Karall (Landeshauptmann Burgenland), Barbara Karlich (ORF-Talkshow-Moderatorin), Christian Keglevits (ehemaliger Fußballspieler), Christian Kolonovits (Komponist, Musikmacher), Stephan László (erster Bischof von Eisenstadt), Eva Maria Marold (Sängerin und Kabarettistin), Thomas Parits (ehemaliger Fußballspieler, Generalmanager des FK Austria Wien), Christian Pogats (Schauspieler), Walter Prior (Politiker), Lukas Resetarits (Kabarettist und Kottan-Darsteller), Peter Resetarits (österreichischer Journalist und Moderator), Thomas Resetarits (Bildhauer), Willi Resetarits alias Kurt Ostbahn (Sänger, Musiker, Moderator), Fred Sinowatz (österreichischer Bundeskanzler), Thomas Stipsits (Kabarettist), Terezija Stoisits (Volksanwältin, österreichische Grün-Politikerin), Toni Stricker (Komponist, Geiger), Ägidius Zsifkovics (Generalsekretär der österreichischen Bischofskonferenz, Bischof von Eisenstadt).[16]

Unter dem Stichwort „Bekannte Kärntner Slowenen" finden sich gerade mal zwei: Franz Ksaver Luschin (Erzbischof) und Valentin Inzko (Hoher Repräsentant für Bosnien und Herzegowina und EU-Sonderbeauftragter für Bosnien).[17]

Ist gutes Marketing für Vertreter der Volksgruppe wichtiger als die Aufstellung zweisprachiger Tafeln? Die Volksgruppenvertreter im Burgenland stellten Maßnahmen zur Sprachförderung stets über einen Streit um Symbole, wie es Ortstafeln sind. Doch heute sind sie hinter Kärnten zurückgerutscht. Eine umfassende und dauerhafte rechtliche Lösung der Frage der Ortstafeln mag für Kärnten äußerst wünschenswert erscheinen, trifft aber nie das Wesen von Minderheitenpolitik, die immer dynamisch bleiben muss. In diesem Falle hat das Streben nach einer dauerhaften Lösung aber vor allem den schlechteren Status der Rechte der Minderheiten im Burgenland quasi verfassungsrechtlich einzementiert. Dennoch ist die Novelle des Volksgruppengesetzes als eine positive Entwicklung in Richtung Zweisprachigkeit zu befürworten. In Kärnten wurde das Thema Ortstafeln dem parteipolitischen Wettbewerb speziell in einer hochemotionalisierten Auseinandersetzung während eines Wahlkampfes entzogen. Bei zukünftigen Veränderungen gilt es aber darauf zu achten, dass alle österreichischen Volksgruppen in die Verhandlungen eingebunden werden und dort die Möglichkeit erhalten, ihre Rechte höchstpersönlich zu vertreten.

Anmerkungen

1 Vgl. u. a. VfSlg 16.404 vom 13. Dezember 2001.

2 So der Titel eines Berichts im „Standard" vom 12. 1. 2001.

3 In ihm waren neben Bundeskanzler Wolfgang Schüssel (ÖVP) die Vizekanzlerin Susanne Riess-Passer (FPÖ) und die Bundesminister Benita Ferrero-Waldner (ÖVP), Elisabeth Gehrer (ÖVP), Karl-Heinz Grasser (FPÖ), Ernst Strasser (ÖVP), Dieter Böhmdorfer (FPÖ), Herbert Scheibner (FPÖ), Wilhelm Molterer (ÖVP), Elisabeth Sickl (FPÖ), Martin Bartenstein (ÖVP) und Michael Schmid (FPÖ) vertreten.

4 Vgl. http://www.ktn.gv.at/216471_DE-Dokumente-ortstafeln.pdf (20. 1. 2012).

5 Vgl. derStandard.at, 8. 6. 2011, abrufbar unter: http://derstandard.at/1304553955500/Ortstafelloesung-Burgenlandkroaten-gegen-geplantes-Volksgruppengesetz (24. 1. 2012).

6 Vgl. Erläuterungen Allgemeiner Teil, 1220 der Beilagen XXIV. GP – Regierungsvorlage.

7 BGBl. II 245/2006.

8 BGBl. II 170/2000.

9 Kolonovits, Dieter (2005). Art. 7 Z 2-4 StV Wien, in: Korinek/Holoubek, Bundesverfassungsrecht Rz. 91.

10 Vgl. Erläuterungen Besonderer Teil.

11 Vgl. Stenografische Protokolle, 112. Sitzung des Nationalrates am 6. Juli 2011, XXIV. GP, 90.

12 Vgl. ebd., 97f.

13 Vgl. ebd., 98f.
14 Vgl. ebd., 101.
15 Vgl. Stenografische Protokolle, 799. Sitzung des Bundesrates am 21. Juli 2011, 40ff.
16 Vgl. http://de.wikipedia.org/wiki/Burgenlandkroaten#Pers.C3.B6nlichkeiten (24.1.2012).
17 Vgl. http://de.wikipedia.org/wiki/K%C3%A4rntner_Slowenen#Bekannte_K.C3.A4rntner_Slowenen (24.1.2012).

Literatur

Karner, Stefan (2006). Die Bemühungen zur Lösung des Kärntner Minderheitenproblems 2005. 50 Jahre nach Unterzeichnung des Österreichischen Staatsvertrages, in: Khol, Andreas et al. (Hg): Österreichisches Jahrbuch für Politik 2005, München/Wien, 643–680.
Kolonovits, Dieter (2005). Art. 7 Z 2–4 StV Wien, in: Korinek, Karl/Holoubek, Michael (Hg.): Österreichisches Bundesverfassungsrecht, Wien, Rz. 91.
Ottomeyer, Klaus (2006). Warum in Kärnten die Uhren anders gehen, in: Hitz, Martin/Stuhlpfarrer, Karl (Hg): Grenzfall Kärnten. Zwischen Vergangenheit und Zukunft, Klagenfurt, 15–21.

Elisabeth Fercsak

Zwischen Folklore und Überlebenskampf

Kroaten im Burgenland

Als größte der sechs anerkannten Volksgruppen Österreichs sind die Burgenländischen Kroaten (*Gradišćanski Hrvati*) in ihren bunten Trachten zu den Klängen der Tamburica tanzend unstrittig weit über die Landesgrenzen hinaus bekannt. Gegenwärtig sieht sich die Volksgruppe jedoch mit enormen Problemen konfrontiert: Die Zahl ihrer Angehörigen hat sich in den letzten Jahrzehnten erheblich reduziert, die allgemeine Sprachkompetenz ist im Abnehmen begriffen. Im Rahmen dieses Beitrages soll daher nicht nur ein Kurzporträt der Volksgruppe gezeichnet, sondern auch die Zukunft der Burgenländischen Kroaten hinterfragt werden.

Orientierung

Die autochthone Minderheit der Kroaten ist im Burgenland seit nahezu 500 Jahren beheimatet. Bereits im 16. Jahrhundert wurden aufgrund der drohenden Türkeneinfälle und des Interesses der österreichischen und ungarischen Feudalherren, ihre seit der Agrarkrise gegen Ende des 15. Jahrhunderts nahezu unbewohnten Besitzungen neu zu bevölkern, auf dem heutigen Gebiet Österreichs, Ungarns, Tschechiens sowie der Slowakei Familien aus Slawonien, Hochkroatien und dem dalmatischen Hinterland angesiedelt (vgl. Suppan 1983, 34).[1] Die organisierte Migrationsbewegung erfolgte in mehreren Etappen (vgl. Schreiner 1984, 14–19). Schätzungen hinsichtlich der Zahl der umgesiedelten Personen divergieren erheblich,[2] unstrittig ist jedoch, dass der Großteil dieser dem Bauernstand angehörte.

Erst zu Beginn des 18. Jahrhunderts setzten bedeutende Assimilierungsprozesse ein.[3] Um 1900 war das Kroatentum auf fünf Sprachinseln abgeflaut: die

Hati auf dem Heideboden, die *Poljanci* westlich des Neusiedler Sees, die *Dolinji* im Mittelburgenland sowie die *Stoji* und *Vlahi* im südlichen Landesteil (vgl. Suppan 1983, 36). Diese Sprachinseln sind im Wesentlichen bis heute erhalten geblieben. Aufgrund der unterschiedlichen Herkunft der angesiedelten Kroaten und wohl auch aufgrund des Fehlens eines geschlossenen Siedlungsgebietes gibt es selbst gegenwärtig noch sieben verschiedene burgenländisch-kroatische Dialekte (vgl. Tornow 1993, 149). Die burgenländisch-kroatische Schriftsprache, welche durch ein Wörterbuch im Jahr 1982 kodifiziert wurde und welche sich auch durch eine eigene Grammatik vom Standardkroatischen unterscheidet, orientiert sich am „čakavischen Dialekt"[4] des mittleren und nördlichen Burgenlandes.[5] Im alltäglichen Sprachgebrauch ist ihr eine eher geringere Relevanz zuzumessen.

Demografische Entwicklung

Ergebnissen der Volkszählungen zufolge hat sich die Zahl der Kroaten im Burgenland in den letzten 100 Jahren mehr als halbiert. Während sich bei der letzten Volkszählung der Monarchie im Jahr 1910 bezogen auf das Gebiet des heutigen Burgenlandes noch 43 633 Personen als Angehörige der Volksgruppe deklarierten, gaben im Jahr 1951 lediglich 34 427, bei der Volkszählung im Jahr 2001 gar nur mehr 17 730 Personen Burgenländisch-Kroatisch als Umgangssprache an (vgl. Österreichisches Volksgruppenzentrum 1993, 17 sowie Statistik Austria 2002, 18). Diese Entwicklung ist insbesondere im Hinblick auf die im Vergleichszeitraum stattgefundene (wenngleich auch nur geringfügige) Bevölkerungszunahme von 0,5 Prozent[6] dramatisch.

Dabei darf jedoch nicht außer Acht gelassen werden, dass gerade die Ergebnisse der Volkszählungen von Vertretern der Volksgruppe immer wieder angezweifelt werden und ihre Übereinstimmung mit der realen Sprachsituation bestritten wird.[7] So sollen beispielsweise einer Befragung des Bischöflichen Ordinariats zufolge rund 32 000 Gläubige der Messe in kroatischer Sprache beiwohnen wollen, entsprechend einer im Mai 1991 durchgeführten Mikrozensuserhebung sollen im Burgenland 23 531 Personen die kroatische Sprache aktiv beherrschen.[8]

Unstrittig ist jedenfalls, dass Burgenländisch-Kroatisch gegenwärtig in 27 der 171 Gemeinden des Burgenlandes nicht nur gesprochen wird, sondern neben der deutschen Sprache auch als Amtssprache zugelassen ist und Bezeichnungen und Aufschriften topographischer Natur[9] in deutscher Sprache und in der Sprache der Volksgruppe zu verfassen sind.[10]

Zur Situation der Volksgruppe

Die Gründe für die negative demografische Bevölkerungsentwicklung der Kroaten im Burgenland sind vielfältig. Eine bedeutende Rolle kommt diesbezüglich jedoch gewiss dem sozialen Wandel zu. Von der Zeit der Ansiedlung bis zum Ende des 19. Jahrhunderts hat sich die Sozialstruktur der Volksgruppe nur sehr geringfügig verändert und war wenig differenziert (vgl. Suppan 1983, 93ff sowie Filla 1974, 209ff). Die Burgenländischen Kroaten waren vorwiegend agrarisch tätig (vgl. Österreichisches Volksgruppenzentrum 1993, 43), eine bedeutende Mittel- oder Akademikerschicht konnte sich nicht herausbilden (vgl. Ivancsics 2009, 10). Die bäuerliche Dorfgemeinschaft war Grundlage für die Entwicklung eines eigenen Identitätsgefühls und einer eigenen Kultur, welche durch eine starke Beziehung zur katholischen Kirche dominiert wurde und sich auf mündlich tradierte Bräuche, Märchen und Volkslieder stützte (vgl. Suppan 1993, 92 sowie Bencsics 1974, 182f).

Erst im Laufe des 20. Jahrhunderts kam es zu einer Auflösung der traditionell bäuerlichen Strukturen. Abwanderungsbewegungen nach Übersee sowie die Industriegebiete Niederösterreichs setzten ebenso ein wie ein Tages- und Wochenpendeln in die nahegelegenen Städte Wien und Graz (vgl. Österreichisches Volksgruppenzentrum 1993, 43 sowie Fercsak 2010, 37ff). Diese Veränderung war vielfach mit einer kulturellen Entwurzelung und einem Identitätsverlust verbunden. Mangelnde Kenntnisse der deutschen Sprache entwickelten sich für viele zu einer enormen Barriere und förderten Minderwertigkeitskomplexe (vgl. Pasil 1974, 197); ausgeprägte Assimilation war die Folge (vgl. Österreichisches Volksgruppenzentrum 1993, 43).

Gegenwärtig ist die Sozialstruktur mit jener der deutschsprachigen Bevölkerung des Burgenlandes nahezu identisch, die Burgenländischen Kroaten sind in das gesellschaftliche Leben vollkommen integriert.[11] Auch politisch haben sich die Kroaten im Burgenland in die allgemeine Parteienlandschaft eingebettet, eine selbständige kroatische politische Bewegung, welche in den 1920er-Jahren vom späteren Landeshauptmann Dr. Lorenz Karall ins Leben gerufen wurde, die *Hrvatska stranka* (Kroatische Partei) konnte sich nicht durchsetzen (vgl. Suppan 1983, 113).

Bedingt durch die Einbindung der Volksgruppe in die allgemeine Parteienlandschaft setzen sich seit jeher verstärkt Vereine und private Organisationen für die Anliegen der Volksgruppe sowie den Erhalt der Sprache und Kultur ein und sehen sich als Sprachrohr der Burgenländischen Kroaten in minderheitenpolitischen Fragen.[12] Hinsichtlich der legitimen Vertretung der Volksgruppe entbrannte aufgrund divergierender Vorstellungen und Zugänge zur Minderheitenpolitik, insbesondere das Schulwesen betreffend, zu Beginn der Zweiten

Republik zwischen dem ÖVP-nahen Kroatischen Kulturverein (*Hrvatsko Kulturno Društvo – HKD*) und dem SPÖ-nahen Präsidium der Bürgermeister und Vizebürgermeister der kroatischen und gemischten Gemeinden eine bis in die 1980er-Jahre andauernde Kontroverse (vgl. ausführlich dazu Darabos 1988, 32ff). Diese Uneinigkeit bzw. Spaltung innerhalb der Minderheit verhinderte eine Sensibilisierung der breiten Masse für die Probleme der Volksgruppe und begünstigte rückblickend gesehen die bestehenden Assimilierungstendenzen (vgl. Darabos 1988, 131ff).

Die enormen Einbußen, welche die Burgenländischen Kroaten in den vergangenen Jahrzehnten hinnehmen mussten, sind demnach vorwiegend auf sozioökonomische Veränderungen sowie eine mangelnde Geschlossenheit innerhalb der Volksgruppe, aber auch auf ein fehlendes Bewusstsein der Volksgruppe für ihre eigene Identität zurückzuführen.[13] Dies erkennend wurde in den 1970er- und 1980er-Jahren der Versuch einer sprachlichen und kulturellen Wiederbelebung der Volksgruppe gestartet. Kulturinitiativen wurden gesetzt, die Stärkung des Bewusstseins für und des Bekenntnisses zur kroatischen Volksgruppe wurden angestrebt.[14] Besondere Verdienste sind in diesem Zusammenhang der Rockgruppe *Bruji*[15] zuzuschreiben, die nicht nur eine neue Musikrichtung, den *Krowodnrock*, ins Leben rief, sondern zugleich die Jugend für die Minderheitenproblematik sensibilisierte und ihr Mut zur eigenen Identität, zum Bekenntnis und zur Pflege des Kroatentums zusprach.[16] Auch gegenwärtig gibt es eine Vielzahl an Kulturaktivitäten, Initiativen zur Beseitigung bzw. Vermeidung des Egalitätsproblems sowie zur Sensibilisierung der Jugend für die Volksgruppenproblematik.[17]

Folklore als Strategie zur Bewältigung des Überlebenskampfs?

Im Streben um den Fortbestand der Kroaten im Burgenland dürfen gewiss die vielzähligen Folkloregruppen[18] nicht außer Acht gelassen werden, wenngleich ihre diesbezügliche Rolle umstritten und ihr Einfluss unterschiedlich zu bewerten ist:

Auf der einen Seite ist die Bedeutung der Tamburicagruppen für das Dorfleben hervorzuheben; vielerorts sind sie wichtige Zentren des Zusammentreffens sowie der Weitergabe der kroatischen Sprache und Identität an die Jugend.[19] Andererseits haben sich in der Vergangenheit viele Folkloregruppen zu reinen Touristenattraktionen deklassieren lassen und sind aufgrund dürftiger Sprachkenntnisse und fehlendem minderheitenpolitischen Engagements ihrer Mitglieder ins Kreuzfeuer der Kritik geraten (vgl. Schedl 2004, 42f sowie Szaffich 2005, 57). So wird dazu bereits 1975 in der Wochenzeitung „*Hrvatske*

Novine" festgehalten: „Wenn wir in so einem Fall schweigen, dann werden die Burgenländer in fünfzig Jahren das einzige deutschsprachige Volk sein, das ein slawisches Volksinstrument hat."[20] In diesem Zusammenhang muss man sich letztlich wohl eingestehen, dass Folkloregruppen alleine nichts gegen den fortschreitenden Sprachverlust ausrichten können und keine Garantie für den Weiterbestand der Minderheit sind (vgl. Schedl 2004, 43).

Dennoch ist die Tamburica trotz des Umstandes, dass das Instrument erst in den 1920er-Jahren seinen Weg zu den Kroaten ins Burgenland gefunden hat – und das steht jedenfalls außer Streit – zum Identitätssymbol der Burgenlandkroaten avanciert (vgl. ausführlich dazu Gregorich 2011). Zudem ist Folklore grundsätzlich als ein taugliches Mittel zur Stiftung von Bewusstsein für Sprache, Kultur und Tradition zu qualifizieren. Dies zumindest so lange, als sie nicht auf das Niveau des bloßen Zur-Schau-Stellens einer nicht mehr greifbaren Tradition oder vergangener Relikte herabsinkt (vgl. Hemetek 1993, 190).

Ob Folklore daher eine erfolgreiche Strategie zur Bewältigung des Überlebenskampfes ist, kann auf generalisierende Weise nicht beantwortet werden. Dies hängt meines Erachtens maßgeblich von den handelnden Akteuren einer Folkloregruppe selbst ab: Findet eine intensive Auseinandersetzung mit der Musik, dem Tanz bzw. der Tradition statt und entwickelt man nicht nur ein Bewusstsein für die Volksgruppe, sondern identifiziert man sich mit dieser, sodass man das Volkstum auch in seinen privaten Bereich abseits der Folkloregruppe einfließen lässt, und in diesem rezipiert,[21] dann trägt Folkore auch zum Überleben der Volksgruppe bei. Andernfalls, beispielsweise dann, wenn man es sich lediglich zum Ziel setzt, publikumsfähige Lieder und Tänze unabhängig von ihrem Konnex zur burgenländisch-kroatischen Kultur zu konzertieren, wird man dies nur schwer bejahen können.

Ausblick

Wie sich die Zukunft der Kroaten im Burgenland tatsächlich gestalten wird, ist schwer absehbar. Sofern sich die in den vergangenen Jahrzehnten eingesetzten Entwicklungen fortsetzen, erscheint es jedoch gewiss, dass die Volksgruppe weiterhin an Stärke verlieren wird. Folklore allein wird dabei – wenngleich sie den Burgenländischen Kroaten zu nationaler wie auch internationaler Bekanntheit verholfen hat – als Überlebensstrategie nicht ausreichen.

Das in der Vergangenheit und auch heute feststellbare umsichtige Engagement und der unerbittliche Einsatz vielzähliger Personen und Institutionen für die Volksgruppe, die Existenz zweisprachiger Kindergärten und Schulen, die Medienpräsenz sowie die zunehmende Sensibilisierung für die Probleme der Volksgruppe geben jedoch Grund genug für die Zuversicht, dass die Kroaten dem Burgenland noch länger erhalten bleiben werden. Maßgeblich mitentscheidend wird dabei jedoch auch der Beitrag jedes einzelnen Burgenlandkroaten zum Erhalt der Volksgruppe und zur Weitergabe der Sprache, Kultur und Tradition sein.

Anmerkungen

1 Unter den Begriff der „Burgenländischen Kroaten" werden daher all jene Kroaten subsumiert, die sich im Zuge dieses Prozesses ansiedelten. Entsprechend seinem Titel fokussiert dieser Beitrag auf den in Österreich lebenden Teil der Volksgruppe.

2 So geht beispielsweise Valentić von 200 000 Personen aus, Ujević und Breu zufolge siedelten sich rund 60 000 Personen an, andere Forscher wiederum sprechen von lediglich 30 000 Menschen. Vgl. Valentić 1974, 147; Suppan 1983, 34 sowie Baumgartner 1995.

3 So kam es durch die intensive Forcierung der deutschen Amtssprache durch die Grundherren zu einem völligen Sprachwechsel der Kroaten auf dem Gebiet des heutigen Niederösterreichs (unter anderem am Nordabhang des Leithagebirges und dem Marchfeld). Vgl. Suppan 1983, 35.

4 Am Fragewort „was" anknüpfend werden im Kroatischen drei Dialektgruppen unterschieden: Čakavisch (*ča* = was), Štokavisch (*što* = was) und Kajkavisch (*kaj* = was). Vgl. Buranits et al. 1993, 155.

5 Vgl. http://www.hrvatskicentar.at/deutsch/sprache.htm (26. 10. 2011) sowie Tornow 1993, 149.

6 Während die Einwohnerzahl des Burgenlandes 1951 bei 276 136 lag, hatte das Burgenland 2001 277 569 Bewohner. Nähere Informationen unter http://www.bgld.gv.at/media/file/225_bevoelkerung.pdf (26. 10. 2011).

7 Vgl. Österreichisches Volksgruppenzentrum 1993, 15ff sowie http://www.zigh.at/index.php?id=71&L=1 (26. 10. 2011).

8 Vgl. ebd.

9 Die in Kärnten so lange Zeit heiß umstrittenen zweisprachigen Ortstafeln gibt es im Burgenland „bereits" seit dem Jahr 2000.

10 Vgl. dazu das Bundesgesetz über die Rechtsstellung der Volksgruppen in Österreich (Volksgruppengesetz- VoGrG) BGBl. Nr. 396/1976 in der Fassung des Gesetzes BGBl. I Nr. 46/2011.

11 Vgl. Grenzfall Burgenland, abrufbar unter: http://www.kuga.at/hrvati/de/ii/frame1.htm (26. 10. 2011). Nicht unerwähnt soll in diesem Zusammenhang bleiben, dass gegenwärtig zwei Minister der Bundesregierung (Mag. Darabos und DI Berlakovich) der Volksgruppe angehören.

12 Vgl. Grenzfall Burgenland, abrufbar unter: http://www.kuga.at/hrvati/de/ii/frame1.htm (26. 10. 2011).

13 Denn anders als beispielsweise die Kärnter Slowenen wurden die Kroaten im Burgenland nie mit aktiv gegen die Volksgruppe auftretenden Organisationen konfrontiert, weshalb die Minderheit kein kritisches Volksgruppenverständnis herausbilden konnte. Vgl. Darabos 1988, 135.

14 So etablierten sich beispielsweise die KUGA in Großwarasdorf und der vom kroatischen Akademikerverband HAK jährlich abgehaltene *dan mladine* (Tag der Jugend) als Zentren eines kritischen, modernen Minderheitenverständnisses. Für weitergehende Ausführungen vgl. Schruiff 2004, 23ff.

15 *Bruji* (es brummt) ist die dritte Person des kroatischen Verbes *brujati* (brummen); bereits durch den Namen der Gruppe sollte zum Ausdruck gebracht werden, dass es wegen verschiedenster Mängel brodelt unter den Jungen und unter den Volksgruppen. Vgl. Vlasich 1998, 188.

16 Für weitergehende Ausführungen zum interkulturellen, sozio-politischen Engagement der Rockgruppe und zu ihrer nachhaltigen Bedeutung für die Volksgruppe vgl. Szaffich 2005.

17 Exemplarisch seien an dieser Stelle der jährliche Kulturherbst *šara jesen*, das Sprachferienlager *hrvatski kemp* und der kroatische Literaturpreis *linak* genannt. Ferner wird seitens der Universität Wien in regelmäßigen Abständen ein Kurs in burgenländisch-kroatischer Sprache angeboten. Auch gibt es einige junge *Krowodnrockgruppen* wie beispielsweise *Kacavida*, *Stara škola* und die *Elektrikeri*.

18 Im Burgenland gibt es an die 24 Tamburicavereine, hinzu kommt das überregionale Folkloreensemble der Burgenländischen Kroaten *Kolo Slavij* mit Sitz in Wien.

19 Vgl. Österreichisches Volksgruppenzentrum 1993, 48 sowie Klikovits in einem Leserbrief an die kroatische Wochenzeitung „*Hrvatske Novine*" vom 25. 8. 1989, in dem er die Bedeutung der Folkloregruppen für das Dorfleben und den Wunsch der Jugend, dieses Instrument zu erlernen, hervorhebt.

20 Hrvatske Novine, 3. 1. 1975, 4.

21 Zu denken ist hierbei zum Beispiel an das Singen von Volksliedern bei privaten Feierlichkeiten oder die Weitergabe des Brauchtums an die nächste Generation.

Literatur

Baumgartner, Gerhard (1995). 6 x Österreich. Geschichte und aktuelle Situation der Volksgruppen, Edition Minderheiten 1, Klagenfurt.

Bencsics, Nikolaus (1974). Kulturschaffen und Kulturpflege der Burgenländischen Kroaten: Polarität von Eigenständigkeit und Integration, in: Palkovits, Franz (Hg.): Symposion Croaticon. Gradišćanski Hrvati. Die Burgenländischen Kroaten, Kroatischer Akademikerklub 1, Wien, 179–193.

Buranits, Josef/Csenar, Manfred/Dressler, Wolfgang/Palatin, Jandre (1993). Sprache und Bewusstsein. Das Image des Kroatischen bei den burgenländischen Kroaten, in: Holzer, Werner/Münz, Rainer (Hg.): Trendwende? Sprache und Ethnizität im Burgenland, Wien, 155–176.

Darabos, Norbert (1988). Zum Selbstverständnis der Burgenländischen Kroaten in der zweiten Republik. Diplomarbeit, Wien.

Fercsak, Michaela (2010). Urbanisierung einer Volksgruppe. Die Arbeitsmigration Burgenländischer Kroaten nach Wien 1870–1945. Diplomarbeit, Wien.
Filla, Wilhelm (1974). Zur Soziologie der Burgenländischen Kroaten, in: Palkovits, Franz (Hg.): Symposion Croaticon. Gradišćanski Hrvati. Die Burgenländischen Kroaten, Kroatischer Akademikerklub 1, Wien, 207–218.
Gregorich, Christine (2001). Die Burgenlandkroaten und ihre Tamburizza. Die Genese des ethnischen Identitätssymbols im Spiegel der burgenländischkroatischen Wochenzeitungen „Hrvatske Novine" und „Naš Tajednik". Diplomarbeit, Wien.
Hemetek, Ursula (1993). Deutsch reden, kroatisch singen: Musik als Überlebensstrategie ethnischer Minderheiten?, in Holzer, Werner/Münz, Rainer (Hg.): Trendwende? Sprache und Ethnizität im Burgenland, Wien, 177–190.
Ivancsics, Martin (2009). Die Kroaten im Burgenland. Hrvati u Gradišću, hkdc, Eisenstadt.
Österreichisches Volksgruppenzentrum (Hg.) (1993). Burgenländische Kroaten. Österreichische Volksgruppenhandbücher 5, Wien.
Plasil, Franz (1974). Das sozio-ökonomische Environment des burgenländischen Menschen, in: Palkovits, Franz (Hg.): Symposion Croaticon. Gradišćanski Hrvati. Die Burgenländischen Kroaten, Kroatischer Akademikerklub 1, Wien, 175–206.
Schedl, Christine (2004). Phänomen Tamburizza. Zur Genese eines burgenlandkroatischen Identitätssymbols, in: Hemetek, Ursula/Winkler, Gerhard (Hg.): Musik der Kroaten im Burgenland. Muzika Gradišćanskih Hrvatov, WAB 110, Eisenstadt, 37–49.
Schreiner, Bela (1984). Das Schicksal der Burgenländischen Kroaten durch 450 Jahre. Sudbina Gradišćanskih Hrvatov kroz 450 ljet, Eisenstadt.
Schruiff, Franjo (2004). 500 Jahre zugehörig – Die Burgenlandkroaten, in: Hemetek, Ursula/Winkler, Gerhard (Hg.): Musik der Kroaten im Burgenland. Muzika Gradišćanskih Hrvatov, WAB 110, Eisenstadt, 15–36.
Statistik Austria (Hg.) (2002).Volkszählung 2001. Hauptergebnisse I – Burgenland, Wien.
Stern-Pauer, Gerlinde/Schruiff, Franjo (2002).Grenzfall Burgenland –Burgenlandkroaten. Život uz granice, abrufbar unter: http://www.kuga.at/hrvati/de/index.htm (26.10.2011).
Suppan, Arnold (1983). Die österreichischen Volksgruppen. Tendenzen ihrer gesellschaftlichen Entwicklung im 20. Jahrhundert, Schriftenreihe des Instituts für Österreichkunde, Wien.
Szaffich, Anita (2005). Der „Krowodnrock" der Rockgruppe „Bruji" als Artikulationsinstrument einer Volksgruppenproblematik. Diplomarbeit, Wien.
Tornow, Siegfried (1993). Vom Kroatischen zum Deutschen. Etappen des Sprachwechsels im Burgenland, in: Holzer, Werner/Münz, Rainer (Hg.): Trendwende? Sprache und Ethnizität im Burgenland, Wien, 149–154.
Valentić, Mirko (1974). 500 Jahre kroatische Diaspora im österreich-ungarisch-slowakischen Grenzraum. Grundlegende Entwicklungslinien in der Geschichte der Burgenländischen Kroaten, in: Palkovits, Franz (Hg.): Symposion Croaticon. Gradišćanski Hrvati. Die Burgenländischen Kroaten, Kroatischer Akademikerklub 1, Wien, 145–167.
Vlasich, Joško (1998). Die Pop- und Rockmusik der burgenländischen Kroaten – Betrachtungen eines Insiders, in: Hemetek (Hg.): … und sie singen noch immer … još si svenek jaču. Musik der Burgenländischen Kroaten. Muzika Gradišćanskih Hrvatov, hkdc, Eisenstadt, 177–197.

Wolfgang Böck, Wolfgang Kuzmits

Zwischen Kunst und Quotendruck

Festspiele als Fixpunkt der Kulturlandschaft

Der Kultursektor im Burgenland, dessen Geschehen und Wahrnehmung, ist sehr stark von den zahlreichen Festivals geprägt. Die Mischung ist stark und „explosiv"; räumlich über das gesamte Land verteilt, zeitlich beginnend im Jänner und endend im Dezember, inhaltlich-programmatisch alle Kunst- bzw. Kultursparten umfassend: von Konzerten klassischer und zeitgenössischer Musik über Oper, Operette und Musical hin zu Sprechtheater und Kabarett und schlussendlich zu Jazz, Rock, Pop und anderen Stilrichtungen.

Die burgenländischen Festivals sind nicht nur kulturpolitisch wichtig und identitätsstiftend, sondern auch für die Tourismus- und Freizeitwirtschaft von eminenter Bedeutung. Die Festivals ziehen jährlich ca. 700 000 Besucher/innen in das Burgenland. Auf die positiven Effekte muss an dieser Stelle nicht eingehender eingegangen werden, kann doch auf die zahlreichen Studien und Publikationen zu diesem Themenkreis verwiesen werden.

Nach dieser kurzen Positionsbestimmung kann nun auf das vorgegebene Thema eingegangen werden.

Der Titel „Zwischen Kunst und Quotendruck" impliziert gewissermaßen ein ambivalentes Verhältnis dieser beiden Termini zueinander und transportiert ein Verständnis von Widersprüchlichkeit respektive Unvereinbarkeit. In einer ersten Annäherung könnte man meinen, dass die Kunst im Allgemeinen und das geschaffene Kunstwerk im Speziellen unbeeinflusst von äußeren Einwirkungen entstehen. Ausschließlich die aus der Kunst heraus geborenen Ideen und Vorstellungen von Schaffenden finden ihren ästhetischen Ausdruck im Kunstwerk. Der Arbeitsprozess passiert unabhängig von Geld und Gesellschaft. Der Erfolg des Kunstwerks definiert sich über die künstlerische Qualität, welche im besten Fall nur von einer Kulturelite wahrgenommen und verstanden wird. Demgegenüber stehen Programme und Inhalte von Kunst und Medien, die unter einem sogenannten Quotendruck stehen. Deren Erfolg misst sich ausschließlich an der Anzahl der Seher/innen und Konsument/inn/en; je mehr, desto besser, desto erfolgreicher. Die künstlerische „Verwirklichung" ist sekundär, es werden ausschließlich der Geschmack, die Vorstellungen und Wahrnehmungsgewohnheiten des Publikums berücksichtigt.

Kann man die Definition der beiden Pole so simpel darstellen?

Wir meinen, Nein. Man sollte die beiden Begriffe nicht als Gegensatzpaar im theorieoptimalen Sinn verstehen. Es sei an dieser Stelle festgestellt, dass Kunst – ihre Produktion, Distribution und Rezeption – immer in einem gesellschaftlichen Kontext unter bestimmten Rahmenbedingungen passiert. Kunst ist Kommunikation und Wahrnehmung, Austausch und Diskurs, und dies in vielerlei Hinsicht. Die Freizeitwirtschaft bedient sich und bedingt gleichzeitig die Kunst, wie auch die Kunst diese vice versa gestaltet.

Welche Implikationen ergeben sich für den Festivalbereich?

Festzuhalten ist, dass sich das Umfeld eines Festspielbetriebes massiv verändert hat und die wirtschaftlichen Rahmenbedingungen sowie gesellschaftsrechtlichen Vorgaben ein verstärktes Ausmaß an ökonomischem Handeln mit sich bringen. Die Kulturbetriebe bedienen sich der Funktionsweisen und Arbeitsabläufe der Freizeitindustrie und sind daher diesen bestimmenden Bedingungen unterworfen. Auch die Kultur hat mit dem stetigen Steigen der Kosten bei gleichzeitiger Stagnation oder aber auch dem Rückgang von Erlösen und Förderungen zu kämpfen. Dies führt zwangsläufig zu einer Verschiebung der Gewichtung von Erfolg bzw. Misserfolg. Letztendlich sind es insbesondere quantitative und monetäre Faktoren, die heute den Erfolg einer Produktion bestimmen und in dieser Form auch kommuniziert werden. Viele der Festivals lassen sich von diesen Kennzahlen regelrecht treiben. Daher, so meinen wir, resultiert auch das Empfinden, dass Festspiele und andere Kulturbetriebe regelrecht am „quotischen" Gängelband der Statistik hängen. Vorbei scheinen die Zeiten, wo es keine Obergrenze für Budgets und keine erkennbare Untergrenze für Besucherzahlen bei Sommerfestivals gab.

Wie bereits oben angeführt, lassen die wirtschaftlichen Eckpunkte einer Produktion immer weniger Spielraum. Der US-amerikanische Wirtschaftswissenschafter William Jack Baumol hat sich bereits in den 1970er-Jahren dem Thema der finanziellen Stabilität von Kulturbetrieben gewidmet und die Problematik des Auseinanderdriftens von Kosten- und Einnahmenentwicklung respektive das Fehlen von Produktivitätssteigerung attestiert. In diesem Sinne steigen die Kosten einer Produktion wie beispielsweise Honorare, Technik und ähnliche Kosten stetig, demgegenüber verringern sich die Möglichkeiten, Umsatzerlöse adäquat zu erhöhen. Dies bedeutet, dass künstlerische Qualität nicht zum „Nulltarif" erhältlich ist, die jeweiligen Budgets daher auf Basis hoher Auslastungsziffern erstellt werden müssen.

Wie verhalten sich nun ein Intendant und sein Geschäftsführer in dieser speziellen Konstellation von ziel- und ökonomiezentrierten Vorgaben und inhaltlich-kreativen Vorstellungen, und was hat es nun mit dieser ominösen Quote auf sich?

Eine erste wesentliche Frage in dieser Hinsicht könnte folglich sein, welche Kriterien eine Orientierung an den Wünschen der Kund/inn/en widerspiegeln und ab welchem Punkt des Produktionsprozesses es sogar legitim und sinnvoll ist, besucherorientiert zu agieren. Beginnt dies schon bei der Auswahl des darzubietenden Stückes sowie der Bestimmung des leading teams und des Ensembles oder aber erst bei der Auswahl und Definition von Inszenierung, Ton- und Lichtregie, Showeffekten und Gastronomieangeboten?

Wir versuchen Kunst und Quote aus der Opposition in Abstimmung zu bringen. Eine der wesentlichen Voraussetzungen hierfür ist das gegenseitige Verständnis in Bezug auf die künstlerischen wie auch die wirtschaftlichen Dispositionen. So gesehen ist es für uns kein Widerspruch, ein hohes künstlerisches Niveau anzupeilen und ausverkaufte Vorstellungen anzustreben.

Wir erleben bei den Schloss-Spielen Kobersdorf eine hohe Zufriedenheit unserer Gäste als eine Mischung vieler Faktoren. Es gibt keinen singulären Aspekt, welcher alle anderen Bereiche überdeckt und – quasi – bedeutungslos macht. Überdies sind wir der Meinung, dass die Versuchung, eine hohe Quote zu erzielen, ausschließlich durch Konzentration und Reduktion auf eine paar Features, nicht nur aus künstlerischer, sondern auch aus monetärer Sicht gefährlich ist.

Die Schloss-Spiele haben versucht, über einen längeren Zeitraum einen für Kobersdorf typischen Spielstil zu entwickeln. Es galt und gilt auch heute, sich qualitätsvoll auf die örtlichen Gegebenheiten einzustellen und diese in die Produktionen zu integrieren. Die Inszenierungen sollen dem Seh- und Hörempfinden der heutigen Zeit angepasst sein – modern, aber nicht modernistisch. Ein hoher Unterhaltungs- bzw. Schauwert für die Besucher/innen ist uns ein Anliegen, wobei dies auf künstlerisch hohem Niveau mit aktuellen Bezügen stattfinden muss. In diesem Sinne hoffen und vertrauen wir auf die Kunstsinnigkeit des Publikums und dessen Verständnis für unsere künstlerischen Ausdrucksweisen. Gleichwohl ist an dieser Stelle anzuführen, dass aufgrund der kulturpolitischen Zielsetzung die Orientierung und Ausrichtung auf die verschiedensten Gesellschaftsschichten und Zielgruppen definiert sind.

Die für Kobersdorf spezifische Handschrift soll erkennbar sein und bleiben. Zielsetzung aus künstlerischer Sicht ist es, die besondere Spielstätte und die speziellen bühnentechnischen Rahmenbedingungen zu berücksichtigen und mit diesen Assets zu reüssieren.

Die Ergebnisse der vergangenen Produktionen zeigen uns, dass die Besucher/innen unseren Zugang honorieren und uns alle Jahre wieder eine Auslastung von über 90 Prozent bescheren. Folgt man der einleitenden Begriffsabgrenzung, so können wir sagen, dass wir bei den Schloss-Spielen Kobersdorf die Ambivalenz in gewissem Sinne aufheben konnten. Es scheint, als treffen wir die Erwartungen und Wünsche den künstlerischen Ausdruck betreffend. Gleichzeitig ist zu sagen, dass in selbiger Intensität auch das leading team und das Ensemble mit dem jeweiligen Ergebnis einer Inszenierung vollauf zufrieden sind und sich dem Erarbeiteten verbunden fühlen.

Unserer Meinung nach agieren Kulturbetriebe in einem besonderen Spannungsfeld. Der Erfolgsdruck, eine hohe Auslastung zu erzielen, steigt stetig. Ein gewisser Quotendruck im Sinne von vielen Besucher/inne/n und Gästen ist daher richtig. Dass dies aber automatisch auf Kosten des künstlerischen Verständnisses gehen muss, können wir nicht bestätigen.

Die Magie der Kunst bewahrt uns vor Beliebigkeit und ist so ihr Bollwerk und ihr Schutzschirm.

Josef Pauschenwein

Hat Kunst noch Wirkung?

Eine Bestandsaufnahme mit Anmerkungen zur burgenländischen Kunstlandschaft am Beginn des dritten Jahrtausends

Es ist eine immer wiederkehrende Verkettung, mit der Frage nach der Kunst sofort die nach ihrer Wirkung zu stellen. Denn seit die Kunst den Anspruch auf Autonomie durchsetzte, seit sie nicht mehr eingebettet ist im breiten Kontext eines gesellschaftlichen Lebens, von dem sie bruchlos Anerkennung bekam, seither steht sie vor der Tatsache permanenten Rechtfertigungszwangs. Die Zeit nun, wo die Kunstschaffenden aggressiv mit Werken und begleitenden Theorien ihre Opposition zum Bürgertum zum Programm und mit avantgardistischer Radikalität das Leben, oder besser ein anderes Leben zur Kunst erklärten und aus dem Widerspruch Kraft schöpften und die Rechtfertigung der Kunst herleiteten, diese Zeit ist Geschichte.[1] Vorbei, oder zumindest erschüttert ist auch das Vertrauen in die Kunst als Sphäre des Erhabenen oder der reinen ästhetischen Erfahrung; und fast völlig hinter dem verstaubten Vorhang geschichtlicher Tiefe in Vergessenheit geraten ist jene alte Formel, nach der das Schöne – und damit war in erster Linie das Kunstschöne gemeint – zugleich ein Ausdruck des moralisch Guten war.

Dennoch trifft uns die Kunst auf der ganzen Bandbreite möglicher Empfindungen, macht betroffen – aber offensichtlich nicht jedermann. Die Erwartung an die Kunst allgemein oder an ein spezielles Werk ist die des möglichen persönlichen Erfahrungs- und Erkenntniszuwachses. Diese Haltung entwickelt sich aber erst dann, wenn das Sich-angesprochen-Fühlen in der Begegnung mit Kunst bereits individuelles Ereignis war, nur als wiederkehrendes steht es in Erwartung.[2]

Gunter Scholtz notiert im Verhältnis von Kunst zur Geschichte den bemerkenswerten Umstand, dass, trotz des geschichtlichen Wandels des Geschmacks, uns die Kunst vergangener Zeitalter immer noch etwas zu sagen hat (vgl. Scholtz 2002, 66). Ähnlich sieht das Peter Bürger bei seiner Annäherung an den Schweizer Künstler Hodler, wenn er ausführt: „Daß Kunstwerke der Vergangenheit uns anzusprechen scheinen, als wären wir nicht durch den Abgrund der Zeit von ihnen getrennt, gehört zu den rätselhaften Erfahrungen im Umgang mit Kunst." (Bürger 2001, 80)

Ohne analytische Erklärung und ohne kunsttheoretische Vermittlung gibt es die sich plötzlich einstellende, die ganze Aufmerksamkeit erzwingende Unmittelbarkeit ästhetischer Erfahrung. Mehr als die Werkinterpretation ist die Benennung dieser Erfahrung das zentrale Thema zeitgenössischer Betrachtungen zur Kunst. Das Wie des Angesprochenwerdens zeigt sich dabei selbst abhängig von wechselnden Einstellungen und Erwartungshaltungen und wohl auch von den sprachlichen Codes, mit denen wir diese Erfahrungen kommunikativ verpacken. Schien die Stoßrichtung nach den Standards einer idealistischen Ästhetik[3] dabei in einem kaum veränderbaren Raster festgeschrieben zu sein – Kunst sollte, ja musste sowohl Anstoß für Wahrheitsgewinn sein als auch ihr kultur- und gesellschaftskritisches Potential wirkungsvoll ausspielen –, so wird im Zuge eines schon zum gesellschaftlichen Selbstverständnis gewordenen Relativismus die Bedeutung der Kunst am Marktwert gemessen. Nicht der Künstler ist der Souverän über das Werk, sondern der Sammler! Und in der Chefetage oder im privaten Wohnzimmer dient das Kunstwerk den Gästen als Beleg für Aufgeschlossenheit und Modernitätsbewusstsein des Besitzers.

Hatte das Verhältnis des rezipierenden Individuums zum Kunstschönen nach Immanuel Kant seine Auszeichnung im interesselosen Wohlgefallen, so treibt das gesteigerte Interesse an den Objekten der Kunst heute die Auktionspreise ins Verhältnislose. Zogen Individuum und Gesellschaft aus der wahren Kunst nach Hegel den Gewinn, sich des Absoluten bewusst zu sein,[4] so leben wir heute im Bewusstsein, dass nur der Gewinn im Umgang mit der Ware Kunst noch zählt.

Diesen Umstand nur zu bedauern, hieße Kapitulation vor dem Geltungsverlust tradierter Weltbilder, ihn zu bekämpfen, wäre eine Don-Quichotte-Vergeudung von Kräften. Diesen neuen und doch wieder institutionalisierten Umgang mit Kunst im ästhetischen Spiel für die Kunst zu nutzen, wäre die adäquate Antwort, wüsste man nur, wie sie wirkungsvoll zu geben ist.

Die Dominanz des Marktes verlangt zur Festsetzung des ökonomischen Wertes – ideelle Werte sind kaum noch gefragt – das Qualitätszertifikat der Kunstkritik.

Die Frage nach der Qualität ist daher nicht verloren gegangen! Aber sie wird auf einer Bühne verhandelt, wo alles erlaubt ist. Dabei ist es nicht nur die burgenländische Farce, die da gespielt wird, wo Entgrenzung sich nicht nach einer durch Kunst initiierten Erweiterung des Bewusstseins bemisst, sondern in dem als Befreiung titulierten Verlust jedweder Regel. Wenn plötzlich alles Kunst sein kann, dann ist der Begriff leer, dann stehen wir nicht vor dem ästhetischen Rätsel im Unbekannten, sondern in der Belanglosigkeit des Unbenennbaren. Sinnlos, da noch nach Kriterien für eine normative Ästhetik zu rufen, wo doch jeder ästhetische Anspruch in der Privatheit individueller Gefühle versumpft.[5]

Sind wir damit aber bei einer Kunst angekommen, die „[...] mehr und mehr der Ort einer (fast) unbegrenzten subjektiven Freiheit [...]" ist (Scholtz 2002, 61)? Sind wir überhaupt noch bei der Kunst oder nur mehr im selbstvergessenen Rausch der Individualität? Und was kann, um an die Ausgangsfrage anzuschließen, an Wirkung von solcher Kunst im Felde des Unbegrenzten erwartet werden? Verlieren wir uns mit den auch von Umberto Eco definierten offenen Kunstwerken in einer offenen Gesellschaft nicht im Halt- und Uferlosen? Kann uns Kunst unter solchen Voraussetzungen noch zur Orientierung und zur Kraftquelle werden oder ist dieser Anspruch letztlich obsolet geworden?

Wenn der Zweifel über eine positive Beantwortung dieser Fragen besonders groß wird, dann sind wir im Burgenland angekommen, in einem Land an der Grenze, wo noch nicht entschieden ist, ob das große musikalische Erbe zur Inspirationsquelle oder zur geschichtlichen Belastung wird. Längst aber ist entschieden, dass im Fehlen einer bildnerischen Tradition mit echter Bedeutung jenseits der local heroes, also in Ermangelung des meisterlichen Vorbilds, für die bildenden Künstler des Landes die Orientierung in der Fremde gesucht werden muss. In einer globalisierten Welt könnte das als Chance verstanden werden! Orientierung aber hieße: sich die Inspiration in der Auseinandersetzung mit dem Geglückten zu holen und dabei offen für Neues zu werden. Unbestritten gibt es das auch. Noch häufiger aber sind wir konfrontiert mit nicht zünden wollenden, ausgebrannten Ideen, die in der burgenländischen Kunstszene weithin den Beginn eines neuen Jahrhunderts begleiten.

Es ist also ein schwankender Zustand, in dem sich die burgenländische Kunstszene bewegt, zwischen der Enge, die das Land nicht nur geographisch kennzeichnet und einer zu fordernden und da und dort auch gelebten Weltoffenheit. Es ist ein überraschend gelingendes Zugleich von vertrauter, überschaubarer, sich zur Heimat verdichtender Enge einer sehr volkstümlichen Kultur und dem Kontrast im Zeichen des Aufbruchs und der Grenzüberschreitung. Denn es gibt sie ja doch, die zeitgenössischen Künstler, die zum einen die Moderne kritisch mit neuen Aspekten fortschreiben, die kompromisslos für Rationalität im künstlerischen Produktionsprozess eintreten[6] und dann doch gegen die Traditionen der Moderne einem dionysischen Rausch der Phantasie verpflichtet sind,[7] oder sich mit postmodernen Statements eindrucksvoll positionieren.[8] Es gibt die Ausnahmeerscheinungen, die Gelassenheit mit Niveau vereinen,[9] die Einzelkämpfer mit Durchschlagskraft, Künstlervereinigungen, die nicht nur in der Vernetzung ihren Vorteil wittern, sondern die Idee einer ans gesellschaftliche Jetzt anknüpfenden und sie zugleich überschreitenden Kunst weiterentwickeln.[10] Wir treffen auf Orte mit Tradition und Qualität[11] und die mutig vorangehende junge Kunst.[12]

Ausgehend von dem Geglückten oder niveauvoll Gescheiterten auf der burgenländischen Kunstebene müsste die Frage nach der Wirkung und vielleicht sogar Auswirkung doch leicht zu klären sein!

Aber selten findet sich in der Liste das wirklich Außergewöhnliche, die Kunst in der doppelten Perspektivität des Hereinholens der Vergangenheit in Würdigung oder Verneinung und dem Zugleich des Sich-Öffnens für das Wagnis des Unbekannten, eine Kunst also, die die Zeit umspannt und zugleich außerhalb jeder nach Vergangenheit und Zukunft gerichteten Zeit steht.

Wo ist das Kunstwerk, das aufdringlich präsent ist, das die Aufmerksamkeit erzwingt, das unsere Empfindungen anspricht und den Geist bewegt? Wo das Werk, das uns herausfordert uns zu positionieren und uns damit zum Anstoß für Selbst- und Welterkenntnis werden könnte? Wo ist die Kunst, die uns dazu verführt, uns auf eine Erfahrung jenseits der Routinen und Muster im Wahrnehmungsprozess einzulassen, selbst wenn und gerade weil sie uns in Distanz setzt zu den alltäglichen Erfahrungen linearer Lebenszeit?

Oder sind diese Fragen falsch gestellt, weil sich darin nur die Erwartung gegenüber der Kunst ausspricht und der Künstler der zu sein hat, der mit einem Geniestreich im Schöpfungsakt alles in sein Werk hineinzupacken hat, was wir dann als Empfindung, Erfahrung, Erkenntnis gewinnen wollen? Ist der Künstler von einer derart hochstilisierten Erwartung nicht zu schützen? Ist es vielleicht nicht der Kunst, sondern unserem immer schon zu kurzen Atem im Umgang mit Kunstwerken vorzuwerfen, dass in der Begegnung speziell mit Werken von im Burgenland ansässigen Künstlern so viel unartikulierte Verunsicherung zurückbleibt?

Neben der letztlich zu akzeptierenden Privatheit im Umgang mit Kunst gibt es – selten genug, aber doch – Ansätze einer ästhetisch kritischen Kunstdiskussion und die daraus resultierende schmale Hoffnung, dass dort, wo Qualität passiert, diese auch entsprechend sichtbar gemacht werden kann. Mit demselben Recht und derselben Entschiedenheit, mit der wir unsere Ansprüche an die Kunst stellen, sollten wir auch von unserer Sprache über Kunst Qualität fordern oder zumindest den Mut zu klaren und begründeten Urteilen. Die Sprache der Kunst als werkimmanent und das Sprechen darüber als interpretative Aneignung sind zwar deutlich voneinander geschieden, entspringen aber denselben Bewusstseinsebenen. Dass die Sprache der Kunst nur als ausgesprochene das kommunikative Potential ins Verstehen wandeln kann, dass wir aber Gefahr laufen, zu Stammelnden zu werden, wenn die Kunst etwas von ihrem Rätsel preisgibt, gegen diese Aporie gilt es sich zu wappnen.

Denken und das Sprechen darüber entwickeln sich in direkter Bezüglichkeit. Erst wenn wir die richtige Sprache für unseren Umgang mit Kunst gefunden haben, haben wir unsere Kunst gefunden. Machen wir uns auf den Weg!

Anmerkungen

1 Rückblickend ist es immer noch erstaunlich und bedurfte einer von sich selbst und seinen Handlungen so eingenommenen, starken Persönlichkeit, wie eben Otto Mühl es war, dass sein Kommunenprojekt im nordburgenländischen Zurndorf so lange Bestand hatte.
Die Radikalität im Aktionismus brachte in Österreich vielfach heilsamen Schock. Wird aber Kunst zur Religion erklärt und damit selbst noch das die ethischen Normen Verletzende gerechtfertigt, dann ist sie, weil sie dem Leben entgegensteht, entschieden zu bekämpfen.

2 Bildung und die Hinführung zu einem Verständnis all dessen, was potenziell an Kunst erfahren werden kann, sind eindeutig Voraussetzungen für individuelle Zugänge. Warum, so könnte man fragen, gibt es im Burgenland so verschwindend wenig Anzeichen eines kommunizierbaren Kunstverständnisses?

3 Fraglos ist es so, dass im Burgenland – und nicht nur hier – bei fehlender kunstkritischer Reflexion Urteile über Kunst allgemein und über Kunstwerke im Speziellen nicht nach den Standards einer idealistischen Ästhetik verhandelt werden, sondern höchstens in Diskussion zwischen einem individuellen Geschmacksurteil und einem immer noch, aber an Einfluss immer mehr einbüßenden katholisch ausgeformten Gemeinsinn. Außerdem ist die idealistische Ästhetik selbst ihrer einst großen Bedeutung verlustig geworden. Vgl. dazu Bürger 1983.

4 Hegel selbst aber sah die Kunst im geschichtlichen Wandel seiner Zeit schon so weit an ihr Ende gekommen, dass sie nicht mehr die höchste Weise darstellte, um sich des Absoluten bewusst zu sein.

5 Wie, so fragt man sich, konnte es aber so weit kommen, dass neben dem Gelungenen ein derartiges, geistloses Einerlei an Objekten in der burgenländischen Ausstellungspraxis breiten Raum hat, wie konnte die burgenländische Höflichkeit vergessen, dass ein entschiedenes, aber begründetes Nein, also eine ehrliche, kunstkritische Auseinandersetzung und Diskussion der einzige Weg ist, um diesem Land mit dem Kunstbegriff die Kunst zurückzugeben.

6 Ich erinnere hier an den Glücksfall im Burgenland, an Walter Pichler, jenen Besessenen im Grenzbereich zwischen visionärer Architektur und seinen die Zeit ein- und überholenden Plastiken. Walter Pichler ist als Zeitgenosse kein zeitgenössischer Künstler, sondern der Gestalter des Aufstandes der Gegenwart gegen die übrige Zeit. Seine Objekte sind nur streng analytisch lesbar und nur kontemplativ erfahrbar. Er lässt uns über die absolute Präsenz seiner Werke die Formel

Kants begreifen, dass Zeit und Raum die Bedingungen der Möglichkeiten unserer Erfahrungen sind.
Die Nicht-Verfügbarkeit seiner Werke, seiner Skulpturen mit Haus, die aus der Geschäftigkeit von Geld und Ware ausgegliedert sind, macht nebenbei die Perversität eines übersteigerten Kunstmarktes deutlich.

7 Martha Jungwirth ist so eine Vertreterin, durchaus der Moderne verpflichtet, mit Werken, die dem Protest gegen die Behaglichkeit und Selbstgefälligkeit eines gesättigten Bürgertums neue Facetten gibt und die in einer immer wieder erstaunlichen Weise, trotz der zu begrüßenden Radikalität ihres avantgardistischen Werkes, in gelingender künstlerischer Formgebung und atemberaubender Farbgebung die Symbiose mit dem Schönen schafft.

8 Der Begriff postmodern ist hier sehr weit gesteckt und umschreibt die Auffächerung von Strömungen, die nicht mehr in einer einzigen Kunsttheorie aufgehen. Wander Bertoni etwa steht in der Schnittstelle zwischen Moderne und Postmoderne. Aus dem Kreis derer, die dem Land nun positive Buntheit geben, seien zuerst Fria Elfen Frenken, Sepp Laubner, Robert Schneider, Wolfgang Horwath und Hans Wetzelsdorfer genannt. Sie stehen hier aber nicht alleine und ich möchte auf den Fotoband von Günter Unger verweisen, mit einer Auflistung von im Burgenland arbeitenden Künstlern, in deren Werken – wenn auch nicht durchgehend – eine der ästhetischen Praxis zur Voraussetzung gewordene Idee der Kunst lebendig ist. Vgl. Unger 2006.

9 Karl Prantl war so eine Ausnahmeerscheinung in der burgenländischen Szene. Er hat zuerst in St. Margarethen und dann mit seinem Steingarten in Pöttsching nicht nur sich selbst, sondern vor allem der Kunst ein Denkmal gesetzt. In seinen Objekten ist die Theorie Theodor W. Adornos Praxis geworden, dass „Nichts in der Kunst [ist, J.P.], auch nicht in der sublimiertesten, was nicht aus der Welt stammte; nichts daraus unverwandelt." (Adorno 1973, 209) Visuell und haptisch erfahren wir die Oberfläche seiner so monolithischen Blöcke als verführerischen Schleier, der mehr darunter vermuten lässt, als er verbirgt. Alles an diesen Oberflächen hat seinen aus dem Stein, aus dem Leben gewachsenen Ort; hier geschieht Entbergung! Und man ahnt plötzlich etwas vom Geheimnis der Tiefe, vom Rätsel des Fernen, vom Schauer des Unbekannten, das in diesen Steinen als Zeugen des Lebens wohnt.

10 Die bereits zur Tradition gewordenen Rabnitztaler Malerwochen und die europaweit agierende Ziel-1-Aktion stellen immer wieder niveauvoll das breite Feld der Kunst zur Diskussion; Künstlervereinigungen wie Talstation und Kunstverein DerMeteor sind jüngere Initiativen, die Qualität ins Burgenland bringen.

11 Als öffentliche Häuser mit Ausstellungspraxis, wo die negativen Ausreißer wirkliche Ausnahmen sind, haben sich Artbox, Cselley Mühle, KUGA, Landesgalerie und OHO und als verlässliche Galerien NN-Fabrik, Galerie Hametner, Galerie 1990 und Galerie Csokay etabliert.

12 Stellvertretend möchte ich hier zwei burgenländische Preisträger für junge Kunst, Doris Dittrich und Florian Lang, nennen.

Literatur

Adorno, Theodor, W. (1973). Ästhetische Theorie, Frankfurt am M.
Bürger, Peter (1983). Zur Kritik der idealistischen Ästhetik, Frankfurt am M.
Bürger, Peter (2001). Das Altern der Moderne, Frankfurt am M.
Scholtz, Gunter (2002). Kunst ohne Normen?, in: Acham, Karl (Hg.): Moral und Kunst im Zeitalter der Globalisierung. Zeitdiagnose 2, Wien, 59–75.
Unger, Günter (2006). Burgenland mon amour. Koordinaten einer Kultur- und Kunstlandschaft, Hornstein.

Dietmar Baurecht

Schafft Nische Jobs?[1]

Culture Industries

Es wird getanzt. Die Kleider heben sich vom Boden ab und die Männer in ihren hohen Stiefeln spielen ihre Instrumente. Manchmal kommt es vor, dass die Schweißperlen mit der Schürze von der Stirn gewischt werden.

Schürze? Was haben Schürzen mit Jobs in den Culture Industries oder besser in der Kultur- und Kreativwirtschaft, deren Abgrenzung oft unscharf ist, zu tun?[2] Die Frage ist nicht unberechtigt, aber stellen Sie sich eine burgenländische Tamburizza oder eine Folklore-Tanzgruppe ohne dieses schmückende Beiwerk vor. Würde Ihnen als Tourist nicht etwas fehlen? Der praktische Aspekt einer Schürze soll hier nicht unerwähnt bleiben: Köche, Metzger, Bäcker, Kellner oder Weinbauern tragen sie beispielsweise zum Schutz ihrer Kleidung.

Hat man diese Schürzen früher in der Region erzeugt, werden sie heute ganz woanders hergestellt. Aber die großen Mengen werden schon seit Längerem dort erzeugt, wo Material und Arbeitskraft preiswerter sind. Billige Massenfertigung beeinflusst die Jobentwicklung einer Region. Mancher verlässt sich in Österreich gleich auf die eigenen Qualifikationen und macht sich selbständig,[3] wenn er nicht dazu genötigt wird, zum Beispiel als Ausweg für junge Menschen aus der Praktika-Falle. Sicher ist es schwierig, auf eine Trennung von Privatem und Beruflichem zu verzichten und von der eigenen Arbeit zu leben. Aber es ist eine Alternative, wenn man die Herausforderung sucht und gute Ideen hat, zum Beispiel mit Schürzen.

Der Lebenszyklus einer Schürze ist dann zu Ende, wenn sie keinen Schutz mehr bietet, wenn sie zu dreckig ist (Gastgewerbe) oder nicht mehr der letzten Mode entspricht. Wie kann man also dieses Abfallprodukt wiederverwenden? Das ökologische Handeln einer Region (zum Beispiel der Einsatz von Windkraft) ist für Private wie auch Unternehmen ein Standortfaktor geworden und wenn man aus alten Schürzen etwas Neues entwerfen kann, bevor diese weggeworfen werden, warum nicht?

Die Idee als Grundlage wirtschaftlichen Schaffens

Ein burgenländisches Beispiel ist das Modelabel 87er, das sich mit Winzern zusammengetan und aus Schürzen der Weinkellerei eine kleine Kollektion toller Design-Taschen erzeugt hat. Christian Hotz (Grafiker) und Viktoria Euler (Schneiderin) kreieren Produkte mit Burgenlandbezug. Dabei ist der Storch ein Symbol, der hier das Burgenland auch über die Grenzen fliegen lässt: „Viele ‚Exilburgenländer' kaufen unsere Produkte, um sich damit ein bisschen ‚Burgenland' heimzuholen", meint Euler in einem Interview und Hotz sagt „wir schaffen uns selbst Arbeitsplätze."[4]

Mit ihren Ideen und ihrem Handwerk mit regionaler Verhaftung – das aber die Welt nicht aus den Augen verliert – liegen beide goldrichtig. Denn wenn über 70 Prozent der Jungunternehmer den lokalen und regionalen Absatzmarkt am wichtigsten erachten,[5] hat dies auch eine andere Bedeutung: Wer schafft es schon bis zur Massenproduktion und wer möchte das überhaupt? Ideen sind schützenswert, doch wer sitzt bei Plagiaten am längeren Ast?[6]

Jens Thomas, der dem Themenfeld der Kreativwirtschaft durchaus kritisch gegenübersteht, meint trotzdem, dass „die Verankerung von Kulturleistungen und einem kreativen Arbeitsmarkt [...] Zeugnis einer Renaissance des Regionalen, die für Kundennähe steht und eine Alternative zur distribuierten Massenproduktion sein kann" (Thomas 2010, 91), die, wie er korrekt ausführt, nicht durch diese ersetzt werden kann. Kreativwirtschaftliches Schaffen, das Schaffen aus Ideen, ist systembedingt mit Hindernissen verbunden, wie auch Thomas klar festhält,[7] und macht das kontinuierliche Hervorbringen neuer Ideen, autodidakte Wissenserweiterung und eine ständige Weiterentwicklung notwendig. Produkte mit starkem Burgenlandbezug werden wie der Wein gefragt sein. Das heißt aber nicht, dass alle Kreativleistungen dem Tourismus dienen sollen oder regional verhaftet oder anfassbar sein müssen.

Dass „handwerklich" kreative Leistung keine Grenzen kennt, beweist auch Horst Pfaffelmayer, der in seinem Siegendorfer Tonstudio für den Sound von ORF-Produktionen wie „Helden von morgen" verantwortlich ist, bei der Auswertung von Flugschreibern hilft oder Umgebungsgeräusche aus Aufnahmen eliminiert.

Die gebürtige Schattendorfer Malerin Isabella Trimmel hat ihre großformatigen Fotoarbeiten bei einer Ausstellung 2006 in der Burgenländischen Landesgalerie gezeigt und kam durch die Vermittlung der Kunsthalle an eine Agentur, die sich „auf dekorative, künstlerische Ausstattung von Hotels, Bürogebäuden, Wellnessanlagen usw. spezialisiert hat". Sie arbeitet in diesem Fall unter dem Pseudonym Rica Belna und „öffnet und erweitert" mit ihren Fotowänden Raum.

Das zeigt auch ein weiteres wesentliches Merkmal von Kultur- und Kreativjobs: Viele suchen sich ein weiteres finanzielles Standbein, um leben zu können, um aber letztlich das umzusetzen, was ihnen im Leben wichtig ist – also ein wahrer Motivationskreislauf. Manche burgenländische Kreativleistung, die auch im Bereich der Innovation liegt, wird leider in Wien erbracht: Die Computerfreaks Johann Waldherr und Thomas Lidy aus Gols, Ewald Peiszer aus Podersdorf und der Kärntner Wolfgang Jochum haben sich auf der TU Wien kennengelernt und entwickelten das App Sonarflow, das für das iPad Ordnung in jede private Musiksammlung bringt und dafür Wirtschafts- und Forschungsförderungen erhielt.

Es sind hier nicht nur Produkte, sondern vor allem Ideen,[8] die umgesetzt werden und den Begriff des Handwerks damit erweitern. Ideen kann man nicht anfassen, aber sie spielen eine Rolle und man kann Wolf Lotter recht geben, wenn er meint, dass die Ideenwirtschaft beides generiert: „Dinge zum Anfassen und Dinge zum Weiterdenken. Das unterscheidet sie fundamental von bisherigen Methoden und Prozessen." (Lotter 2009, 141)

Die Vielfalt[9] der Kultur- und Kreativwirtschaft einer Region erschwert es, Förderungen zu erhalten, die aber wesentlich zur Implementierung neuer Produkte beitragen können, deren Ideen am Anfang nicht sofort (be-)greifbar sind. Meist wird die Förderung im Feld der Kultur- oder Kreativwirtschaft in Verbindung mit herkömmlicher Wirtschaft erst möglich, wenn diese als eigentlicher Angelpunkt dient und die Kreativleistung zukauft.[10]

Kreative Arbeit- und Wohnstätte Burgenland?

„Wissensintensive ‚Nicht-Routine-Dienstleistungen' und das dafür notwendige Human- bzw. Kreativkapital werden zum wichtigsten, ortsunabhängigen Kriterium für ökonomischen Erfolg in unserer Zeit. Entscheidend für den Erfolg von Regionen ist es Human- und Kreativkapital, sprich Menschen (besonders hochqualifizierte, kreative Schlüsselkräfte) langfristig an einen Ort zu binden", wie es Michaela Reiter (2011, 7) in ihrer Arbeit formuliert.[11] Und es geht im Burgenland nicht allein um diejenigen, die hier ihren Arbeitsplatz schaffen, denn vor allem das Nordburgenland könnte nach Schätzung mit einer steigenden Zahl Erwerbstätiger rechnen.[12] Die Höhe des Zuwachses vor allem bei Menschen aus dem kreativwirtschaftlichen Umfeld, die als hochqualifiziert einzustufen sind, wird sicher nicht allein von den harten[13], sondern auch von den weichen[14] Standortfaktoren abhängen, wie einer florierenden Kulturszene oder der Möglichkeit unterschiedlicher Outdoor-Aktivitäten (vgl. Reiter 2011, 33), die das Burgenland um den Neusiedler See reichlich bietet.

Wenn wir aber von reinen Kreativclustern sprechen, findet man diese eher nicht in den bestehenden Innovationszentren. Vielmehr findet man sie zum Beispiel in aufgelassenen Fabrikhallen, wie der Siegendorfer Zuckerfabrik.

Es sind also unterschiedliche Aspekte, die es hier für Culture und Creative Industries zu beachten gibt. Dass beide vernetzten Bereiche Jobs im Burgenland schaffen, ist an den großen Festivals (Seefestspiele Mörbisch und Opernfestspiele St. Margarethen) zu sehen und mit Zahlen zu belegen (vgl. Grohall et al. 2010). Festivalpersonal und Profite für Gastronomie, Beherbergung, Weinbauern und Produzenten regionaler Produkte sind nur einige Beispiele. Im Feld der regionalen Produkte kann die Kreativwirtschaft Leistungen bringen, die dem Burgenland, der Wirtschaft, dem Tourismus und der Bevölkerung Nutzen bringen. Nicht vergessen dürfen wir neben den möglichen Kreativjobs im eigenen Bundesland auch jene Kreativen, die in Wien arbeiten, sich aber im Burgenland ansiedeln könnten. Das kreative Potential und dessen Ideen müssen aus dem Blickwinkel der Standort- und Regionalentwicklung gefördert werden, um eine Region zu schaffen, die von ihren Ideen leben kann.

Anmerkungen

1 Es ist am Anfang wichtig darauf hinzuweisen, dass es in diesem Beitrag nicht darum ging, mit klaren Begrifflichkeiten zu arbeiten. Es ging primär darum verschiedene Faktoren zusammenzutragen, die klar aufzeigen, wie wichtig das kreative Kapital und dessen Jobs für das Burgenland sind.

2 „Die Abgrenzung zueinander ist oft unscharf, letztlich ist aber nicht wichtig, zu welcher der drei Kategorien [Kunst, Kulturerbe oder Kreative Tätigkeiten] eine Tätigkeit gehört. Vielmehr entscheidet die Zugehörigkeit zu zumindest einer Kategorie, ob man von Kunst spricht oder nicht." (Grohall et al. 2010, 29) Um aber das Feld ein wenig abzugrenzen: Cultural Industries betrifft die Bereiche Bildende Kunst, Darstellende Kunst (z. B. Festivals), das Kulturerbe (z. B. Museen) aber auch Film und Video, Fernsehen und Radio, Videospiele, Musik, Bücher und die Presse. Zu den Creative Industries können wir Design, Architektur, Werbung zählen. In Grohalls Studie „Wirtschaftsfaktor Kultur im Burgenland" werden aber beide Bereiche herangezogen (vgl. ebd., 28ff).

3 Vgl. http://www.statistik.at/web_de/statistiken/unternehmen_arbeitsstaetten/jungunternehmererhebung/bedingungen_der_unternehmensgruendung/029151.html (28.10.2011).

4 Die Interviews des Zentrums für Kreativwirtschaft wurden von burgenländischen Journalist/inn/en (Doris Seebacher, Vanessa Bruckner und Roland Pittner) geführt und sind auf der Website www.kreativwirtschaft.net vollständig abrufbar. Ausgewählt wurden im weiteren Verlauf des Artikels Interviews, die beide Bereiche, Culture & Creative Industries, betreffen.

5 Vgl. http://www.statistik.at/web_de/statistiken/unternehmen_arbeitsstaetten/jungunternehmererhebung/gegenwaertige_situation_und_zukunftsplaene/029157.html (28.10.2011).

6 Wenn George Clooney von einem Klavier erschlagen wird, wissen wir, um welche Marke es sich handelt. Dass dieses Produkt nun durch Nachbaukapseln Konkurrenz bekommt, zeigt, dass selbst große Konzerne nicht aus dem ewigen Geldregen aus ihren Ideen schöpfen können.

7 „Einerseits nimmt also die arbeitspolitische Wertschätzung gegenüber kreativen Kulturleistungen zu, andererseits nimmt die arbeits- und sozialpolitische Regulierung der Kreativ- und Kulturwirtschaft ab. Sowohl die Soloselbständigkeit als auch Selbständigkeit mit geringer Kapitalausstattung sind im Ansteigen begriffen." (Thomas 2010, 90) Auch wenn dieser Beitrag auf die deutsche Kreativ- und Kulturwirtschaft gemünzt ist, kann er durchaus auf Österreich übertragen werden.

8 „Die Kräfte und Faktoren, mit denen der ‚Mehrwert' produziert wird, ändern sich gewaltig: Immer mehr Wissensarbeit statt Produktionsarbeit. Immer mehr Kommunikation statt Kommando. Immer mehr Intelligenz statt Monotonie. Immer mehr Immaterielles statt Dingliches." (Horx 2009, 31)

9 Laut Matthias Horx sind der harte kreative Kern die Künstler (Autoren, Schauspieler, Maler, Tänzer, Architekten, Fotografen, Musiker, Illustratoren, Designer aller Art und Computerspielgenies etc.). Die zweite große Gruppe sind die „rationalen Innovateure" (Forscher, Wissenschafter, Software-Freaks etc.). Die „kreative Mitte" stellen Werber, Texter, Berater, Coaches, Analysten, Medientrainer, Moderatoren, Mediatoren oder unter vielen mehr die Event-Veranstalter dar. Die vierte Gruppe sind nach Horx die „Syntheseberufe" (Waldkindergärtner, Kulturvermittler, Selfness-Coach, Mentaltrainer oder unter vielen mehr Systemiktouristiker), vgl. Horx 2009.

10 Ein Beispiel hier sind die Innovativen Maßnahmen, die burgenländischen Unternehmen die Möglichkeit boten ihren Webauftritt aufzubauen oder zu verbessern und dafür mit Kreativen aus diesem Bereich zusammengearbeitet haben. Der österreichweite Kreativscheck, der nun KMU die Möglichkeit bietet, Innovation aus der Kreativwirtschaft zuzukaufen, ist ein guter Ansatz, funktioniert aber nach dem gleichen Prinzip.

11 Und zwar in Bezug auf Michael Shamiyeh et al. (2010), Richard Florida (2003) und Friedrich Thießen et al. (2005).

12 Vgl. Hanika et al. 2011, 119; außerdem: „Aber auch im Nordburgenland und in der Region Niederösterreich-Süd [...] wird in den kommenden vier Jahrzehnten ein Anstieg der Erwerbspersonenzahl um ungefähr 10% zu erwarten sein." (Ebd., 119) und „Konkret wird der Anteil der über 45-jährigen am Erwerbspotential österreichweit bis zum Jahr 2030 von derzeit 42,6% auf 46,8% steigen. Im Burgenland wird zu diesem Zeitpunkt sogar mehr als die Hälfte des Erwerbspotentials über 45 Jahre alt sein." (Ebd., 76)

13 Beispiele sind: Steuern, Abgaben, Subventionen, Absatzmarkt, Infrastruktur, Arbeitskräftepotential oder Ressourcenverfügbarkeit.

14 Diese können das Kulturangebot, die Freizeitmöglichkeiten und das Bildungsangebot sein, die für die Anwerbung von hochqualifizierten Mitarbeitern entscheidend sein können.

Literatur

Florida, Richard (2003). The rise of the creative class, New York.
Grohall, Günther/Helmenstein, Christian/Kleissner, Anna/Fischer, Ines/Huber, Elisa (2010). Wirtschaftsfaktor Kultur im Burgenland. Eine Analyse der wirtschaftlichen Bedeutung der Kultur (unter besonderer Berücksichtigung des Haydn-Jahres 2009) im Burgenland. Studie des ESCE Economic & Social Research Centers und von SpEA SportsEconAustria auf der Basis eines Kultursatellitenkontos im Auftrag des Burgenland Tourismus, Eisenstadt und Wien.
Hanika, Alexander/Kytir, Josef/Biffl, Gudrun/Wisbauer, Alexander (2011). ÖROK-Regionalprognosen 2010–2030, Modellrechnung bis 2050. Bevölkerung, Erwerbspersonen und Haushalte in den NUTS-3-Regionen und Bezirken Österreichs, erstellt von Statistik Austria. Hg. von der Geschäftsstelle der Österreichischen Raumordnungskonferenz (ÖROK), Schriftenreihe Österreichische Raumordnungskonferenz 184, Wien.
Horx, Matthias (2009). Wacht auf, Verkannte dieser Erde, in: Lotter, Wolf (2009): Die kreative Revolution. Was kommt nach dem Industriekapitalismus?, Hamburg, 27–42.
Lotter, Wolf (2009). Die kreative Revolution. Was kommt nach dem Industriekapitalismus? Mit Beiträgen von Lutz Engelke, Peter Felixberger, Dieter Gorny, Matthias Horx, Ralf Langwost und Gesa Ziemer, Hamburg.
Reiter, Michaela M. (2011). Wohnen zwischen Stadt und Land. Einfluss der Wohnentscheidung von Kreativen auf Organisations- und Regionalentwicklung, München.
Schmögner, Petra/Vukics, Peter (Hg.) (2011). Das Künstlerdorf Neumarkt an der Raab. Mit einem Kommentar von Hugo Portisch, St. Pölten/Salzburg.
Sennett, Richard (2008). Handwerk, Berlin, 431.
Shamiyeh, Michael/Duschlbauer, Thomas/Zauner, Christiane (2010). Die Besten gewinnen. Standorte im Wettbewerb um Talente, Linz.
Thießen, Friedrich/Cernavin, Oleg/Führ, Martin/Kaltenbach, Martin (Hg.) (2005). Weiche Standortfaktoren. Erfolgsfaktoren regionaler Wirtschaftsentwicklung. Interdisziplinäre Beiträge zur regionalen Wirtschaftsforschung, Berlin.
Thomas, Jens (2010). Kreative – Fortschritt des Prekären?, in: Kommune. Forum für Politik, Ökonomie und Kultur, 2/10, April/Mai 2010, 88–91.

Abschnitt V

Ökonomie und Energie

Gerald Koller

Markus Marterbauer

Ein beachtlicher Aufstieg

Erfolgreiche Wirtschaftspolitik unter schwierigen Rahmenbedingungen

Die österreichische Wirtschaft hat sich in den letzten Jahrzehnten im internationalen Vergleich recht gut geschlagen. Das BIP pro Kopf ist heute nach Luxemburg und den Niederlanden das höchste der Europäischen Union. Besorgniserregend ist – wie auch in den meisten anderen EU-Ländern – allerdings die ungleiche Verteilung des hohen Wohlstandes: Der Vermögensbesitz konzentriert sich auf das oberste Zehntel der Haushalte, die über 60 Prozent des gesamten Finanz- und Immobilienbestandes verfügen; der Lohnanteil am Volkseinkommen nimmt zugunsten der Einkommen aus Vermögensbesitz kontinuierlich ab; innerhalb der Arbeitseinkommen geht die Schere zwischen gut verdienenden, meist männlichen Angestellten und Beamten einerseits und schlecht verdienenden Frauen und nicht ausreichend Qualifizierten andererseits weiter auf.

Als eine vom Außenhandel abhängige Volkswirtschaft – 55 Prozent der erzeugten Güter und Dienstleistungen werden exportiert – kann sich Österreich allerdings den Auswirkungen internationaler Wirtschaftskrisen nicht entziehen. Das zeigte sich im Jahr 2009 deutlich. Die von Banken und Finanzmärkten ausgelöste Wirtschaftskrise führte zu einem Einbruch des realen BIP um fast vier Prozent. Dies zog zwei schwerwiegende Folgen nach sich. Zum Ersten einen kräftigen Anstieg der Arbeitslosigkeit – heute sind noch immer etwa 50 000 Menschen mehr in Arbeitslosigkeit als vor der Krise. Zum Zweiten massive Steuerausfälle und zusammen mit den hohen Kosten der Bankenhilfen daher auch eine starke Erhöhung der Staatsschuld von 62 Prozent des BIP auf 72 Prozent, also um fast 30 Milliarden Euro mehr.

Unter diesen gesamtwirtschaftlichen Rahmenbedingungen hat sich das Burgenland sowohl in der längeren Frist der letzten Jahrzehnte als auch in der kürzeren Frist der letzten Krisenjahre recht gut entwickelt. Zwar liegt das BIP je Einwohner mit 22 000 Euro (2008) noch immer deutlich niedriger als im österreichischen Durchschnitt (34 000 Euro). Für die gesamte Wertschöpfung von 5,6 Milliarden Euro war die Land- und Forstwirtschaft nur noch wenig relevant (250 Millionen Euro), hingegen nahm jene des Sekundärsektors, zu dem auch die Industrie gehört, merklich auf gut 1,6 Milliarden Euro zu; besonders stark expandierte seit Mitte der 1990er-Jahre der Dienstleistungssektor, der 2008 bereits eine Wertschöpfung von mehr als 3,7 Milliarden Euro erzielte.

Deutlich rascher als die Wertschöpfung der Wirtschaftsbereiche erhöhte sich das verfügbare Einkommen der privaten Haushalte: Es lag im Burgenland 2008 mit 19 600 Euro je Einwohner nicht weit unter jenem des österreichischen Durchschnitts. Vor allem wies es seit 1995 das stärkste Wachstum aller Bundesländer auf. Im merklichen Unterschied zwischen der Entwicklung von Wertschöpfung und verfügbarem Einkommen zeigt sich, dass im Burgenland viele, teils recht gut ausgebildete, Menschen wohnen, die ihrer Erwerbstätigkeit etwa im nationalen Dienstleistungszentrum Wien oder in Industriebetrieben der näheren Umgebung nachgehen.

Im Burgenland selbst sind im Jahr 2011 etwas mehr als 93 000 Personen unselbständig beschäftigt, besondere Bedeutung haben die Arbeitsplätze in Handel und Industrie, aber auch in Bauwirtschaft und Tourismus. Bemerkenswert ist, dass der Arbeitsmarkt relativ gut durch die Krise gekommen ist: Zwar lag die Gesamtzahl der Beschäftigten im Krisenjahr 2009 geringfügig niedriger als im Jahr zuvor, doch 2011 ist dieser Wert bereits um etwa 2500 (+ drei Prozent) überschritten, deutlich stärker als im Durchschnitt Österreichs (+ ein Prozent). Die Zahl der Arbeitslosen beträgt im Burgenland im Jahr 2011 etwa 7500, damit fast zehn Prozent unter dem Wert des Jahres 2009. Im relativ stabilen Arbeitsmarkt spiegelt sich sicherlich die geringere Bedeutung der Industrie, aber wahrscheinlich auch eine stetigere Konsumnachfrage.

Die wirtschaftlichen Aussichten sind dennoch trüb. Die Wetterfronten kommen vor allem von den Finanzmärkten und der EU-Wirtschaftspolitik: Nach wie vor ist die Lage auf den internationalen Finanzmärkten sehr labil, die Finanzspekulation blüht und gedeiht zu Lasten der Realwirtschaft und die Banken kämpfen mit faulen Wertpapieren und Krediten. Auf europäischer Ebene ist in den letzten Jahren viel zu wenig zur Eindämmung des Finanz- und Bankensektors passiert; das rächt sich nun. Die Instabilität des Finanzsektors stellt die größte Gefahr für die gesamtwirtschaftliche Entwicklung und den Staatshaushalt dar. Die EU-Wirtschaftspolitik hat zwar mit den verschiedenen Schutzschirmen die Lage zeitweise stabilisieren können. Doch sie tritt nicht bestimmt genug gegenüber den spekulativ geprägten Finanzmärkten auf, um deren Rolle bei der Staatsfinanzierung einzuschränken. Zudem bewirken die von der EU-Ebene verordneten straffen Sparpakete in vielen Mitgliedsländern die Verschärfung der Rezession und damit auch der Staatsschuldenkrise.

Deshalb ist die Finanzkrise nicht überwunden, im Gegenteil, wir befinden uns mitten in der Krise. Worin bestehen die Spielräume für ein kleines Land wie Österreich und ein kleines Bundesland wie das Burgenland in dieser schwierigen Situation? Erstens zeigt sich, wie wichtig es auch für kleine Mitgliedsländer und Regionen ist, eine europäische Politikstrategie zu entwickeln und Einfluss auf die EU-Wirtschaftspolitik zu nehmen. Ohne straffe Regulierung der Finanzmärkte und Verkleinerung des Finanz- und Bankensektors stürzt die Wirtschaft immer wieder in Krisen, die schlussendlich vor allem jene Bevölkerungsgruppen auszubaden haben, die auf Erwerbsarbeit und den Sozialstaat angewiesen sind. Mit dem Einsatz für die Finanztransaktionssteuer ist der österreichischen Politik doch ein bemerkenswerter Erfolg gelungen, sie könnte auf EU-Ebene umgesetzt werden. Weitere derartige Initiativen sind dringend notwendig, etwa in der Bekämpfung der hohen Arbeitslosigkeit unter Jugendlichen: Fünf Millionen junge Europäer unter 25 Jahren sind arbeitslos, in Spanien und Griechenland beträgt die Jugendarbeitslosenquote nahezu 50 Prozent. Dies hat verheerende Folgen, nicht nur in den besonders betroffenen Regionen, sondern für die gesamte EU und damit auch für Österreich.

Zweitens muss auch in Österreich die Verteilung der Kosten der Finanzkrise fairer erfolgen. Die Krisenlasten tragen heute vor allem die Arbeitslosen und andere soziale Gruppen, die unter den knappen sozialen Kassen leiden. Der Beitrag des Finanzsektors und der Vermögenden ist hingegen zu bescheiden. Vor allem eine merkbare Besteuerung hoher Vermögen scheint als eine der Lehren aus der Krise unausweichlich. Das würde dem Verursacherprinzip entsprechen, die Leistungsanreize in unserer Gesellschaft und die Verteilung des – trotz der Krise immer noch sehr hohen – Wohlstandes verbessern. Allein das Vermögen des obersten Zehntels der privaten Haushalte ist mit 770 Milliarden Euro mehr als dreimal so hoch wie die gesamten Staatsschulden (230 Milliarden Euro).

Die Ausweitung vermögensbezogener Steuern sollte auch eine Erhöhung des Aufkommens der Grundsteuer betreffen. Während die Einkommensbesteuerung auf Basis der aktuellen Einkommen erfolgt, liegen jener der Grundstücke die Werte des Jahres 1972 zugrunde, die nur zu Beginn der 1980er-Jahre geringfügig angepasst wurden. Die große Differenz zwischen Verkehrswerten und Einheitswerten führt zum außerordentlich niedrigen Aufkommen an Grundsteuer, es beträgt im Durchschnitt nur 0,08 Prozent des Immobilienvermögens pro Jahr. Aus diesem Grund geraten auch die Gemeinden und Städte in zunehmende Finanzprobleme: Ihre Aufgaben in der Finanzierung wichtiger sozialer Anliegen – von Kindergärten bis zur Pflege – wachsen, doch die Finanzierungsquellen sprudeln immer spärlicher. Eine Erhöhung des Aufkommens an Grundsteuer ist die wichtigste Maßnahme zur Stärkung der Gemeindefinanzen und damit auch zur Finanzierung sozialen Fortschritts.

Denn der Ausbau sozialer Dienstleistungen stellt die dritte vernünftige Strategie kleinerer Regionen gegenüber den Wirrnissen der Finanzmärkte dar. Eine gute Grundversorgung mit Krippen und Kindergärten, Ganztagsschulen und Nachmittagsbetreuung, Jugendzentren und Sozialarbeit, Heimhilfen und Pflegeplätzen bildet die stabile soziale Basis für die Gesellschaft, mit der vielfältige positive wirtschaftliche und soziale Wirkungen verbunden sind: Chancengleichheit für Kinder aus verschiedenen sozialen Schichten, bessere Erwerbschancen und eigenständige soziale Absicherung für Frauen, Bekämpfung von Armut, Investitionen in Beschäftigung und höhere Produktivität für die Volkswirtschaft.

Das vierte Element einer regionalen wirtschaftspolitischen Strategie bilden die Investitionen in die Qualifizierung. Besonderes Augenmerk bedürfen Kinder aus sozial benachteiligten Schichten, vor allem jene mit Migrationshintergrund und jenes Zehntel der Jugendlichen, das ohne formalen Abschluss auf den Arbeitsmarkt entlassen wird. Eine Ausweitung der Weiterbildungsmöglichkeiten für Menschen, die bereits im Erwerbsleben stehen, ist von zentraler Bedeutung. Eine bessere Integration der Jugendlichen mit Migrationshintergrund in unser Aus- und Weiterbildungssystem stellt vielleicht auch die vielversprechendste Form der Industriepolitik dar. Die Basis der Wettbewerbsfähigkeit der Industrie bilden die Facharbeitskräfte; sie stammen vor allem aus den Arbeiterschichten, die heute zu einem erheblichen Teil von der Bevölkerung mit Migrationshintergrund gebildet werden.

Die europäische Wirtschaftskrise hat neuerlich klargemacht, wie wichtig eine industrielle Basis für die wirtschaftliche Entwicklung ist: Griechenland, Portugal und Spanien sind neben den schwerwiegenden Folgen einer Immobilien- und Finanzblase auch deshalb in so große Leistungsbilanz- und Arbeitsmarktprobleme geraten, weil der Industrieanteil an der Wertschöpfung nur noch bei etwa einem Zehntel liegt. Hingegen sind Länder mit starker Güterproduktion wie Österreich, Deutschland, aber auch Tschechien und die Slowakei, deren Industrieanteil etwa doppelt so hoch ist wie in den Krisenländern, besser durch die Krise gekommen. Erfolgreiche Industriepolitik muss heute stark auf die Ausbildung der Facharbeitskräfte sowie auf Forschung und Entwicklung setzen. Hier hat auch das Burgenland, in dem die Industrieentwicklung erst spät einsetzte, noch erhebliches Potential.

Thomas Lehner, Alfred Schreiner

Sind die Geister, die wir riefen, auch gekommen?

Die Arbeitsmarktöffnung und ihre Folgen

Seit 1. Mai 2011 gibt es zwischen Österreich und den im Jahr 2004 der Europäischen Union beigetretenen neuen Mitgliedsstaaten in Bezug auf die Arbeitnehmerfreizügigkeit keine Beschränkungen mehr. Das Burgenland befindet sich damit inmitten eines Arbeitsmarktes mit 226 Millionen Menschen.[1] Dieser Arbeitsmarktöffnung ist eine 7-jährige Übergangsfrist vorangegangen, die im Beitrittsvertrag Ungarns zur EU eingeräumt worden war.

Grenzgängerabkommen

Allerdings war bereits im Jahre 1998 – also schon sechs Jahre vor dem Beitritt Ungarns zur Europäischen Union – zwischen Österreich und Ungarn ein Grenzgängerabkommen abgeschlossen worden.[2] Ziel dieses Abkommens war unter anderem, die Beschäftigung von Grenzgänger/inne/n zu erleichtern.

Bei der Erteilung einer Grenzgängerbewilligung hatte das Arbeitsmarktservice – im Gegensatz zur Erteilung einer Beschäftigungsbewilligung nach dem Ausländerbeschäftigungsgesetz – keine arbeitsmarktpolitische Prüfung durchzuführen. Das bedeutet, dass vor Erteilung der Genehmigung nicht zu prüfen war, ob für den konkreten Arbeitsplatz eine bereits in Österreich befindliche arbeitslose Person zur Verfügung stand.

Die Zahl der Grenzgänger/innen wurde jährlich im Rahmen der „Gemischten österreichisch-ungarischen Kommission für das Grenzgängerabkommen" verhandelt. In diesen Verhandlungen trat die ungarische Seite stets sehr selbstbewusst und fordernd auf. Aus ihrer Sicht war es selbstverständlich, dass die ungarischen Arbeitnehmer/innen vom deutlich höheren Lohnniveau im Burgenland profitieren können sollten. Festgelegt wurde das Kontingent in der Folge jeweils durch einen Notenwechsel zwischen dem österreichischen und dem ungarischen Arbeitsminister. Die Anzahl der Arbeitnehmer/innen, die im Rahmen des Grenzgängerabkommens im Burgenland beschäftigt werden konnten, stieg von 500 im Jahr 1998 auf 2510 in den Jahren 2010 und 2011.

Fachkräfteverordnung

Neben dem Grenzgängerabkommen gab es ab dem Jahr 2008 für insgesamt 67 Berufsgruppen einen erleichterten Zugang zum österreichischen Arbeitsmarkt. Die Fachkräfteverordnung[3] beabsichtigte eine sektorale Öffnung des österreichischen Arbeitsmarktes. In welchen Berufen dieser erleichterte Zugang gewährt wurde, hing von der sogenannten Stellenandrangziffer ab. Das heißt, vom Verhältnis der Anzahl Arbeitssuchender zur Anzahl offener Stellen. Gerade im Burgenland wurde von dieser Möglichkeit auch intensiver als in den meisten anderen Bundesländern Gebrauch gemacht.

Mehr als 600 Arbeitnehmer/innen erhielten jedes Jahr auf diesem Wege die Möglichkeit im Burgenland zu arbeiten.

Saisonierkontingente

Während die Beschäftigung nach dem Grenzgängerabkommen und nach der Fachkräfteverordnung auf ein dauerhaftes Arbeitsverhältnis ausgerichtet war, gab es noch die Möglichkeit von befristeten Beschäftigungsverhältnissen auf Grundlage der Kontingente für Erntehelfer und für die befristete Beschäftigung in der Landwirtschaft sowie auf Grundlage der Sommer- und Winterfremdenverkehrskontingente. Die Kontingente in der Landwirtschaft wurden von 700 im Jahr 1998 auf insgesamt 2400 im Jahr 2008 angehoben. Seither wurden sie wieder gesenkt.

Die Fremdenverkehrskontingente erreichten im Jahr 2002 mit 460 für den Sommerfremdenverkehr und mit 150 für den Winterfremdenverkehr ihren Höhepunkt.

Arbeitsmarktöffnung als langjähriger Prozess

Angesichts dieser Möglichkeiten ist es wenig verwunderlich, dass die Zahl der im Burgenland beschäftigten ausländischen Arbeitskräfte von 7216 im Jahr 1998 auf 14 153 im Jahr 2010 angestiegen ist.[4] Das ist eine Steigerung um mehr als 96 Prozent. Während der Anteil der ausländischen unselbständig Beschäftigten im Burgenland 1998 mit 9,3 Prozent noch um 0,4 Prozentpunkte unter dem österreichischen Durchschnitt lag, überschritt er im Jahr 2010 mit 15,3 Prozent den bundesweiten Mittelwert um 1,9 Prozentpunkte.

Im Zeitraum von 1998 bis 2010 ist die Zahl der unselbständig Beschäftigten von 77 724 auf 92 340 gestiegen. Der Zuwachs betrug demnach 14 616 oder 18,8 Prozent. 47,5 Prozent davon entfielen auf ausländische Arbeitskräfte, 31,3 Prozent auf bewilligungspflichtig beschäftigte Ausländer/innen.

Diese Zahlen belegen deutlich, dass es auch vor dem 1. Mai 2011 keinen abgeschlossenen Arbeitsmarkt im Burgenland gegeben hat. Die Öffnung des burgenländischen Arbeitsmarktes war also kein punktuelles Ereignis, das am 1. Mai 2011 stattgefunden hat, sondern ein Prozess, der sich über mehrere Jahre erstreckt hat. Aussagen, wonach die Arbeitsmarktöffnung zu spät erfolgt sei und deshalb die besten Arbeitskräfte aus Osteuropa bereits in andere Staaten abgewandert seien, muss daher entschieden entgegengetreten werden. In den Branchen mit Arbeitskräftebedarf gab es bereits vor dem Wegfall der Übergangsfristen ausreichende Möglichkeiten, ausländische Arbeitskräfte ins Burgenland zu holen.

Nicht Geister sind gekommen, sondern Menschen

Die Situation der ausländischen Arbeitskräfte

Was die Struktur der ausländischen Arbeitnehmer/innen betrifft, unterscheidet sich das Burgenland vom restlichen Österreich. Im Jahr 2008 hatten knapp 57 Prozent eine ungarische Staatsbürgerschaft. Auch hat sich das Instrument des Grenzgängerabkommens durch eine besondere Nachhaltigkeit ausgezeichnet. Die meisten ungarischen Arbeitskräfte, die als Grenzgänger/innen Zugang zum burgenländischen Arbeitsmarkt gefunden haben, blieben nämlich auch mit inzwischen freiem Arbeitsmarktzugang weiterhin in der Region.[5] Der dominierende Faktor für eine Arbeitsaufnahme im Burgenland ist das vergleichsweise höhere Einkommensniveau und der Mangel an adäquaten Arbeitsplätzen in Ungarn.

Andererseits werden Ungar/inne/n gegenüber Österreicher/inne/n tendenziell benachteiligt. Vor allem schlecht qualifizierte Beschäftigte haben oft schlechtere Arbeitsbedingungen.[6] Nach einer internen Untersuchung der Arbeiterkammer Burgenland waren im Jahr 2005 von allen Arbeitnehmer/inne/n, die in arbeitsrechtlichen Angelegenheiten vertreten wurden, 30 Prozent Ausländer/innen, obwohl diese in diesem Jahr nur einen Anteil von ca. zwölf Prozent[7] an den unselbständig Beschäftigten hatten.

Zur Verbesserung der Situation der ungarischen Beschäftigten im Burgenland wurde das Projekt IGR ins Leben gerufen. Dieses Projekt ist ein Ergebnis der Kooperation der österreichischen und der ungarischen Gewerkschaften. Durch zweisprachige Rechtsberatungen, die Durchführung von Aufklärungs- und Bildungskampagnen sowie öffentlichen Informationsveranstaltungen und Expertenzirkeln soll die sozial- und arbeitsrechtlich korrekte Gestaltung von grenzüberschreitenden Arbeitsverhältnissen erreicht werden.

Auswirkungen auf die inländischen Arbeitnehmer/innen

Das Burgenland war in den 1990er- und 2000er-Jahren durch eine gute Wirtschaftsentwicklung geprägt. Dennoch hatte der enorme Zuwachs an ausländischen und dabei vor allem ungarischen Arbeitskräften auch negative Auswirkungen auf die bereits im Burgenland befindlichen Arbeitnehmer/innen.

Nach einer Studie des Wirtschaftsforschungsinstitutes[8] wurde einerseits über einen Zeitraum von 17 Jahren im Vergleich mit einem Szenario ohne Zuwanderung das Bruttoinlandsprodukt im Burgenland um 0,5 bis 3,4 Prozent erhöht. Vor allem die Landwirtschaft, das Beherbergungs- und Gaststättenwesen, das Bauwesen und das Transportwesen profitierten von der Zuwanderung.

Andererseits wurde aber auch das gesamtwirtschaftliche Lohnniveau um bis zu 0,8 Prozent gedämpft. In einigen Bereichen ergab sich auch ein höherer Lohnrückgang. Dies waren vor allem jene Branchen, in denen viele ausländische Arbeitskräfte Beschäftigung gefunden haben.[9] Vor allem Überzahlungen über dem Kollektivvertrag werden kaum mehr geleistet. Das Kürzen dieser Überzahlungen fand dabei zuerst bei neuen ausländischen Arbeitskräften statt, in der Folge aber auch bei allen anderen. Hier wirken sich die leider noch immer vorhandenen enormen Lohnunterschiede zwischen Burgenland und Westungarn zum Nachteil der Arbeitnehmer/innen im Burgenland aus.

Mit der Schaffung des Lohn- und Sozialdumpingbekämpfungsgesetzes wurde erstmalig in Österreich die Unterschreitung kollektivvertraglicher Mindestlöhne unter Verwaltungsstrafsanktion gestellt. Damit wurde ein Instrument geschaffen, mithilfe dessen die Sicherung gleicher Lohnbedingungen für bestehende Arbeitsverhältnisse und für Arbeitsverhältnisse von neu zuwandernden Arbeitskräften gelingen kann. Es wird notwendig sein, dieses Instrument gerade in der ersten Zeit besonders konsequent anzuwenden.

Rückgang der Lehrlingsausbildung

Bemerkenswert ist auch, dass die Anzahl der burgenländischen Betriebe, die Lehrlinge ausbilden von 1541 im Jahr 1990 auf 1101 im Jahr 2010 zurückgegangen ist. Im gleichen Zeitraum ist auch die Anzahl der in Ausbildung befindlichen Lehrlinge von 4045 auf 3039 zurückgegangen.[10] Wer aber keine Lehrlinge mehr ausbildet, darf sich nicht wundern, wenn er in der Folge keine Fachkräfte hat. Dennoch wurde seitens der Unternehmervertreter immer wieder ein Fachkräftemangel beklagt. Während sich die burgenländischen Unternehmen trotz steigender staatlicher Förderungen sukzessive aus der Facharbeiterausbildung zurückgezogen haben, wurden im Rahmen des Grenzgängerabkommens und der Fachkräfteverordnung verstärkt gut ausgebildete ungarische Fachkräfte eingestellt. Das wiederum hat aber auch auf westungarischer Seite zu einem Mangel an Fachkräften in einigen Branchen geführt.

Conclusio und Ausblick

Wenn die besten Fachkräfte nicht ins Burgenland gekommen sind, liegt das nicht an einer verspäteten Arbeitsmarktöffnung, sondern an den nicht ausreichend attraktiven Arbeitsbedingungen. Dennoch: Die Ausbildung von Fachkräften im Land muss Vorrang vor der Anwerbung von neuen ausländischen Arbeitskräften haben.

Das Lohn- und Sozialdumpingbekämpfungsgesetz ist konsequent anzuwenden.

Der IGR ist zu einer dauerhaften Einrichtung zu machen. Beides ist notwendig, um nachhaltig für eine sozial- und arbeitsrechtlich korrekte Gestaltung von grenzüberschreitenden Arbeitsverhältnissen zu sorgen.

Vor allem muss es aber Ziel sein, dass das Lohnniveau in Westungarn möglichst rasch an das burgenländische Lohnniveau herangeführt wird. Nur dadurch wird ein weiteres möglichst konfliktfreies Zusammenwachsen der Arbeitsmärkte möglich sein. Steigende Löhne können über die Nachfrage die

Wirtschaft ankurbeln. Davon würde die gesamte Region profitieren, diesseits und jenseits der österreichisch-ungarischen Grenze.

Anmerkungen

1 Erwerbsbevölkerung in der EU 25 (ohne Rumänien und Bulgarien), Quelle: Eurostat (based on the quarterly results of the EU Labour Force Survey).
2 BGBl. III 26/1998 – Abkommen zwischen der Regierung der Republik Österreich und der Regierung der Republik Ungarn über die Beschäftigung in Grenzzonen.
3 BGBl. II 350/2007 – Verordnung des Bundesministers für Wirtschaft und Arbeit zur Überziehung der Bundeshöchstzahl für die Beschäftigung von ausländischen Fachkräften (Fachkräfte-BHZÜV 2008), geändert durch BGBl. II 224/2008 und BGBl. II 395/2008.
4 Jahresdurchschnittsbestand, Unselbständig Beschäftigte nach Meldung des Hauptverbandes der österreichischen Sozialversicherungsträger, Quelle: AMS.
5 Huber, Peter. Willkommen im Wilden Osten!, abrufbar unter: http://www.integrationsfonds.at/publikationen/integration_im_fokus (17. 10. 2011).
6 Wasserbacher, Hermann/Michenthaler, Georg (2007). Entwicklung des Arbeitsmarktes im Grenzraum Burgenland/Ungarn während der Übergangsperiode. Präsentation der Ergebnisse einer Umfrage des IFES im Rahmen einer Fachtagung des IGR am 1. März 2007.
7 Quelle: AMS Arbeitsmarktdaten – Gesamtübersicht 2005.
8 Huber, Peter/Bock-Schappelwein, Julia/Nowotny, Klaus/Streicher, Gerhard (2010). Effekte der Zuwanderung im Rahmen des Grenzgängerabkommens auf die burgenländische Wirtschaft, in: WIFO Monatsberichte, 8/2010, Wien, 691–705.
9 APA-OTS0024 5 WI 0344 WFO0001 Fr, 27. 8. 2010, https://www.aomweb.apa.at/aom65/aom6/index.jsp.
10 Quelle: Wirtschaftskammer Burgenland, Lehrlingsstelle, Entwicklung der Lehrbetriebe und Lehrlingszahlen im Burgenland 1990–2010.

Agnes Höld

Beyond GDP: Ein Versuch. Im Burgenland.

Das Bruttoinlandsprodukt allein reicht nicht aus, um Wohlstand adäquat abzubilden

Das Bruttoinlandsprodukt und mehr – so könnte die deutsche Übersetzung der englischen Betitelung einer Initiative lauten, die im Zuge der Finanz- und daraus resultierenden Wirtschaftskrise großen Auftrieb erfahren hat. Kurz gesagt geht es darum, Maßzahlen und Indikatoren zu finden oder zu entwerfen, die mehr über den Wohlstand aussagen können als das BIP allein. Aber so vage das Wort „beyond" ist – es kann als jenseits, außerhalb, darüber hinaus und schon weiter verstanden werden –, so umfangreich sind die Forderungen, die daran geknüpft sind. Es soll am besten eine einzige Maßzahl geben, die gleichzeitig über die soziale Verfasstheit und den sozialen Zusammenhalt einer Gesellschaft, über die Innovationskraft und damit Fortschrittlichkeit einer Wirtschaft, über die Produktivität und das soziale Engagement der Unternehmen und nicht zuletzt über die Umweltverträglichkeit des Wirtschaftens in einem Land Auskunft gibt.

In letzter Zeit würden aufgrund der aktuellen Ereignisse sicherlich auch Finanzmarktstabilität und die sogenannte Nachhaltigkeit der öffentlichen Finanzen hinzugefügt werden als wesentliche Voraussetzungen für eine funktionierende, ausgewogene und zukunftsorientierte Ökonomie.

Diese Forderungen bilden einen Komplex, innerhalb dessen es durchaus zu sogenannten Zielkonflikten kommen kann, wenn man beispielsweise die Produktivität der Unternehmen nur auf Kosten umweltschädlicher Maßnahmen erhöhen kann. Das bedeutet aber in letzter Konsequenz, dass bei einem „Mehr" des BIP eine Priorisierung und damit eine normative Bewertung der Ziele vorgenommen werden muss, da sonst die verschiedenen Dimensionen der Bewertung einer Ökonomie nicht in Einklang zu bringen sind.

Die Prioritäten sind von Land zu Land teils sehr verschieden, worin sich allerdings mittlerweile alle einig sind, ist, dass es nicht reicht, über den Tellerrand hinauszublicken, sondern dass es darum geht, den Tellerrand neu zu definieren. Das BIP allein reicht nicht aus, um Wohlstand adäquat abbilden zu können. Man muss hierbei aber unbedingt mitbedenken, dass das BIP dafür auch nie geschaffen wurde, sondern als Wohlstandsmaß quasi „missbraucht" wurde, nicht zuletzt weil es aufgrund seiner klaren Definition international gut vergleichbar ist und zumindest indikativ etwas über die Potenz einer Ökonomie aussagen kann.

Das BIP

Das BIP stellt den aggregierten Mehrwert aller auf Geld basierenden wirtschaftlichen Tätigkeiten dar, das heißt von allen Tätigkeiten, die auch einen Preis haben. Es ist im Wesentlichen die Summe aus dem Verbrauch der privaten Haushalte, den Investitionen und dem Staatsverbrauch, dazu werden noch Ausfuhren addiert und Einfuhren abgezogen.

Diese Zusammenfassung der Endverwendungskategorien stellt die sogenannte Verwendungsansicht des BIP dar, es lässt sich allerdings auch in einer Verteilungsansicht darstellen (Summe aus Arbeitnehmerentgelt, Betriebsüberschuss bzw. Selbständigeneinkommen und Abschreibungen plus Produktions- und Importabgaben minus Subventionen). Die dritte Darstellungsform des BIP ist die Entstehungsansicht, die sich im Wesentlichen aus der Summe der Beiträge der einzelnen Wirtschaftsbereiche ergibt. Die Rechtsgrundlage und die Berechnungsregeln sind im europäischen System der volkswirtschaftlichen Gesamtrechnungen festgelegt, das weitgehend mit dem UN-System der volkswirtschaftlichen Gesamtrechnungen übereinstimmt.

Das BIP Österreichs betrug 2011 in etwa 301 Milliarden Euro, Platz 10 innerhalb der Europäischen Union. Aber das BIP pro Kopf lag 2011 bei 35 800 Euro, das dagegen bedeutet Platz 5 für Österreich innerhalb der Europäischen Union. Und diese Zahl sagt immer noch nichts über die Verteilung des BIP in Österreich aus, aber man kann daran bereits erkennen, wie schnell sich das Bild ändert, wenn die Betrachtungsebene eine andere ist. Denn abgesehen davon, dass das BIP an sich fälschlicherweise oft gleichgesetzt wird mit Wohlstand, werden oft andere Indikatoren aufs BIP bezogen.

How's life?

Die Europäische Union hat – als eine derjenigen, die sich gemeinsam mit der OECD eine Vorreiterrolle in Sachen „Beyond GDP" zugeschrieben haben – im Rahmen der neuen auf zehn Jahre angelegten Wachstums- und Beschäftigungsstrategie versucht, vom BIP-Wachstum als alleinigem Ziel abzukommen und Indikatoren zu finden und Ziele zu definieren, die in letzter Konsequenz Beschäftigung und Wachstum bringen sollen in einer – wie die Kommission es nennt – „intelligenten, nachhaltigen und integrativen" Weise. Zu diesen Zielen zählt die Anhebung der arbeitstätigen Bevölkerung, die Anhebung des Anteils, der für Forschung und Entwicklung ausgegeben wird, die Reduktion der Treibhausgase bei gleichzeitiger Erhöhung des Anteils erneuerbarer Energien sowie die Reduktion der Anzahl von Schulabbrechern und der Zahl der von Armut oder sozialer Ausgrenzung gefährdeten Personen. In einem gewissen Sinne wird damit die anfangs beschriebene Quadratur des Kreises versucht, indem viele der angesprochenen Dimensionen im Rahmen dieser Ziele angesprochen werden. Die OECD hat vor Kurzem selbst ihren zentralen Bericht zum Thema „Beyond GDP" vorgestellt mit dem simplen Titel „How's Life?". In dem umfassenden Bericht sind gleich zwölf Dimensionen erfasst, die „well being" für die OECD ausmachen. Dazu zählt Einkommen und Vermögen, Jobs und Einkünfte, Wohnverhältnisse, Gesundheit, die Balance zwischen Freizeit und Arbeit, Ausbildung und Fähigkeiten, Sozialbeziehungen, ziviles Engagement und Governance, Umweltqualität, persönliche Sicherheit und subjektives Wohlbefinden. Das Indikatorenset dazu hat die OECD als eine Art Blume konzipiert,[1] deren Blätter unterschiedlich groß sind, jedes Blatt stellt eine andere Dimension dar. Die Korrelation zwischen den verschiedenen Kategorien ist sicherlich hoch, ein Land mit hohen Einkommen und guten Jobmöglichkeiten hat generell auch gute Werte bei Gesundheit, Sicherheit und Bildung. Auf der anderen Seite sagt eine Korrelation nichts über die Kausalität aus, welche Kategorie nun welche verstärkt oder voraussetzt. Auch die OECD stellt in ihrem Bericht fest: kein Land ist „Bester" in allen Kategorien. Es gibt also durchaus beachtenswerte Unterschiede bei den Ausprägungen: Estland beispielsweise weist zwar geringe Werte bei Einkommen, Governance und Gesundheit auf, dafür sehr hohe Werte bei der Ausbildung und bei der Umwelt.

Mehr im Burgenland

Wenn man noch eine Ebene tiefer geht und Regionen anhand verschiedener Dimensionen analysiert und vergleicht, zeigen sich bereits innerhalb eines Landes beträchtliche Unterschiede. Für Österreich zieht man ebenfalls oft nur die bereits bekannten regionalen BIP-Zahlen heran, anhand derer das Burgenland eher in den unteren Rängen rangiert. Wenn man aber die Betrachtungsebene etwas ändert und andere Indikatoren heranzieht, so wird das Bild zumindest etwas differenzierter. Bei der Arbeitslosenquote zum Beispiel lag das Burgenland im Jahresdurchschnitt 2010 an fünfter Stelle. Ein anderes Beispiel ist der für Österreichs Wirtschaft so wichtige Bereich des Tourismus. Eine bekannte Kennzahl ist die Anzahl der Nächtigungen, bei dieser Kennzahl liegt das Burgenland weit abgeschlagen an letzter Stelle mit der geringsten Anzahl an Nächtigungen. Betrachtet man aber die Steigerungsrate seit dem Jahr 2000, verzeichnet das Burgenland die zweithöchste Steigerungsrate nach Wien und liegt damit weit über dem Durchschnitt Österreichs. Auch bei der Wahl eines anderen Bezugspunktes ändert sich das Bild: Setzt man die Zahl der Nächtigungen in ein Verhältnis zur Bevölkerung des Bundeslandes, liegt das Burgenland schon auf Platz 6. Noch eindrücklicher sind die Ergebnisse bei einer Gewichtung mit der Gesamtfläche des Bundeslandes: In dieser Betrachtung ist das Verhältnis ähnlich wie für Tirol, das bei der Absolutanzahl der Nächtigungen den unangefochtenen Spitzenplatz in Österreich einnimmt. Im Burgenland gibt es sogar etwas mehr Nächtigungen pro Quadratkilometer als in Tirol. Fast das gleiche Verhältnis zeigt sich auch bei einer Gewichtung mit der Bevölkerung, auch bei dieser Betrachtungsweise kann das Burgenland mit Tirol mithalten. Das schlägt sich auch in den Arbeitsmarktzahlen nieder: Während die anderen Bundesländer nur moderate Wachstumsraten der Beschäftigung aufweisen im Bereich Gastgewerbe, Beherbergung und Gastronomie, konnte das Burgenland laut Daten von Eurostat im Jahr 2009 um 2,1 Prozent zulegen, der Österreich-Schnitt dagegen gleich sich auf Null aus.

All das soll aber keineswegs bedeuten, dass sich das Burgenland in seiner wirtschaftlichen Strategie ausschließlich auf den Tourismus konzentrieren sollte, aber gerade dieser Wirtschaftsbereich ist ein gutes Beispiel dafür, wie schnell sich mit einem anderen Bezugspunkt auch die Perspektive ändert.

Auch in anderen Bereichen zeichnet sich das Burgenland durch positive Entwicklungen aus. Bei der Erbringung von freiberuflichen, wissenschaftlichen und technischen Dienstleistungen beispielsweise ist das Wachstum der Beschäftigung laut Eurostat-Daten für 2009 ebenfalls überdurchschnittlich mit 7,7 Prozent gegenüber 2,2 Prozent im Österreich-Schnitt. Die Daten – und hier sei wieder der Bezug zum BIP hergestellt – für Bruttoanlageinvestitionen zeigen ebenfalls ein erfreuliches Bild, die letztverfügbaren Daten von Eurostat für 2007 zeigen, dass im Burgenland Investitionen von 26 Prozent des regionalen BIP getätigt wurden, so viel wie in keinem anderen Bundesland. Und Investitionen sind ja einer der wichtigsten Motoren einer dynamischen Wirtschaft. Darüber hinaus birgt das Burgenland als Tor nach Osteuropa noch viel Potential, sodass davon auszugehen ist, dass in den nächsten Jahren und Jahrzehnten das Burgenland alle möglichen Rankingleitern noch weiter nach oben klettern wird.

Anmerkung

1 http://www.oecdbetterlifeindex.org/

Georg Pehm, Monika Stiglitz

Fördern und fordern

Burgenland zwischen Aufstiegsstrategien und Stabilitätspflichten

Dieses Maß an Zuversicht beeindruckt. Nicht nur jenseits der Landesgrenze, sondern auch im Burgenland selbst. Als sich die Burgenländer/innen am 12. Juni 1994 mit stattlicher Zweidrittelmehrheit für den Beitritt Österreichs zur Europäischen Union aussprechen, ist aber wohl nur wenigen bewusst, welche konkreten Auswirkungen damit verbunden sein werden. Rund 17 Jahre und zwei – technisch gesprochen – „Ziel-1-Förderperioden" (1995–1999 und 2000–2006) sowie eine „Phasing-Out-Periode" (2007–2013) später zeigt sich hingegen eine unbestreitbare Bilanz, die jedem klar macht: Teil der Europäischen Union zu sein, hat sich für das Burgenland und seine Menschen allemal ausgezahlt (vgl. Pehm 2011, 144f).

Die Kohäsionspolitik und -mittel ermöglichten dem ehemaligen „Aschenputtel unter den österreichischen Bundesländern" (Gaulhofer 2009), eine Aufstiegsstrategie einzuschlagen, die starke positive Effekte auf Wachstum, Beschäftigung, Einkommen und Bildung mit sich brachte (vgl. Gerbavsits/Pehm 2009, 15ff). Damit sind die Hoffnungen von einst – alles in allem – auch tatsächlich erfüllt worden.

Der vorliegende Beitrag zeichnet die wesentlichen historischen Fördergrößen der unterschiedlichen EU-Programme sowie des Additionalitäts-Programms nach, spricht die jeweiligen regionalwirtschaftlichen Zielrichtungen an und versucht darauf aufbauend ein (mögliches) Szenario „Burgenland als Übergangsregion" für den Zeitraum 2014–2020 zu erörtern. Dabei liegt ein Augenmerk auf der Frage, wie der burgenländische Landeshaushalt das Spannungsverhältnis zwischen Aufstiegsstrategie und Stabilitätspflichten bewältigt hat – respektive wie er es auch weiterhin bewältigen kann. Diese Herausforderung ist angesichts der aktuellen Konsolidierungsbemühungen der österreichischen Bundesregierung, die auch einen namhaften Beitrag der Bundesländer einfordert, sicherlich nicht kleiner geworden.

Am Beginn im Mittelpunkt: Infrastruktur (Ziel-1-Periode 1995–1999)

Um den angestrebten Entwicklungssprung zu erreichen, müssen die Gemeinschaftsmittel zunächst auf eine ausgewählte Anzahl von Prioritäten konzentriert werden. Aufgrund von Stärken-/Schwächenanalysen definiert das Land Prioritäten, die sich gegenseitig ergänzen und unterstützen sollen: Industrie und Gewerbe, Forschung und Entwicklung, Tourismus, Land- und Forstwirtschaft sowie Naturschutz und – nicht zuletzt: die Förderung des Wachstums und der Stabilität der Beschäftigung.

Die Mittel für die Finanzierung der Projekte kommen aus unterschiedlichen Quellen: rund 115,3 Millionen Euro aus dem EFRE (Europäischer Fonds für regionale Entwicklung), rund 33,1 Millionen Euro aus dem ESF (Europäischer Sozialfonds) und 26,2 Millionen Euro aus dem EAGFL (Europäischer Ausgleichs- und Garantiefonds für Landwirtschaft). An nationalen Mitteln werden insgesamt 250,1 Millionen Euro aufgebracht, wobei das Land Burgenland davon rund 116,4 Millionen Euro in den einzelnen Landesvoranschlägen zur Verfügung stellt. Die private Beteiligung beläuft sich auf rund 520 Millionen Euro.[1]

Keinesfalls unerwähnt bleiben darf, dass die Mittel des Landes für „normale" Förderungen aus dem ordentlichen Haushalt aufzubringen sind. Daran hat sich bis heute nichts geändert.

Strukturwandel beschleunigen (Ziel-1-Periode 2000–2006)

In der zweiten Förderperiode sollen die geschaffenen Strukturen im Land durch weitere produktive Investitionen abgesichert werden. Nachhaltig. Darüber hinaus setzt Runde 2 des Aufholprozesses auf eine Beschleunigung des Strukturwandels. Richtigerweise erfolgt dieser genau zu jenem Zeitpunkt, als auch das Burgenland von der Internationalisierung und der Modernisierung der Wirtschaft durch neue Technologien erfasst wird.

Stärkeres Augenmerk erhalten vor allem auch qualifikationsintensive und zukunftsfähige Wirtschaftsbereiche der industriell-gewerblichen Produktion sowie darauf ausgerichtete, hochrangige Dienstleistungen. Die überwiegend klein- und mittelbetriebliche burgenländische Wirtschaft kann durch die Unterstützung motiviert werden, modernste Technologien anzuwenden bzw. zu entwickeln sowie ihre internationale Marktpräsenz auszuweiten und abzusichern.

Quantitativ fließen über 283 Millionen Euro an Strukturfondsmittel in rund 18 600 Projekte. Mit dem Beitrag des Landes Burgenland von über 165 Millionen Euro und den Mitteln des Bundes (209 Millionen Euro) werden somit Förderungen von mehr als 657 Millionen Euro ausgeschüttet. Damit kann mit und über die Kohäsionspolitik in dieser Periode ein Investitionsvolumen von über 1,8 Milliarden Euro bewirkt und eine deutlich über die Planwerte hinausgehende Hebelwirkung erzeugt werden.

Die Weiterführung der Zielsetzung, die regionalen und wirtschaftlichen Ungleichgewichte auszugleichen (Stichwort: Abbau von Disparitäten zwischen dem Nord- und dem Mittel- bzw. Südburgenland), spiegelt sich in der regionalen Verteilung der geförderten Projekte wider. Mehr als 10 800 Projekte entfallen demnach auf das Mittel- und Südburgenland, mehr als 7300 Projekte auf die drei nördlichen Bezirke. Damit kann ein Auseinanderdriften der Landesteile verhindert werden. (Der Rest von etwa 500 Projekten betrifft landesweite Vorhaben.)[2]

Das Burgenland setzt aber nicht nur regionale Projekte um: Zusätzlich zum Ziel-1-Programm engagiert es sich unter anderem in der EU-Gemeinschaftsinitiative zur Förderung der grenzüberschreitenden Zusammenarbeit INTERREG mit all ihren Ausprägungen. Im Sinne von *„global thinking, regional acting"* nutzt das Burgenland auch über diesen Weg seine Chancen, sich von einer Region mit Entwicklungsrückstand zu einer über die Grenzen hinweg anerkannten Modellregion zu entwickeln.

Ein wesentlicher Faktor für die Umsetzung der zahlreichen Projekte und somit für die Auslösung von EU- und Bundesmitteln ist die Frage: Wie können die Landesmittel für die notwendige Kofinanzierung aufgebracht werden? – Einerseits für die Anforderungen der zweiten Ziel-1-Periode 2000–2006 und andererseits für das Additionalitätsprogramm, welches erstmals in der Periode 2000–2006 zwischen dem Bund und dem Land Burgenland ausverhandelt wurde. Kein leichtes Unterfangen, zumal das Land auch die finanziellen Konsequenzen aus dem Bank Burgenland-Skandal zu bewältigen hatte (vgl. Stiglitz 2010).

Zusammen genommen bedeutete diese Konstellation einen finanziellen Kraftakt für die burgenländische Haushaltspolitik: Es galt nicht nur über den Weg des außerordentlichen Haushalts die Mittel für eine optimale Nutzung der EU-Programme sicherzustellen, sondern die parallel dazu laufenden nationalen und regionalen Förderprogramme weiterhin und mindestens in selber Höhe wie zuvor zu dotieren. – Und das beim erklärten politischen Ziel, einen ausgeglichenen Haushalt ohne Neuverschuldung zu formen.[3]

Bewältigt wird dies überwiegend mit den Rückflüssen aus Wohnbauförderungsdarlehen, die zu begünstigten Konditionen von den Darlehensnehmern vorzeitig zurückbezahlt werden, sowie einer konsequenten Haushaltsplanung.

Banken- und Wirtschaftskrise verändert Rahmenbedingungen (Phasing-Out-Periode 2007–2013)

Mit dem Auslaufen der zweiten Ziel-1-Förderperiode Ende 2006 kann über das sogenannte Phasing-Out-Programm ein abrupter Einschnitt in den Bemühungen im Strukturwandel vermieden werden. Die vorgesehenen Mittel darin sind durchaus beachtlich (siehe Grafik 1): Im Rahmen von EFRE, ESF, ELER (Förderprogramm Ländlicher Entwicklung), EFF (Europäischer Fischereifonds) sowie der grenzüberschreitenden Programme stehen bis Ende 2015 (also bis zur Gesamtabrechnung der Förderperiode) insgesamt mehr als 900 Millionen Euro an Fördermitteln für Projekte zur Verfügung (inkl. Additionalitätsprogramm).[4] Das Land Burgenland bringt in diesem Zeitraum in seinen Landesvoranschlägen rund 170,5 Millionen Euro an Kofinanzierungsgeldern überwiegend über die „haushaltskonforme Restrukturierung der Rückflüsse aus Wohnbaudarlehen" sowie durch nachhaltige Strukturmaßnahmen auf.[5]

Diesmal konzentriert das Land seine Aktivitäten unter dem thematischen Dach: Sicherung von Lebensqualität sowie Erhöhung von Einkommen und Beschäftigung durch Stärkung der Wettbewerbsfähigkeit.[6] Zur Zielsetzung, die wirtschaftlichen Leistungsunterschiede zwischen den Landesteilen weiter abzubauen, kommt eine neue hinzu: Das Burgenland begreift sich noch mehr als zuvor als aktiver „Player" innerhalb von „Centrope"[7] und anderen interregionalen sowie transnationalen Plattformen, wie sie beispielsweise die Makroregion Donauraum[8] darstellt.

Das alles erfolgt freilich unter drastisch veränderten Rahmenbedingungen. Denn die internationale Banken- und in deren Folge veritable Wirtschaftskrise schlägt spürbar auf die Haushalte der Länder durch. – Sinkenden Einnahmen stehen massiv steigende Ausgaben gegenüber, wobei zu den Ausgaben auch jene bewusst getätigten Investitionen zählen, die die Auswirkungen der Krise abfedern sollen.

„Keinen Euro in Brüssel liegen lassen", lautet – dennoch und weiterhin – die politische Leitlinie des Burgenlandes in Bezug auf die Kohäsionspolitik. Dies kommt auch durch den Finanzplan für die Jahre 2011 bis 2015 zum Ausdruck. Darin verankert das Land, die erforderlichen Mittel zur Kofinanzierung von EU-Projekten jedenfalls zu sichern. Allerdings dadurch, dass das Land für den Haushalt 2010 erstmals seit neun Jahren eine Nettoneuverschuldung in Kauf nimmt,[9] was auch in den Jahren 2011 bis 2014 der Fall ist. Im Jahr 2015, so die Ankündigung der Landesregierung, soll wiederum ein ausgeglichener Haushalt ohne neue Schulden gelingen.

Die Stabilitätsvorschriften, die im Zuge der Verträge von Maastricht übernommen worden sind, können dennoch ohne Probleme eingehalten werden.[10]

Grafik 1: Fördermittel der Phasing-Out-Periode 2007–2013 (in Millionen Euro); Verteilung des Gesamtvolumens von rund 912 Millionen Euro auf einzelne Programme

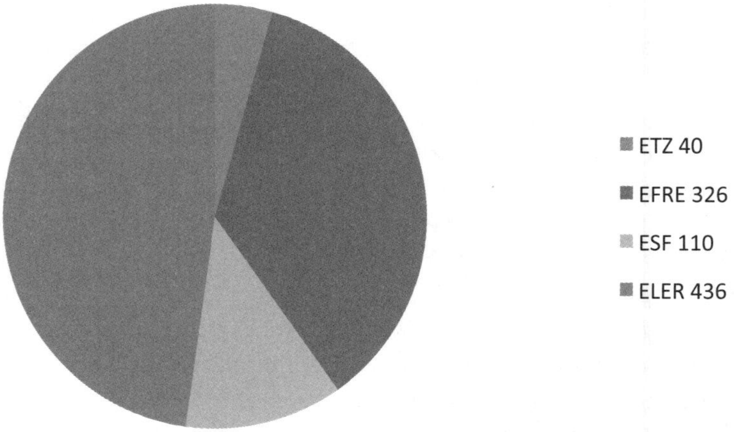

EFRE: Europäischer Fonds für regionale Entwicklung
ESF: Europäischer Sozialfonds
ELER: Europäischer Landwirtschaftsfonds
ETZ: Europäische Territoriale Zusammenarbeit

Quelle: Regionalmanagement Burgenland.

Status als Übergangsregion?

Was kommt nach dem Jahr 2013? – Geht es nach dem Willen der Kommission, wird das Burgenland zur Gruppe sogenannter „Übergangsregionen" (regionales BIP pro Kopf zwischen 75 und 90 Prozent des Durchschnitts der EU 27) zählen. Das Burgenland, das zuletzt auf 81 Prozent der EU-Mittel kommt, würde genau in diese Kategorie fallen.[11] Willkommener Effekt: Der Schwellenbereich zwischen den Ziel-1-Regionen und den nicht mehr sonderlich geförderten Wettbewerbsregionen (Ziel-2-Region) wird einmal mehr verlängert. Ein Umstand, mit dem vor sieben Jahren nicht wirklich zu rechnen war – und mit dem auch noch nicht fix zu rechnen ist. Noch ist die neue Klassifizierung nur Vorschlag,[12] einige Mitgliedsstaaten stehen ihm offen skeptisch gegenüber.[13]

Noch lassen sich auch weder ein absoluter Betrag, der auf das Burgenland entfallen könnte, noch Förderungs(ober)grenzen oder die Intensität der zeitlichen Verteilung der Mittel über die Förderperiode hinweg und eine Reihe weiterer Details festmachen. Es liegt lediglich am Tisch, dass für die neuen Übergangsregionen insgesamt 39 Milliarden Euro in der nächsten Förderperiode budgetiert werden sollen[14] und dass vom Burgenland weitere Anstrengungen unternommen werden müssen, die nationale Kofinanzierung des dann vierten Förderzeitraums aufzubringen.

Ab 2015 soll es gelingen, die Kofinanzierung anderwärtig sicherzustellen – im Wesentlichen muss dies wohl aus Restrukturierungsmaßnahmen im Verwaltungsbereich geschehen und – zu einem geringeren Teil – aus den Rückflüssen ausgegebener Wohnbaudarlehen.

Abermals in eine „besondere" Förderungsgruppe zu kommen, ist bereits seit geraumer Zeit Teil strategischer Anstrengungen des Burgenlandes. Sowohl die österreichischen Landeshauptleute[15] als auch die Bundesregierung, der Gemeindebund und der Städtebund sowie die österreichischen Sozialpartner[16] tragen die Bestrebungen des Burgenlandes mit.

Die thematische Konzentration auf wenige Ziele, wie sie in der Strategie für ein „intelligentes, nachhaltiges und integratives Wachstum"[17] („Europa 2020") beschlossen sind, kommt dem Burgenland durchaus zupass. Die klare – und nochmals verstärkte – Orientierung der Programme auf zusätzliche Beschäftigung, auf Innovation, Forschung und Entwicklung sowie auf den Bereich erneuerbare Energien deckt sich mit den Vorstellungen des Burgenlandes weitgehend. So gesehen wird das Burgenland keine Schwierigkeiten haben, seine Aktivitäten an der europäischen Gesamtstrategie auszurichten. Und eine Region, die trotz seiner geografischen Kleinheit gleich an drei weitere EU-Mitgliedsstaaten grenzt, wird auch die gestärkte transregionale und transnationale Zusammenarbeit nutzen können.

Resümee mit Optimismus

Das Burgenland profitiert wie keine andere Region in Österreich von europäischen Förderprogrammen und wohl auch von den Erweiterungsschritten, die 2004 stattfanden. Überdurchschnittliches Wachstum, Beschäftigungsrekorde im Jahrestakt, Ausbau von Infrastruktur und Bildungseinrichtungen, eine bemerkenswerte Dynamik im Tempo des Strukturwandels – das sind nur einige stichwortartig angeführte Effekte.

Es gelang, die beträchtlichen Fördergelder aus Brüssel und Wien durch geschickt realisierte Potentiale in den öffentlichen Haushalten bzw. in Tochter- und Enkelunternehmen zur Kofinanzierung zu nutzen. Für die Jahre 2010–2014 nimmt das Burgenland dafür (und auch zur Finanzierung von Instrumenten, die der Wirtschaftskrise entgegenwirken sollen) eine Erhöhung der Landesschulden in Kauf. Der Stabilitätspakt zwischen Bund und Land wird nicht verletzt.

Für den Zeitraum 2014–2020 steht das Land vor einer weiteren Herausforderung: Es gilt, aus einem deutlich ungünstigeren Umfeld heraus, unter anderem mit höherer Verschuldung, niedrigeren Wachstumsraten und erhöhten Erfordernissen im Sozial- und Gesundheitsbereich, die Kofinanzierung für die Programme sicherzustellen und gleichzeitig die angestrebten und vorgegebenen Stabilitätsziele zu verwirklichen. Mit einem Wort: Die europäischen Strukturfonds fördern nicht nur, sie fordern auch.

Gelingt es, die gegenläufigen Zielsetzungen gleichzeitig zu verwirklichen, dann steht dem Burgenland bis 2021, dem Jahr des „100. Geburtstages", eine weitere Periode des wirtschaftlichen Aufstiegs und höheren Wohlstands ins Land. Optimismus ist angebracht.

Wie vor 17 Jahren.

Anmerkungen

1 Vgl. Ziel 1 Burgenland Österreich. Einheitliches Programmplanungsdokument 1995–1999, abrufbar unter: http://phasingout.at/media/file/131_EPPD_95-99_Teil_1a_f_r_SS.pdf (23. 10. 2011).

2 Vgl. Regionalmanagement Burgenland GmbH. Programm-Monitoring (2009). 13. Umsetzungsbericht, abrufbar unter: http://phasingout.at/media/file/312_Umsetzungsbericht_12_2008.pdf (23. 10. 2011).

3 Vgl. Hans Niessl. Regierungserklärung des Herrn Landeshauptmanns, in: Stenografisches Protokoll der 2. Sitzung der XVIII. Gesetzgebungsperiode des Burgenländischen Landtages, http://www.burgenland.at/media/file/309_PRO2.pdf, 35f (15. 9. 2011).

4 Vgl. Phasing-Out Burgenland 2007–2013 EFRE und ESF. Ergänzung zum Programm (EzP), abrufbar unter: http://www.phasing-out.at/media/file/418_EzP_Version_4_g_ltig_ab_02072009.pdf (31. 10. 2011).

5 Vgl. Finanzplan für das Burgenland 2011–2015, 1. Fortführung. Beschluss des Burgenländischen Landtages vom 29. 9. 2011, 24.

6 Vgl. Phasing-Out Burgenland, http://www.phasing-out.at/de/aktuelles (31. 10. 2011).

7 Centrope. An einer Schnittstelle Europas, http://www.centrope.com/de/region-centrope/centrope-auf-einen-blick (25. 10. 2011).

8 Vgl. European Commission. Communication from the Commission to the European Parliament, the Council, the European Economic and Social Committee and the Committee of the Regions, European Union Strategy for Danube Region, http://eur-lex.europa.eu/LexUriServ/LexUriServ.do?uri=COM:2010:0715:FIN:EN:PDF (25. 9. 2011).

9 Vgl. Helmut Bieler. Budgetrede des Landesfinanzreferenten, in: Stenografisches Protokoll der 50. Sitzung der XIX. Gesetzgebungsperiode des Burgenländischen Landtages, http://www.burgenland.at/media/file/1254_50._Sitzung__Budgetrede_.pdf, 7912f (3.10.2011).

10 Vgl. Helmut Bieler. Budgetrede des Landesfinanzreferenten, in: Stenografisches Protokoll der 15. Sitzung der XX. Gesetzgebungsperiode des Burgenländischen Landtages, http://www.bgld-landtag.at/fileadmin/user_upload/Landtagssitzungen/Protokolle/2011/WP_15Sitzung_2011.pdf, 1764 (28.10.2011).
Daran hat auch die Tatsache nichts Substanzielles verändert, dass der vom Land Burgenland durchgeführte Verkauf von Wohnbaudarlehen an eine Landesgesellschaft von Statistik Austria als „maastrichtschädlich" eingestuft werden musste und sich infolgedessen die österreichische Staatsschuld für das Jahr 2011 um rund 400 Millionen Euro erhöhte. Vgl. Schnauder (2011).

11 Vgl. Eurostat. Bruttoinlandsprodukt (BIP) zu laufenden Marktpreisen auf der Ebene NUTS 2 (nama_r_e2gdp), http://epp.eurostat.ec.europa.eu/portal/page/portal/eurostat/home (31.10.2011).

12 Vgl. European Commission. Proposal for a REGULATION OF THE EUROPEAN PARLIAMENT AND OF THE COUNCIL laying down common provisions on the European Regional Development Fund, the European Social Fund, the Cohesion Fund, the European Agricultural Fund for Rural Development and the European Maritime and Fisheries Fund covered by the Common Strategic Framework and laying down general provisions on the European Regional Development Fund, the European Social Fund and the Cohesion Fund and repealing Regulation (EC) No 1083/2006, http://www.europarl.europa.eu/registre/docs_autres_institutions/commission_europeenne/sec/2011/1142/COM_SEC(2011)1142_EN.pdf, 8 (8.10.2011).

13 Vgl etwa: Directorate General for Internal Policies. Comparative Study on the Vision and Options for Cohesion Policy after 2013, http://www.europarl.europa.eu/meetdocs/2009_2014/documents/regi/dv/pe460062-xm_/pe460062-xm_en.pdf (15.10.2011).

14 Vgl. European Commission. Proposal for a Regulation of the European Parliament and of the Council on the Cohesion Fund and repealing Council Regulation (EC) No 1084/2006, http://ec.europa.eu/regional_policy/sources/docoffic/official/regulation/pdf/2014/proposals/regulation/cohesion/cohesion_proposal_en.pdf, 5 (25.10.2011).

15 Vgl. Konferenz der Landeshauptleute. Eckpunkte für die Reform der EU-Kohäsionspolitik 2014+. Gemeinsame Länderstellungnahme. Beschluss vom 27.11.2009.

16 Vgl. Österreichische Raumordnungskonferenz. Österreichische Stellungnahme zum 5. Kohäsionsbericht, http://www.oerok.gv.at/fileadmin/Bilder/3.Reiter-Regionalpolitik/2.EU-Kohaesionspolitik_2014_/OE_STN_5._Kohaesionsbericht_final_2011-02-15.pdf (27.8.2011).

17 Vgl. European Commission. Europa 2020, http://ec.europa.eu/europe2020/index_en.htm (15.9.2011).

Literatur

Gaulhofer, Karl (2009). Kaufkraft in Österreich: Der reiche Westen ist arm dran, DiePresse.com, 11. 5. 2009, abrufbar unter: http://diepresse.com/home/wirtschaft/economist/47832/index.do (29. 9. 2009).
Gerbavsits, Michael/Pehm, Georg (Hg.) (2009). Zukunft beginnt nach dem Tellerrand. Beiträge zum wirtschaftspolitischen Diskurs im Burgenland, Oberwart.
Pehm, Georg (2011). Mit Siebenmeilenstiefeln geht's besser. Die EU-Regionalpolitik als Schrittmacher von Entwicklungssprüngen, in: Historischer Atlas Burgenland, Wissenschaftliche Arbeiten aus dem Burgenland 141, Eisenstadt 2011.
Schnauder, Andreas (2011). Finanztricks im Burgenland erhöhen Staatsschulden, derStandard.at, 7. 3. 2011, abrufbar unter: http://derstandard.at/1297819757444/Finanztricks-im-Burgenland-erhoehen-Staatsschulden?seite=5 (15. 10. 2011).
Stiglitz, Monika (2010). Der Verkauf der Bank Burgenland aus beihilferechtlicher Sicht. Diplomarbeit, Linz.

Michael Gerbavsits

Fusion BEWAG und BEGAS: Zwangsläufigkeit oder mutiger Schritt?

96 Jahre Geschichte und eine energiegeladene Zukunft

Nach der Wiedererrichtung des eigenständigen Burgenlandes nach dem Zweiten Weltkrieg und dem Abzug der Besatzungssoldaten 1955 war es das erklärte Ziel der burgenländischen Politik, das Burgenland zu industrialisieren. Das war unabdingbare Voraussetzung, um im vorwiegend agrarisch strukturierten Burgenland dringend erforderliche Arbeitsplätze zu schaffen. Das Burgenland war das „Armenhaus" Österreichs, bedingt durch die geografische Lage beim „Eisernen Vorhang", der sehr mangelhaften Verkehrsinfrastruktur und der vollkommen mangelhaften Stromversorgung. Eine ausgeprägte Landflucht bzw. teilweise noch immer die Auswanderung junger, perspektivenloser Menschen nach Amerika waren die Folgen des wirtschaftlichen Rückstandes gegenüber den anderen Bundesländern Österreichs.

Der Elektrizitätswirtschaft kam bei den Bemühungen der Landesregierung, einen wirtschaftlichen Aufholprozess einzuleiten, eine zentrale Aufgabe zu, nämlich die für die Ansiedelung von Betrieben erforderliche Energie zur Verfügung zu stellen.

Das Burgenland hatte damals allerdings noch kein eigenes Energieversorgungsunternehmen: Der Norden wurde von der niederösterreichischen NEWAG – unzureichend – mit Strom versorgt, der Landessüden war Teil des Versorgungsgebietes der steirischen STEWEAG. Vor allem im Norden des Burgenlandes wurde relativ wenig in den Ausbau der Stromversorgung investiert.

Mit der Gründung der BEWAG im Jahr 1958 und der im Jahr darauf per Bescheid erfolgten Beendigung der Tätigkeiten von NEWAG und STEWEAG begann die eigenständige, großflächige Energieversorgung des Burgenlandes. Damit war ein wesentlicher Grundstein für den wirtschaftlichen Aufschwung des Burgenlandes gelegt. Die BEWAG wurde in den folgenden Jahrzehnten zu einem wesentlichen Leitbetrieb in unserem Bundesland und zu einem Teil der burgenländischen Identität.

Der Grundstein zum Aufbau der Erdgasversorgung im Burgenland wurde 1968 mit dem Abschluss des ersten Erdgasliefervertrages mit der damaligen UdSSR gelegt. Den aufstrebenden Industriebetrieben im Raum Eisenstadt und Mattersburg sollte eine Energiealternative neben Erdöl angeboten werden. 1970 gründete das Land Burgenland die BEGAS, die daraufhin mit dem Aufbau einer Infrastruktur für die Erdgasversorgung im Burgenland begann. Der erste burgenländische Industriebetrieb wurde schließlich ab September 1970 mit Erdgas beliefert. In weiterer Folge wurden die erdgasversorgten Gemeinden des Burgenlandes Miteigentümer der BEGAS.

Teilprivatisierung und Liberalisierung

Im Oktober 1989 beschloss der burgenländische Landtag nach jahrelanger Diskussion die Teilprivatisierung der beiden Energieversorger. 1990 wurden 49 Prozent des BEWAG-Aktienkapitals und der BEGAS-Anteil des Landes von 51 Prozent in die Burgenland Holding AG eingebracht, diese wurde schließlich an die Börse gebracht. Mit den Einnahmen aus der Teilprivatisierung wurden im Rahmen der daraus dotierten „Burgenland-Milliarde" wichtige Betriebsansiedelungsprojekte mitfinanziert. Mehrheitseigentümer der Burgenland Holding ist mittlerweile die EVN. Weitere Großaktionäre sind der Verbund, die Energie Steiermark AG und die Wiener Stadtwerke.

Über Jahrzehnte hinweg war die Struktur der österreichischen Energiewirtschaft nahezu gleich geblieben, ein weitgehender Gebietsschutz und eine strenge Aufgabenteilung prägten die Branche. In Folge des EU-Beitritts endete das Monopol in der Elektrizitätswirtschaft im Februar 1999, seit 1. Oktober 2001 ist der Strommarkt vollständig liberalisiert; seit 2002 auch der Erdgasmarkt. Der Wettbewerb um die Kunden konnte beginnen. Die Energiewirtschaft bekam den gesetzlichen Auftrag, Kosten durch Sparen, Rationalisieren und Kooperationen zu reduzieren.

Eine Folge der nunmehr bestehenden Möglichkeit der Kunden, sich ihren Energielieferanten selbst auszusuchen, war der Versuch, durch größere Unternehmenseinheiten Synergien im Vertrieb zu nutzen. Die beiden burgenländischen Energieversorger schlossen sich im Frühjahr 2002 mit einer Beteiligung von zehn Prozent der EnergieAllianz an. Die weiteren Miteigentümer sind derzeit Wien Energie und die EVN. Auf der Gasseite schlossen sich die Partner der EnergieAllianz mit der OMV in der ECON Gas GmbH zusammen.

Nach ungefähr einem Jahrzehnt kann man feststellen, dass sich beide burgenländischen Energieversorger sehr gut am liberalisierten Markt durchgesetzt haben. Die Burgenländer haben „ihren" Landesenergieversorgern BEWAG und BEGAS die Treue gehalten.

Von Energiehändlern zu Energieproduzenten

Über Jahrzehnte hinweg waren BEGAS und BEWAG Gas- bzw. Stromhändler, eine nennenswerte Energieproduktion gab es im Burgenland nicht. Erst mit dem Durchbruch der Ökoenergie wurden die beiden Unternehmen auch Energieproduzenten. 1997 wurde in Zurndorf der erste Windpark der BEWAG in Betrieb genommen, mittlerweile stehen in unserem Bundesland mehr als 200 Windräder, derzeit erfolgt gerade ein weiterer enormer Ausbau. Und schon im Jahr 2013 wird das Burgenland „stromautark" sein, das heißt, dass über das Jahr gesehen im Burgenland so viel Strom aus erneuerbarer Energie erzeugt werden wird, wie hier verbraucht wird.

Neben den Windparks sind es Biomassekraftwerke, Photovoltaikanlagen und kleine private Wasserkraftwerke, die das Burgenland zur führenden Ökoenergie-Region machen.

Eigentümer einigen sich auf Fusion

Die beiden führenden burgenländischen Energieversorger haben bereits in den vergangenen Jahren zusammengearbeitet. Im Jahr 2000 wurde die gemeinsame Vertriebsfirma BEST gegründet, in der EnergieAllianz sind beide Firmen Gesellschafter. In Heiligenkreuz betreiben BEWAG und BEGAS zusammen das größte Biomasse-Kraftwerk des Burgenlandes, ein weiteres gemeinsam in Oberwart.

Überlegungen zur Zusammenführung in einem Unternehmen hat es immer wieder gegeben, diese kamen aber nie über das „Gedankenstadium" hinaus. Gegen Ende des Jahres 2010 ist plötzlich eine ziemlich unerwartete Dynamik in die Diskussion gekommen. Der BEWAG-Mehrheitseigentümer Land Burgenland hat eine enge Zusammenarbeit der beiden Unternehmen vorgeschlagen, um dadurch Synergien heben zu können. Von einer Fusion war damals noch keine Rede. Aber das Thema war da und bei einem „Energiegipfel", den Landeshauptmann Hans Niessl für den 21. Jänner 2011 einberufen hatte, einigten sich das Land Burgenland, die Gemeindeanteilsverwaltung AG als BEGAS-Mehrheitseigentümer und die EVN als Mehrheitseigentümer der Burgenland Holding AG, die an beiden Unternehmen 49 Prozent hält, prinzipiell auf eine Fusion von BEWAG und BEGAS. Als Voraussetzung dafür sollte das Land den Gemeinden den 51-Prozent-Anteil an der BEGAS abkaufen.

Vereinbart wurde beim Energiegipfel eine Bewertung der BEGAS durch zwei Wirtschaftsprüfer, jeweils einer wurde vom Land bzw. von der Gemeindeanteilsverwaltung AG beauftragt. Die Bewertungen wurden Ende Juni abgeschlossen und am 15. Juli 2011 einigten sich Land und Gemeinden auf den Preis – 100,47 Millionen Euro – für den 51-Prozent-Anteil der 110 erdgasversorgten Gemeinden des Burgenlandes an der BEGAS.

Aus BEWAG und BEGAS wird ein neuer burgenländischer Energiedienstleister

Durch die Fusion von BEGAS und BEWAG entsteht ein schlagkräftiger Energiedienstleister, der sich auf dem Markt besser behaupten wird als die beiden Einzelunternehmen. Durch Effizienzsteigerung und das Heben von Synergien im Markt- und Kundenauftritt soll eine langfristige Sicherung der Selbständigkeit des neuen burgenländischen Energieversorgers erreicht werden.

Von Anfang an haben sich sowohl die Politik als auch die Vorstände dazu bekannt, dass es durch diese Fusion zu keinen Kündigungen kommen soll. Zwar wird der natürliche Abgang nur punktuell nachbesetzt werden, trotzdem bedeutet diese Garantie, dass bei den Personalkosten vor allem mittelfristig Einsparungspotential genutzt werden kann.

In vielen Bereichen kann man aber sehr rasch Parallelitäten beseitigen und schnell Einsparungen erreichen. Beispielsweise wurde der Fuhrpark für BEGAS und BEWAG bereits gemeinsam ausgeschrieben, sodass hier bereits deutliche Einsparungen erzielt werden konnten.

„Die vielleicht größten Synergiepotentiale sind bei der Fusion der beiden Landesenergieversorgungsunternehmen in der Organisation und in der Verwaltung zu heben", so Christian Melchart in seiner Arbeit (2011, 38).

Beide Unternehmen betreiben die Fusion sehr offensiv: Das heißt, es wurden sofort alle wichtigen Weichenstellungen vorgenommen, um den Prozess höchst professionell abzuwickeln, gleichzeitig wurden auch jene Bereiche definiert, in denen rasche Einsparungen möglich sind.

Vor allem die Kunden werden von dem Zusammenschluss der beiden Traditionsunternehmen profitieren. Sie haben in allen Energiefragen in Zukunft nur

Tabelle 1: Die beiden Energieunternehmen sind bereits jetzt wichtige Leitbetriebe im Burgenland. Hier einige Eckdaten:

BEWAG:	
Stromabsatz	1257 GWh
Stromerzeugung (85 % Wind, 15 % Biomasse)	558 GWh
Jahresumsatz	248 000 T€
Bilanzsumme	655 000 T€
Beschäftigte	664
BEGAS:	
Erdgasabsatz	2198 GWh
Jahresumsatz	88 300 T€
Bilanzsumme	253 300 T€
Beschäftigte	213

Quellen: www.begas.at, www.bewag.at.

mehr einen Ansprechpartner, der ihnen maßgeschneiderte Lösungen bietet, die auf die individuellen Bedürfnisse abgestimmt sind. Nachdem beide Unternehmen sich als Qualitätsanbieter verstehen, die mit umfassendem Service punkten, wird der neue burgenländische Energiedienstleister über eine breite Angebotspalette verfügen.

Nachdem sich die BEWAG von Beteiligungen trennt, die nicht zum Heimmarkt und zum Kerngeschäft zählen, kann sich das neue Unternehmen ganz auf seine Stärken konzentrieren. Die ökologische Erzeugung von Energie, ihre verlässliche Verteilung und höchste Servicequalität sind die wichtigsten Standbeine des neuen burgenländischen Energieversorgers.

In den kommenden Jahren ist man mit dem weiteren Ausbau der Windenergie im Burgenland beschäftigt, die Nutzung der E-Mobilität bietet mittelfristig interessante Perspektiven und innovative Wärmelösungen stehen ebenfalls im Fokus des Interesses. Nach erfolgter Fusion wird man natürlich auch neue Produkte entwickeln und weitere Geschäftsfelder erschließen.

Die Fusion von BEWAG und BEGAS ist ein notwendiger Schritt, der viele Herausforderungen mit sich bringt. Der Druck des Marktes wird immer stärker. Durch die Fusion kann ein schlagkräftiges Unternehmen entstehen. Lange stand dieser Schritt im Raum, nun hat man den günstigen Zeitpunkt und die positiven Rahmenbedingungen genützt, um dem Burgenland einen starken Leitbetrieb und einen potenten Partner für die Wirtschaft und die Bevölkerung zu geben. Das neue Unternehmen wird spätestens ab 1. Oktober 2012 auf dem Markt operativ tätig sein.

Literatur

Melchart, Christian (2011). Nutzung von Synergieeffekten bei der Fusionierung von landesnahen Unternehmen der Energiewirtschaft anhand eines Praxisbeispiels: Zusammenführung von BEGAS und BEWAG. Abschlussarbeit zur Erlangung des akademischen Abschlusses „Akademischer Rechnungshofprüfer".

Vegh, Heinz (2008). Liebe Energie und Visionen, Eisenstadt.

Abschnitt VI

Wissenschaft und Bildung

Monika Gerbavsits

Erwin Deutsch

Das Burgenland als Bildungsvorreiter?

Eine SWOT-Analyse der burgenländischen Bildungslandschaft

„Bildung ist das, was übrig bleibt, wenn der letzte Dollar weg ist." (Wehrle 2011) In Zeiten eines europäischen Schulden- und Finanzkrisengespenstes mutet der allseits bekannte Ausspruch des unter dem Pseudonym Mark Twain bekannten amerikanischen Schriftstellers Samuel Langhorne Clemens möglicherweise nicht ganz so tröstlich und stärkend an, wie von seinem Schöpfer erdacht. Dennoch bleibt der Anspruch erhalten, dass der Nachhaltigkeitsgrad eines funktionierenden Bildungssystems ein ungleich höherer ist als der einer von ständigen Wellenbergen und -tälern geprägten Ökonomie.

Wobei an dieser Stelle schon angemerkt werden muss, dass die Entwicklung der beiden angeführten Systeme ohnehin schwer voneinander zu trennen ist. Das Burgenland ist ein Musterbeispiel für die wechselseitige Abhängigkeit von Wirtschaft und Bildung. Die Zeiten, in denen der damalige Landeshauptmann Kery von einem „Land der Schulschande" (o. A. 2010) sprach, waren auch wirtschaftlich nicht so rosig, wiewohl die Zeichen auf Aufbruch standen. Diesen Auf- und Umbruch erlebte dann auch die burgenländische Bildungslandschaft, die sich parallel zu und im Wechselspiel mit einer ständig prosperierenden Gesellschaft entfaltete und in den vergangenen Jahren zu seiner vollen Blüte gelangte. Nie zuvor in seiner Geschichte konnte das Burgenland in so vielen Bereichen des Bildungswesens mit den anderen Bundesländern in diesem Ausmaß nicht nur mithalten, sondern sogar so manche Spitzenposition einnehmen.

Das einfache Instrument der „SWOT-Analyse" bietet eine gute Möglichkeit, um einen genaueren Blick auf das Bildungs-Aufstiegsland Burgenland zu richten und über eine Analyse der Stärken und Schwächen sowie der Chancen und Risiken sowohl zu einer Situationsbeschreibung als auch zu einer strategischen Ausrichtung von Bildung im Burgenland zu gelangen. Die verwendeten Zahlen entstammen durchwegs der brandneuen Schulstatistik für das Schuljahr 2010/11 (vgl. Amt der Burgenländischen Landesregierung 2011).

S wie Strengths (Stärken)

Die Qualität des burgenländischen Schulwesens beginnt bei den Kleinsten. Kein anderes Bundesland kann eine höhere Betreuungsdichte bei den Drei- bis Fünfjährigen vorweisen. 99,5 Prozent aller Burgenländer/innen in dieser Alterskategorie befinden sich zumindest zeitweilig unter professioneller Aufsicht, auch rund ein Viertel aller „Null"- bis Zweijährigen besucht schon eine Krippe oder einen Kindergarten, was auch in dieser Altersgruppe nach Wien den höchsten Wert ergibt. Dass das Burgenland trotz dieser kinderfreundlichen Maßnahmen den geringsten Anteil an unter 20-Jährigen in der Bevölkerung aufweist, erscheint in diesem Zusammenhang schwer nachvollziehbar.

Die Zahl, die wohl auf den ersten Blick am beeindruckendsten erscheint, ist die Reifeprüfungsquote. Beinahe jede bzw. jeder Zweite, stolze 46,9 Prozent der 18- bis 19-jährigen Burgenländer/innen, schließt ihre bzw. seine Schullaufbahn mit der Matura ab – so viele wie nirgendwo in Österreich! Geschuldet ist diese Spitzenposition einer kontinuierlichen Erweiterung des Angebotes an höheren Bildungseinrichtungen, vor allem im Bereich der Berufsbildenden Schulen, wo strategisch klug die einzelnen Regionen unseres Bundeslandes beinahe flächendeckend bedient wurden. Einen weiteren Erfolgsfaktor stellt die Qualität der burgenländischen Pflichtschulen dar, die es besonders vielen Schüler/inne/n ermöglichen, auch nach der Hauptschule in eine höhere Schule überzutreten. So steht das Burgenland auch beim Anteil der Schüler/innen, die in der 9. Schulstufe eine höhere Schule besuchen, gemeinsam mit Wien an der Spitze.

Zudem befindet sich auch der tertiäre Bildungssektor im Burgenland im Aufwind. Zwar gibt es bei den Studierendenquoten an Universitäten noch einen Nachholbedarf, jedoch können die heimischen Einrichtungen mit hohen Zulaufraten punkten. So liegen wir bei der Zahl der Fachhochschulstudent/inn/en mittlerweile prozentuell an der zweiten Stelle in Österreich. Die Vermutung liegt nahe, dass die flächendeckende Befreiung von den Studiengebühren an den burgenländischen Fachhochschulstandorten mit dieser erfreulichen Entwicklung im Zusammenhang steht. Zu (sehr) guter Letzt sei hier noch angeführt, dass sich die Zahl der Studierenden an der Pädagogischen Hochschule Burgenland in den letzten zwei Jahren mehr als verdoppelt hat.

Diese Zahlen machen deutlich, dass Aufstieg viel mit Bildung zu tun hat, dass das regionale Bildungsangebot ein wichtiger Faktor für das Bildungsverhalten der Bevölkerung ist und dass im Burgenland unverkennbar eine Bildungsexpansion stattgefunden hat. So weit, so großartig. Natürlich gibt es auch – noch – andere Seiten.

W wie Weaknesses (Schwächen)

Während das Burgenland wie oben dargestellt im Primar- und Sekundarbereich durchwegs beachtliche und in vielen Teilbereichen großartige Entwicklungen geschafft hat, stellt sich der tertiäre Bildungssektor trotz oben erwähnter Fortschritte als der Bereich mit den größten Entwicklungsfeldern dar. Mit einer Quote von zehn Prozent liegen wir bei den akademischen Abschlüssen doch deutlich unter dem österreichischen Schnitt von 14,1 Prozent.

Ein weiterer Entwicklungsbedarf zeigt sich im Bereich des lebenslangen Lernens. Bei der Frage nach einer Aus- und Weiterbildung in den letzten vier Wochen vor der Erhebung stellt der Anteil von 10,3 Prozent bei den 25- bis 64-jährigen die niedrigste Beteiligung an Weiterbildungsmaßnahmen im österreichweiten Vergleich dar.

Ein permanentes Diskussionsthema bietet die hohe Anzahl der Pflichtschulen mit niedrigen Organisationsformen. So werden im Jahr 2011/12 mehr als die Hälfte – 50,5 Prozent – aller Volksschulen ein- oder zweiklassig geführt, ebenso wie rund ein Drittel – 31,7 Prozent – aller Hauptschulen bzw. Neuen Mittelschulen weniger als acht Klassen aufweisen. Diese Kleinstrukturiertheit des burgenländischen Pflichtschulwesens ausschließlich als Schwäche zu sehen, wäre nicht nur falsch im Hinblick auf die Qualität, die viele dieser Klein- und Kleinstschulen aufweisen, sondern auch angesichts des wichtigen gesellschaftspolitischen und sozialen Outputs, den Schulen gerade für kleine Ortschaften leisten. Dennoch muss hier festgehalten werden, dass der Verbrauch an Ressourcen durch die niedrigen Organisationsformen ein ungleich höherer ist als in vergleichbar größeren Strukturen. Daraus ergibt sich auch der hohe finanzielle Aufwand pro Schüler/in, wobei das Burgenland bei den Hauptschüler/inne/n den höchsten, bei den Volksschüler/inne/n den zweithöchsten Wert bundesweit aufweist.

O wie Opportunities (Chancen)

Wenn Schule nach Schratz und Schrittesser nicht nur ein Ort der Wissensvermittlung sein kann, sondern auch ein Ort, an dem sich die Jungen jene kulturellen und zivilisatorischen Fähigkeiten und Haltungen aneignen können, die sie für ein aktives Leben in einer offenen Gesellschaft brauchen werden (vgl. Schratz/Schrittesser 2007), so lebt diese Institution vor allem davon, ob und wie sie mit den aktuellen gesellschaftlichen Entwicklungen Schritt halten und diese in ihren Lehr- und Lernangeboten umsetzen kann. In einem sich daraus ergebenden Spannungsfeld zwischen Bewahren und Verändern sind unsere Schulen gefordert, die Chancen, die sich aus den Veränderungsprozessen ergeben, wahrzunehmen und gleichzeitig auftretende Risiken gut im Blick zu haben. Ohne anderen Schularten in ihrem stetigen Bemühen um eine Verbesserung ihrer Unterrichtsarbeit Unrecht tun zu wollen, orten wir im Burgenland in der Entwicklungsarbeit, die rund um den Schulversuch Neue Mittelschule geleistet wird, einen hohen Innovationsgrad im Hinblick auf die Entfaltung einer neuen Kultur des Lehrens und Lernens (vgl. BMUKK 2008). Ausgehend von einem genauen Hinschauen auf den Umgang mit Differenz und einer Fokussierung auf den Kompetenzbegriff sieht die Neue Mittelschule ihr Hauptinteresse in einer radikalen Veränderung des Unterrichts, des Kerngeschäfts von Schule. Rückwärtiges Lerndesign ermöglicht einen neuen Blick auf Planung, Durchführung und Bewertung von Unterrichts- und Lernhandlungen, welche durch Maßnahmen gezielter und wohldurchdachter Differenzierung und förderliche und motivierende Formen der Leistungsbeurteilung unterstützt werden. Über all dem wacht im „Haus der NMS" (vgl. NMS-Entwicklungsbegleitung 2009) der Anspruch auf eine an die Lernenden orientierten Form einer „lernseitigen Ausrichtung" des Unterrichts. Derartig radikale Veränderungen inhaltlicher Natur bringen in der Folge auch organisatorisch-strukturelle Umbrüche mit sich. Lehrer/innen sind gefordert, in Teams zu unterrichten, die Entwicklungsschritte ihrer Institution in „professionellen Lerngemeinschaften" zu planen und in der Folge zu evaluieren, bisher verschlossene Klassentüren öffnen sich und durch die Einbeziehung von Allgemeinbildenden Höheren Schulen bzw. Berufsbildenden Höheren Schulen als Kooperationsschulen werden Brücken zwischen einstmals weit voneinander entfernten Schularten geschlagen.

Die Chancen und Möglichkeiten, die dem innovativen Anspruch der Neuen Mittelschule „Schule neu denken" innewohnen, auf möglichst viele schulische Institutionen unseres Bundeslandes zu übertragen, stellt eine zentrale Aufgabe zukünftiger Bildungspolitik im Burgenland dar. So nebenbei legt eine neue Lernkultur über einen hohen Grad an Selbsttätigkeit und Eigenverantwortung sowie durch den Erwerb spezifischer Schlüsselkompetenzen – Kommunikations-, Präsentations-, Sozial-, Selbst-, Sprach- oder naturwissenschaftliche Kompetenz – die Basis für eine Teilnahme an Angeboten lebenslangen Lernens, was dem Bildungsland Burgenland – wie oben erwähnt – durchaus gelegen kommt.

T wie Threats (Bedrohungen, Befürchtungen)

Angesichts der zahlreichen Stärken, Chancen und Möglichkeiten, die einer geringen Anzahl von zumindest in diesem Text dargestellten Schwächen gegenüberstehen, halten sich auch die Bedrohungen und Befürchtungen, die der burgenländischen Bildungslandschaft entwachsen, in überschaubaren Grenzen.

Eine Situation, die es sich lohnen wird, wachsam zu beobachten, betrifft die demografischen Daten des Lehrpersonals. Bereits 49 Prozent aller Hauptschullehrer/innen gehören der Generation „50+" an, bei der Gesamtmenge aller Lehrpersonen aller Schularten kommen wir auf 40 Prozent. Wie die positiven Erfahrungen in der Vergangenheit gezeigt haben – und an dieser Stelle sei noch einmal die Veränderungsbereitschaft der Lehrer/innen im Übergang von der Hauptschule zu der Neuen Mittelschule angeführt – besteht wenig bis gar kein Zusammenhang zwischen der Altersstruktur der Lehrpersonen einer Schule und ihrer Fähigkeit und Bereitschaft zu Innovation und Veränderung. Die Befürchtungen gehen eher in die Richtung einer Unsicherheit bezüglich einer flächendeckenden Versorgung und Bedienung aller ausstehenden Ressourcen und wie in Zukunft mit einem eventuellen Lehrer/innenmangel umgegangen werden soll. Erste Maßnahmen, wie die Einführung eines Aufbaustudiums für Volksschullehrer/innen für ein Hauptschullehramt an der Pädagogischen Hochschule Burgenland, wurden bereits gesetzt, weitere werden notwendigerweise noch folgen.

Fazit

Bei einer abschließenden Betrachtung der vier SWOT-Quadranten ergeben die Bereiche „Stärken" und „Chancen" ein klares Übergewicht und stellen somit der burgenländischen Bildungspolitik der vergangenen Jahrzehnte ein sehr gutes Zeugnis aus. Zum einen weisen statistische Materialien, zum anderen die noch nicht in seiner ganzen Dimension abschätzbare Strahlkraft bildungspolitischer Innovationsarbeit darauf hin, dass das Burgenland tatsächlich in vielen

Bereichen die Rolle als Bildungsvorreiter in Österreich übernommen hat. Diese Erkenntnis bietet Grund zu Freude und den Auftrag und die Verantwortung, an dieser Entwicklung sorgsam weiter zu arbeiten. Auch wenn – hoffentlich – der letzte Dollar/Euro nicht so bald weg sein wird, haben alle in diesem Feld Tätigen dafür Sorge zu tragen, dass von Bildung in jeder Hinsicht und zu jeder Zeit viel übrig bleibt.

Literatur

Amt der Burgenländischen Landesregierung (2011). Burgenländische Statistiken. Schulstatistik Schuljahr 2010/11, Eisenstadt.

BMUKK (2008). Modellversuch „Neue Mittelschule" nach §7a SCHOG beginnend mit dem Schuljahr 2008/09. Modellplan Burgenland, abrufbar unter: http://www.bmukk.gv.at/medienpool/16716/mp_bgl.pdf (24. 11. 2011).

NMS-Entwicklungsbegleitung (2009). Das Haus der NMS, abrufbar unter: http://www.edumoodle.at/nms/course/view.php?id=144 (24. 11. 2011).

o. A. (2010). Burgenland hat die meisten Maturanten, derStandard.at, 4. 3. 2010, abrufbar unter: http://derstandard.at/1267132311089/Statistik-Burgenland-hat-die-meisten-Maturanten (18. 10. 2011).

Schratz, Michael/Schrittesser, Ilse (2007). Weißbuch LehrerInnenbildung. Bundesministerium für Bildung, Kunst und Kultur, Wien.

Wehrle, Martin (2011): Das Zitat… und Ihr Gewinn, Zeit online, 22. 5. 2011, abrufbar unter: http://www.zeit.de/2011/21/C-Coach (24. 10. 2011).

Walter Degendorfer

Vom Lehren zum Lernen

Die Pädagogische Hochschule Burgenland als Kompetenzzentrum und Unterstützungssystem eines zweifachen Paradigmenwechsels im System Schule

Es besteht kein Zweifel – das System Schule befindet sich in einem tiefgreifenden Wandel. Lehrer/innen, Schulleitungen und Schulaufsicht erleben zunehmend ein Spannungsfeld: Einerseits setzt sich auch im Bildungssystem zunehmend die Erkenntnis durch, dass die bisherige Vorstellung, wonach hierarchisch-bürokratische Organisationen im Sinne trivialer Systeme funktionieren (ein bestimmter Input führt immer zu demselben gewünschten Output, die Organisation funktioniert nach Plan und ihre Ergebnisse sind genau vorhersagbar) – so wie auch in anderen gesellschaftlichen Subsystemen (etwa politische Parteien, Kirchen etc.) –,nicht mehr aufrechterhalten werden kann und Schulen daher autonomer und eigenverantwortlicher handeln müssen. „Streng hierarchisch strukturierte Organisationen können in Zukunft so nicht mehr bestehen, auch wenn man Dysfunktionalitäten manchmal gerne als Panne oder als Versagen einzelner Personen sehen möchte, um den Glauben an die Hierarchie aufrecht zu erhalten." (Scala/Grossmann 1997, 96) Die Notwendigkeit einer geänderten Steuerungslogik für die erforderlichen Entwicklungs- und Änderungsprozesse im System Schule wird immer deutlicher erkennbar.

Die Implementierung von Verhandlungsstrukturen und das „Leben" einer schulstandort-spezifisch nützlichen Verhandlungskultur im Spannungsfeld des hierarchisch-bürokratischen Schulsystems sind wesentliche Voraussetzungen für nachhaltige Veränderungsprozesse und damit für organisationales Lernen. Verpflichtende Erarbeitung von periodischen Schulentwicklungsprogrammen und die Führung von Bilanz- und Zielvereinbarungsgesprächen zwischen allen (!) Hierarchieebenen, Veröffentlichung von Qualitätsberichten, gesetzlich verankerte neue Rollenbilder von Schulaufsicht und Schulleitung sind die Konsequenz dieses Paradigmenwechsels bezüglich Führung und Steuerung. Schulische Steuerung bedarf heute einer Balance zwischen Eigenverantwortlichkeit zur Selbstgestaltung innerhalb eines vorgegebenen Zielrahmens einerseits und qualitätssichernder, wissenschaftlich gestützter Selbst- und Fremdevaluation andererseits. Durch Denken und Arbeiten in periodischen Regelkreisen (plan – do – check – act) müssen sich Schulen schrittweise von lehrenden zu lernenden Organisationen entwickeln (Lernen auf der Organisationsebene).

Der zweite von der Bildungspolitik notwendigerweise intendierte Paradigmenwechsel betrifft das pädagogische Kerngeschäft von Schule – den Unterricht. Das immer differenziertere System externer Steuerung auf Grundlage vielfältiger Formen von Evaluation und von Analysen (zum Beispiel schrittweise gesetzliche Implementierung von Bildungsstandards mit periodischen Testungen in allen Schularten, standardisierte Reife- und Diplomprüfung an AHS und BHS ab dem Schuljahr 2012/13, internationale PISA-Vergleichstests etc.) liefert umfangreiche Daten, aufgrund derer Schulen verantwortlich gemacht werden für Leistungen, die sie erbringen, und zunehmend auch für Ergebnisse, die sie nicht erbringen.

Klagen der Wirtschaft und weiterführender Bildungseinrichtungen über mangelnde Kenntnisse vieler Pflichtschulabsolvent/inn/en in den Kulturtechniken Lesen, Schreiben und Rechnen sind inzwischen unüberhörbar. Gleichzeitig arbeiten Schulklassen bereits mit iPads und mit Lerncontentmanagementsystemen online im Unterricht bzw. zuhause.

Medienberichten zufolge wird in einzelnen deutschen Bundesländern bereits ernsthaft diskutiert, ob nicht das Erlernen der Schreibschrift in der Grundschule zugunsten des sofortigen Erlernens von blindem Tastaturschreiben aufgegeben werden sollte. Ist das der Beginn vom Untergang unserer abendländischen Kultur oder mutige und zukunftsorientierte Konsequenz unserer Internet-Gesellschaft?

Durch solche – kontroversiell geführte und durch das aktuell initiierte Bildungsvolksbegehren verstärkte – Diskussionen stellt sich sehr schnell die Frage, über welche Kompetenzen Schüler/innen nach Absolvieren eines bestimmten Ausbildungsabschnittes (Grundschule, Sekundarstufe I, Sekundarstufe II) in Zukunft verfügen sollen.

Die kommenden Generationen werden internationaler tätig sein bzw. globaler denken und fühlen, handeln und leben als die Generationen vor ihnen. Um in einer zunehmend komplexeren Welt mit immer kürzeren Innovationszyklen in Technik, Wirtschaft und Gesellschaft bestehen zu können, brauchen die Jugendlichen neben einer breit gefächerten Allgemeinbildung

- soziale Kompetenzen und ein System verbindlicher Wertorientierungen;
- ein Metawissen über das eigene Lernen und Strategien zur praktischen Nutzung ihres Wissens (Sicherheit im Umgang mit Unsicherheit);

- im Hinblick auf die zukünftige internationale Wettbewerbsfähigkeit unserer Volkswirtschaft die Fähigkeit, mit ihrem Wissen kreativ umzugehen und neue Ideen, neue Produkte und neues Wissen zu generieren (Innovationsbereitschaft);
- die Fähigkeit, zwischen Expert/inn/en und „Allgemeinheit" zu vermitteln (Diskursfähigkeit), denn Gesellschaft und Wirtschaft fordern und brauchen vermehrt qualifizierte Menschen, die sich interdisziplinär verständigen können;
- Kooperationsbereitschaft sowie die Bereitschaft, sich demokratisch zu beteiligen;
- die Kompetenz, die Verantwortung für ihr eigenes, andauerndes und lebenslanges Lernen aktiv wahrzunehmen (vgl. Salner-Gridling 2009).

Die für die jeweilige Altersstufe anzustrebende ganzheitliche „Kompetenz" wird daher nicht nur als Fachkompetenz im engeren Sinn von „Unterrichtsfächern" verstanden, sondern umfasst auch eine entsprechende umfassende Methoden-, Sozial- und Persönlichkeitskompetenz.

Die Aneignung dieser Kompetenzen kann aber nur durch die Schüler/innen selbst als Ergebnis konstruktiver, reflexiver und letztlich auch selbstverantworteter Lernprozesse erfolgen. Die Gehirnforschung der letzten Jahre bestätigt, wovon Reformpädagog/inn/en schon lange ausgehen: Es gibt keinen Nürnberger Trichter: Lernen ist nur über die aktive Beteiligung der Lernenden möglich. Dazu gehört, dass die bzw. der Lernende zum Lernen motiviert ist und Interesse hat.

Voraussetzung dazu ist eine neue Lernkultur, die folgenden Kriterien entspricht:

- individuelle Gestaltung von Lehrplänen in einer Weise, die jede Schülerin/jeden Schüler einbezieht und die Heterogenität in den Fähigkeiten, Interessen und Herkunftskontexten der Schüler/innen nicht als Problem, sondern als Potential für guten Unterricht versteht;
- Förderung der Motivation und Fähigkeit jeder einzelnen Schülerin bzw. jedes einzelnen Schülers durch Lehr- und Lernformen, die nicht defizitär angelegt sind und die Schüler/innen damit ständig vor Misserfolge stellen, sondern die auf die Schüler/innen zugeschnitten sind und den individuellen Lernfortschritt in den Mittelpunkt stellen;
- Verständnis der individuellen Förderung, das sich nicht nur auf eine Unterrichtsmethode beschränkt, sondern darauf abzielt, Schüler/innen die Fähigkeit und Motivation mit auf den Weg zu geben, lebensbegleitend zu lernen, ihren Horizont ständig zu erweitern und damit die Basis für eine Wissensgesellschaft zu schaffen.

Kompetenzorientierung und Individualisierung sind daher der zweite große von der Bildungspolitik eingeleitete Paradigmenwechsel im System Schule (Lernen auf der Personenebene).

Auf die im Zuge der bildungspolitischen Reformvorhaben entstehenden Anforderungen im Sinne der beiden skizzierten Entwicklungsstrategien ist das österreichische Schulsystem nur ungenügend vorbereitet. Die Einrichtungen der Lehrer/innenbildung (insbesondere die Pädagogischen Hochschulen) sind daher aufgerufen, „ein zwischen zentralen Vorgaben und Bedürfnissen vor Ort ausbalanciertes Beratungs- und Qualifizierungskonzept zu entwickeln. Neben der Vermittlung von Kompetenzen geht es auch darum, tief verwurzelte Glaubenssätze (z. B. den, dass Lernen in homogenen Gruppen den größten Erfolg bringt) zu verändern." (Krainz-Dürr 2011, 36)

Grafik 1 fasst die beiden skizzierten Entwicklungsstrategien aktueller Schulentwicklung auf der Ebene von Unterrichts-, Personal- und Organisationsentwicklung und die Funktion der Pädagogischen Hochschule Burgenland als Kompetenzzentrum und Unterstützungssystem diese Entwicklungsprozesse zusammen.

Die Pädagogische Hochschule Burgenland wurde auf der gesetzlichen Grundlage des Hochschulgesetzes 2005[1] im Rahmen eines Stiftungsmodells zwischen Bund (50 Prozent), Land Burgenland (25 Prozent) und römisch-katholische Diözese Eisenstadt (25 Prozent) gegründet und versteht sich als ein im Europäischen Hochschulraum anerkanntes regionales pädagogisches Kompetenz- und Innovationszentrum mit hohem Qualitätsanspruch für

- professionelle Lehrer/innenbildung (Aus-, Fort- und Weiterbildung),
- Schul-/Qualitätsentwicklung und pädagogische Innovationen sowie
- schulisches und außerschulisches Bildungsmanagement

mit einer inhaltlichen Profilbildung in den folgenden Bereichen:

- Neue Lernkultur (Individualisierung und Kompetenzorientierung),
- Mehrsprachigkeit und interkulturelle Bildung (mit besonderem Fokus auf die burgenländischen Volksgruppensprachen),
- E-Learning und Medienpädagogik.

Grafik 2 zeigt die Aufbauorganisation der PH Burgenland.[2]

Die Intensivierung des forschenden Lehrens und Lernens ist ein wesentliches Ziel der PH Burgenland. Im Kompetenzzentrum wird durch nationale und internationale Forschungs- und Entwicklungsprojekte Wissen aus und für die Praxis der Pädagogik in den folgenden profilbildenden Themenbereichen mit bildungspolitischer Relevanz generiert:

Grafik 1: Entwicklungsstrategien aktueller Schulentwicklung

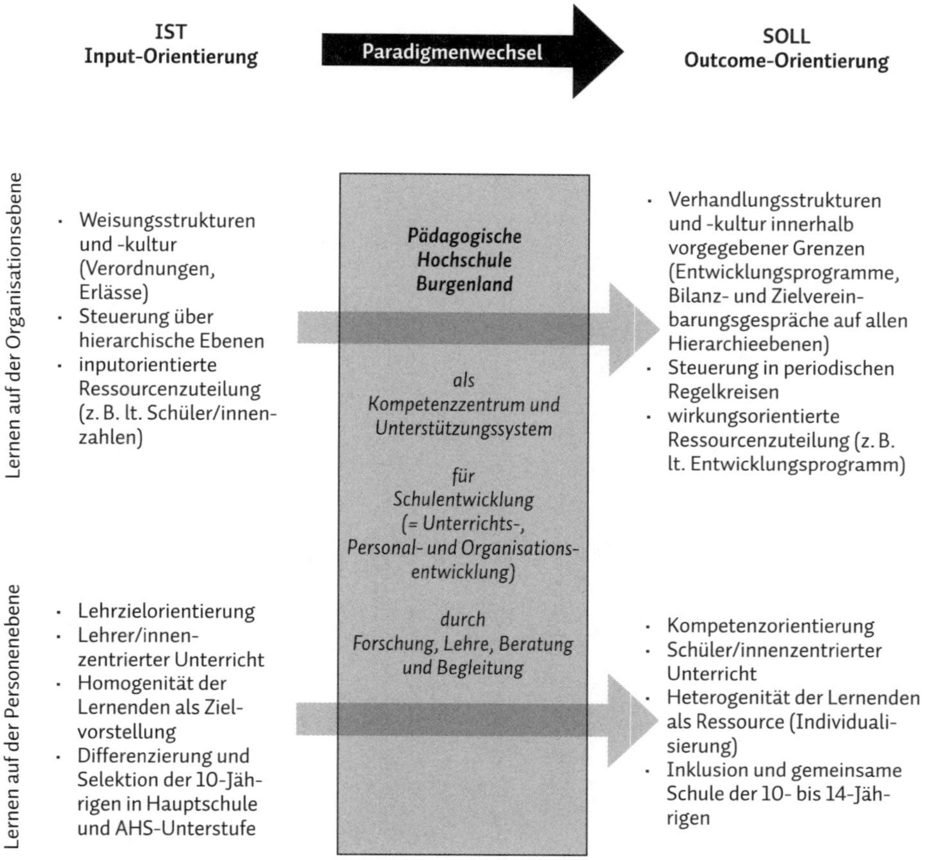

Quelle: Eigene Darstellung.

Neue Lernkultur (Individualisierung einschließlich Begabungsförderung)

Die PH Burgenland hat das Ziel, über die Aus-, Fort- und Weiterbildung von Lehrer/inne/n im burgenländischen Schulsystem den Paradigmenwechsel in der Lernkultur „Vom Lehren zum Lernen" zu initiieren, zu implementieren und zu begleiten. Durch laufende bzw. zukünftige Forschungs- und Entwicklungsprojekte sollen Erkenntnisse bezüglich Individualisierung von Unterricht gewonnen und über die Lehrer/innenbildung sowie die Schulentwicklungsberatung

Grafik 2: Aufbauorganisation der PH Burgenland

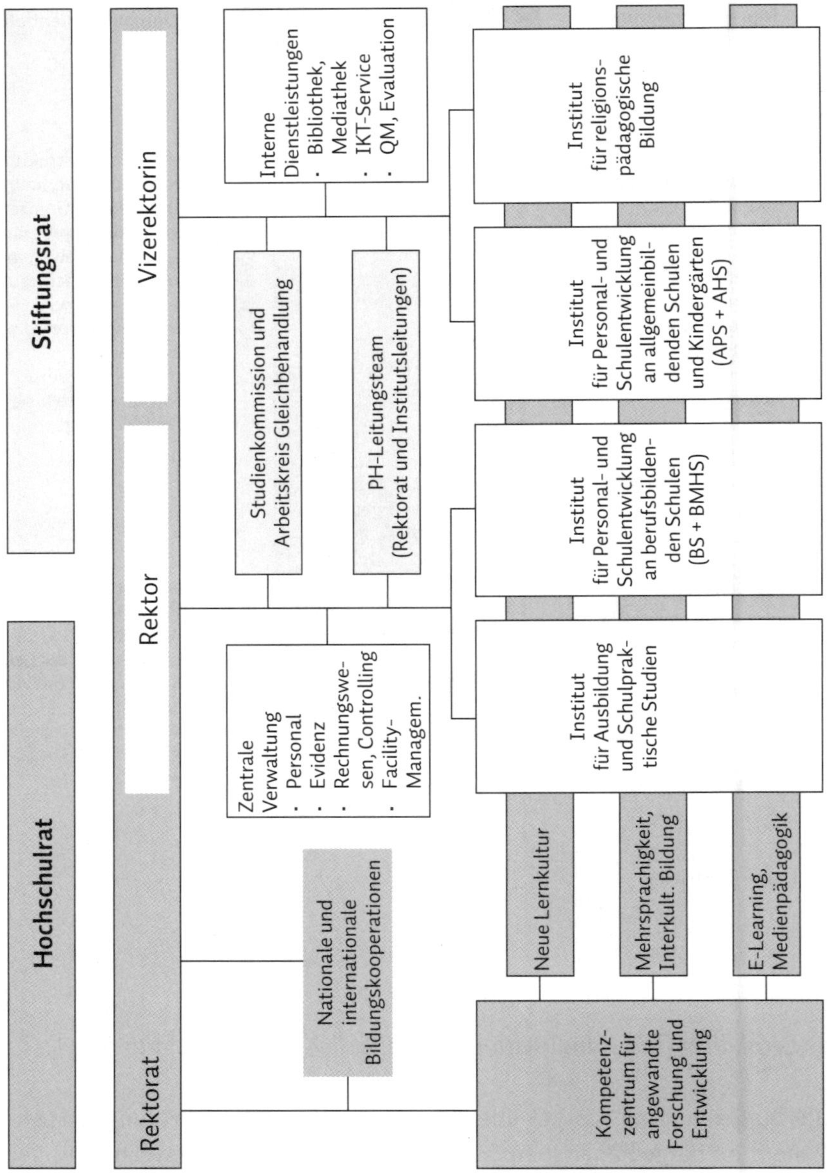

Quelle: Eigene Darstellung.

durch die einzelnen Institute für die schulische Praxis nutzbar gemacht werden (zum Beispiel Qualifizierungsangebote für „Lerndesigner/inne/n" für die Neue Mittelschulen des Burgenlandes).

Mehrsprachigkeit und interkulturelle Bildung

Als tertiäre Bildungseinrichtung im pannonischen Raum ist die Pädagogische Hochschule Burgenland auch zu interkultureller Bildung mit internationalem Aspekt verpflichtet. Diesem Anspruch wird strukturell durch den profilbildenden Schwerpunkt „Mehrsprachigkeit und interkulturelle Bildung" als Teil des Kompetenzzentrums für angewandte Forschung und Entwicklung Rechnung getragen. Interkulturelle Pädagogik in den Bereichen Sprachdidaktik/Mehrsprachigkeit, globales Lernen, Migration sowie soziale und personale Kompetenz ist Bildungs- und Forschungsschwerpunkt. Mehrsprachigkeit und Mobilität von Studierenden und Lehrenden sind zentrale Elemente vielfältiger Bildungskooperationen.

Es gibt derzeit bereits Kooperationsverträge mit 15 ausländischen Universitäten.

Bedingt durch die regionalspezifische historische und kulturelle Situation des Burgenlandes kommt dabei den Volksgruppensprachen Kroatisch, Ungarisch und Romanes in Forschung sowie Aus-, Fort- und Weiterbildung von Lehrer/inne/n im Rahmen spezifischer Lehrgangsangebote große Bedeutung zu. Gleiches gilt für die Fort- und Weiterbildung von Kindergartenpädagog/inn/en in zweisprachigen Kindergärten und Horten.

In den beiden Sprachwerkstätten in Oberwart und Langeck werden sowohl didaktische Materialien als auch kompetenzorientierte Lehrpläne für den Unterricht in den Volksgruppensprachen erarbeitet.

E-Learning und Medienpädagogik

Ausgehend vom eingangs skizzierten konstruktivistischen Lernbegriff wird Lernen als ein aktiver, selbst gesteuerter, konstruktiver, situativer und sozialer Prozess verstanden, der grundsätzlich gut durch elektronische Medien unterstützt werden kann. Die PH Burgenland baut daher derzeit im Auftrag des Unterrichtsministeriums die „Virtuelle PH" als Bundeszentrum für E-Learning und Medienpädagogik für alle Pädagogischen Hochschulen Österreichs auf. Außerdem verzeichnet das von einem Expert/innen-Team der PH Burgenland betreute Lern(content)managementsystem „LMS" als Lernplattform und Schnittstelle zur Virtuellen PH sowie zum burgenländischen Bildungsserver derzeit bereits ca. 30 Millionen User-Zugriffe pro Monat.

Die Pädagogische Hochschule Burgenland versteht sich aber nicht nur als Kompetenzzentrum und Unterstützungssystem für das burgenländische (und teilweise bundesweite) Schulwesen, sondern ist selbstverständlich auch selbst als Organisation seit Gründung im Jahr 2007 einem permanenten Personal- und Organisationsentwicklungsprozess verpflichtet. Zwei zentrale Zielvorgaben der Bildungspolitik[3] werden dabei die strategischen Managemententscheidungen der PH Burgenland in den kommenden Jahren prägen:

- die völlige Neustrukturierung der Ausbildung von Lehrer/inne/n aller Schularten
- die tertiäre Weiterentwicklung zur Pädagogischen Universität im Rahmen eines Regionalverbundes mit der Pädagogischen Hochschule Steiermark und der Universität Graz.

Anmerkungen

1 Bundesgesetz über die Organisation der Pädagogischen Hochschulen und ihre Studien (Hochschulgesetz 2005 – HG), BGBl. I Nr. 30/2006.

2 Der Hochschulrat ist ein gesetzliches Organ der Pädagogischen Hochschule und besteht aus fünf Mitgliedern, deren Aufgaben im § 12 des Hochschulgesetzes 2005 festgelegt sind. Der Stiftungsrat besteht aus vier Mitgliedern und ist das Gremium, das die (hauptsächlich finanziellen) Interessen der drei Stiftungspartner vertritt.

3 Vgl. PädagogInnenbildung NEU – Die Zukunft der pädagogischen Berufe. Empfehlungen der Vorbereitungsgruppe, Juni 2011, im Auftrag des Bundesministeriums für Unterricht, Kunst und Kultur und des Bundesministeriums für Wissenschaft und Forschung.

Literatur

Krainz-Dürr, Marlies (2011). Den Wandel begleiten – Unterstützungssysteme im Paradigma der Aktionsforschung, in: Journal für Schulentwicklung, 2/2011, 35–41.

Salner-Gridling, Ingrid (2009). Querfeldein: individuell lernen – differenziert lehren, Wien.

Scala, Klaus/Grossmann, Ralph (1997). Supervision in Organisationen. Veränderungen bewältigen – Qualität sichern – Entwicklung fördern, Weinheim/München.

Gerald Mader

„For a better world"

Aufbruch und Perspektiven der neuen European Peace University

Jede Geschichte hat einen Beginn. Die Geschichte der EPU – Privatuniversität beginnt am 6. Juli 1982 mit der Gründung des Vereines „Österreichisches Institut für Friedensforschung" durch die damalige Wissenschaftsministerin Dr. Hertha Firnberg und den damaligen burgenländischen Landesrat Dr. Gerald Mader. Als Privatpersonen, da die Österreichische Akademie der Wissenschaft, aber auch die Burgenländische Landesregierung die Gründung eines Institutes für Friedensforschung in Stadtschlaining abgelehnt hatten. Utopisches Ziel des Vereines war es, den südburgenländischen Ort Stadtschlaining – nahe dem Eisernen Vorhang – zum Sitz einer Friedensuniversität für Ost- und Westeuropa zu machen. Das Gründungsziel stand im Widerspruch zur internationalen Entwicklung (Höhepunkt des Kalten Krieges) und zur ideologischen Ablehnung der Friedensforschung in Deutschland und Österreich. Die Friedensforschung galt als die Sprache der Verrückten, die an eine friedliche Lösung des Ost-West-Konfliktes geglaubt hatten. Der bekannte deutsche Soziologe Helmut Schelsky sprach von einer „Heilslehre". Ironie der Geschichte: Er hat sich in Stadtschlaining niedergelassen und engagierte sich für die Öffnung der Burg Schlaining.

Die Weichen zur Errichtung einer europäischen Friedensuniversität wurden bei der Generalversammlung der UNESCO am 5. Juli 1987 gestellt, bei welcher dem Antrag der Österreichischen UNESCO-Kommission (Präsident Gerald Mader) auf Errichtung einer Friedensuniversität in Stadt Schlaining einstimmig stattgegeben wurde. Leitbild dieser Friedensuniversität, an welcher nicht nur geforscht, sondern auch gelehrt werden soll, war ein Europa, das ohne Feindbilder auskommt, ein Europa der Vielfältigkeit, der verschiedenen Kulturen und Religionen und das sich seiner besonderen Verantwortung für den Weltfrieden in Vergangenheit, Gegenwart und Zukunft bewusst ist. Am 22. November 1988 gründeten dann die Vertreter von ca. 40 nichtstaatlichen Organisationen (Universitäten, Friedensforschungsinstitute, nationale UNESCO-Kommissionen) das „European University Center for Peace Studies" (EPU). Die UNESCO räumte dem Europäischen Universitätszentrum einen offiziellen Status als Non Governmental Organization (NGO) ein. Die Gemeinde stellte den erforderlichen Grund (Subvention von 500 000 Schilling) für den Bau des Studentenheims („Haus International") zur Verfügung, in dem die Studierenden der EPU-Lehrgänge wohnen können. Das Land Burgenland gewährte für den Bau des Studentenheims einen Wohnbaukredit (10 495 000 Schilling) sowie eine Subvention von 2,5 Millionen Schilling. Diese nicht unbeträchtliche Unterstützung durch die Burgenländische Landesregierung hängt damit zusammen, dass sie in ihrer neuen personellen Zusammensetzung (Landeshauptmann Karl Stix und Landeshauptmannstellvertreter Franz Sauerzopf) die Bedeutung der Friedensuniversität für die ganze Region und das Burgenland erkannt hatten und danach handelten.

In Österreich schuf die Novelle des § 40 a AHStG die rechtliche Voraussetzung für die Durchführung der universitären EPU-Lehrgänge. Mit dem Beginn des Pilotsemesters (1992) war aus der Utopie Wirklichkeit geworden. Im Jahre 1995 verlieh die UNESCO dem EPU den Friedenspreis für Friedenserziehung. „Praktisch wurde das Schlaininger Friedenszentrum aus dem Nichts geschaffen", schreibt Bundespräsident Heinz Fischer in seinem Brief vom 26. Mai 2011 an Gerald Mader. Der Erfolg war aber nur mithilfe von engagierten Mitarbeiter/inne/n, von begeisterten Studierenden, von selbstlosen Professor/inn/en und der Unterstützung durch die regionale Bevölkerung möglich. Dazu kam eine günstige internationale Entwicklung mit Gorbatschow in Russland und insgesamt viel Glück.

Schlaining ist heute Sitz zweier Institutionen. Das Österreichische Studienzentrum für Frieden und Konfliktlösung (ÖSFK) und die EPU – Privatuniversität. Der Gesetzgeber hat uns, wie im Folgenden näher ausgeführt, getrennt, aber wir kooperieren dennoch miteinander. Wir haben eine gemeinsame Erfolgsgeschichte (20 Jahre EPU), eine gemeinsame Infrastruktur und wir haben eine gemeinsame Zielsetzung: beizutragen zu Frieden, Entwicklung und Gerechtigkeit sowie zu den Menschenrechten, wie sie die UNO-Generalversammlung im Jahre 1948 als „Human Rights" deklariert hat.

Der lange Weg zur EPU – Privatuniversität

Seit 1992 hat das EPU den universitären Lehrgang „Peace and Conflict Studies" pionierhaft und erfolgreich durchgeführt. Da die universitären Lehrgänge ab

2009 nicht mehr zugelassen waren, beschloss der EPU-Trägerverein, sich um die Akkreditierung als Privatuniversität zu bewerben. Es war ein langes Verfahren, eine schwere Geburt, am Ende stand der Bescheid des Österreichischen Akkreditierungsrates (ÖAR) vom 3. März 2010, der die European Peace University als EPU – Privatuniversität akkreditierte. In diesem Fall war es der burgenländische Finanzlandesrat Helmut Bieler, welcher für die Existenz der Friedensuniversität Verständnis gezeigt hat. Die Burgenländische Landesregierung hat eine Jahressubvention von 100 000 Euro und eine Landeshaftung zugesagt und gewährt. Die BEWAG hat eine Subvention von 35 000 Euro jährlich zugesagt und gewährt. Die EPU – Privatuniversität ist danach berechtigt, zwei Masterstudien (Peace and Conflict Studies und European Peace and Security Studies) und einen universitären Lehrgang (Peacebuilding) anzubieten. Der Start aller drei Lehrgänge ist erst für das Studienjahr 2012/13 vorgesehen. – Eine Folge des verzögerten Akkreditierungsverfahrens. Der Lehrgang „Peace and Conflict Studies" wird bereits in den Studienjahren 2010/11 und 2011/12 durchgeführt. Inzwischen konnten wissenschaftlich anerkannte Lehrgangsleiter/innen gewonnen werden.

Der Vorteil der EPU-Lehrgänge liegt unter anderem in der kleinen Zahl der Studierenden, welche eine intensive Betreuung durch die Professor/inn/en ermöglicht. Lehre und Forschung, Theorie und Praxis sind interdisziplinär verbunden. Friedensforschung ist keine Spezialdisziplin, sondern geht von einem weiten, umfassenden Wissenschaftsbegriff aus. Mehr als 1500 Studierende haben den Lehrgang „Peace and Conflict Studies" erfolgreich mit einem Masterdiplom abgeschlossen. Dieser Lehrerfolg hat auch zum Erfolg in der beruflichen Karriere beigetragen.

Aufgrund der Akkreditierung ist die EPU – Privatuniversität Teil des europäischen Hochschulraumes und des Bologna-Prozesses, womit neben strukturellen und finanziellen Problemen aber auch die Chance eines neuen Aufbruchs verbunden ist, den wir mit neuen Professor/inn/en und einer neuen Marketingstrategie wahrnehmen wollen. Unter dem Motto: „For a better world."

Die Überwindung des Krieges in Europa war ein wichtiger politischer Schritt in diese Richtung. Die europäische Nachkriegsgesellschaft („Nie wieder Krieg") hat aus der Geschichte, den Erfahrungen des zweiten „30-Jährigen Krieges" gelernt. Die Welt hat sich jedoch seit dem Ende des Kalten Krieges dramatisch verändert. Die Friedensforschung muss den neuen ökonomischen, ökologischen und ethischen Herausforderungen mit neuen Schwerpunkten, Arbeitsfeldern und neuen Friedenskonzepten Rechnung tragen, ohne ihre Grundanliegen – Legitimierung der friedlichen Mittel – aufzugeben.

Unterschiedliche Perspektiven für die Zukunft

Der Bundesgesetzgeber stellt mit seinem Qualitätssicherungsgesetz vom 6. Juli 2011 die EPU – Privatuniversität vor die Wahl, nach Ablauf der Akkreditierungszeit entweder den Lehrbetrieb einzustellen oder diesen um zwei Grundstudien (Bachelor) neben einem Masterstudium zu erweitern, an welchen auch Berufstätige (Fernstudium) teilnehmen können. Diese Erweiterung ist die gesetzliche Bedingung für eine künftige Akkreditierung als Privatuniversität.

Die zeitgerechte Umsetzung dieser Bedingung ist die große wissenschaftliche und ökonomische Herausforderung für die EPU – Privatuniversität. Wissenschaftlich deshalb, weil die Ausarbeitung solcher Konzepte und Lehrpläne der Mitwirkung eines kompetenten wissenschaftlichen Teams für einen längeren Zeitraum bedarf, wie die Erfahrungen der Schlaininger Akkreditierung, aber auch die fehlgeschlagenen Akkreditierungsversuche anderer zeigen. Eine ökonomische/finanzielle Herausforderung ist sie deshalb, weil das beste wissenschaftliche Konzept nicht nützt, wenn das Geld und die notwendige Infrastruktur fehlen. Leider kann die Privatuniversität nicht auf Reserven zurückgreifen, über welche die Donau-Universität (Bund und Land Niederösterreich) und die Burgenländischen Fachhochschulen verfügen.

Aufgabe der EPU – Privatuniversität wird es daher sein, bereits im Jahre 2012 eine erste Grundkonzeption zu erstellen, die als Entscheidungsgrundlage für öffentliche Stellen (Gemeinde, Land, Bund, EU), aber auch für die Öffentlichkeit und die Zivilgesellschaft (private Förderer) gedacht ist. Die entscheidende Frage ist: Soll die Privatuniversität eingestellt oder mit zwei Bachelors ausgeweitet werden?

Die große Chance, die mit einem solchen Projekt für das Burgenland verbunden ist, soll nicht unerwähnt bleiben. Österreich und das Burgenland erhalten damit eine in Europa einzigartige Privatuniversität, die sich auf eine umfassende Friedensforschung konzentriert und die sich interdisziplinär mit Kriegs- und Friedensursachen, aber auch mit der Lösung aktueller Friedensprobleme auseinandersetzt. Es wäre eine Universität, welche der Tradition und dem Geist von Schlaining gerecht wird. Die Privatuniversität würde nicht nur dem Ansehen des Burgenlandes dienen, sondern zu einem Wirtschafts- und Beschäftigungsfaktor für das Südburgenland werden.

Mithilfe einer neuen Werbestrategie wollen wir die burgenländische Bevölkerung über den neuen Aufbruch und über die unterschiedlichen Perspektiven der Zukunft informieren. Wir sind davon überzeugt, dass es viele Politiker/innen im Land, im Bund und in der EU gibt, die den Aufbau eines solchen Projektes unterstützen wollen. Der Friede ist eine Aufgabe, die uns alle angeht. Er fällt nicht vom Himmel, sondern muss erarbeitet werden.

Christine Teuschler

Bildungsfern und chancenlos? Mehr als ein Randphänomen

Das Burgenland als Nachzügler in der Weiterbildungsbeteiligung

Zweifelsohne ist die Bildungsentwicklung im Burgenland durch einen starken Aufholprozess gekennzeichnet. Besonders stolz ist man im ehemaligen Land der „Schulschande" auf die höchste Maturant/inn/enquote (49,9 Prozent) im Bundesländervergleich (Österreich-Durchschnitt 39,6 Prozent). Kaum erwähnt wird allerdings der Bereich der Niedrigqualifizierten, also jene Personen, die keinen über den Pflichtschulabschluss hinausgehenden Schulabschluss vorweisen können. Hier liegt unser Bundesland mit 21 Prozent trotz Rückgang nach wie vor über dem österreichischen Durchschnitt (19,5 Prozent), wobei der Bezirk Güssing mit einem Anteil von 26,8 Prozent sogar den höchsten Wert unter allen Bezirken Österreichs aufweist (vgl. Statistik Austria 2011, 86).

Damit wird deutlich, dass das Burgenland trotz seines Fortschritts in der Bildungsentwicklung durchaus noch Aufholbedarf hat und aufpassen muss, dass der Blick nicht zu sehr auf die Höherqualifizierten gelegt wird und die sogenannten bildungsfernen Gruppen zu wenig gesehen werden. So meint etwa der Bildungsforscher Arthur Schneeberger, dass der verbreitete Fokus auf höhere Bildung im öffentlichen und bildungspolitischen Diskurs oft den Blick auf die Relevanz der Grundbildung verstellt, beides aber wichtig für Wirtschaft und Gesellschaft ist (vgl. Schneeberger o. J., 7).

„Bildungsferne" – Was ist das?

Doch was heißt jetzt „Bildungsferne"? Im Grund ist dieser Begriff kaum definierbar und vor allem auch wertend. Er impliziert, dass es „gebildete" und „ungebildete" Menschen gibt und dass bestimmte Personen sich gar nicht weiterbilden (wollen). Zudem liegt der übliche Fokus der Definition von „Bildungsferne" auf der Möglichkeit am Erwerbsleben teilnehmen zu können. Damit wird Bildung zum nutzenorientierten „Anpassungslernen" reduziert, wo der (Arbeits-)Markt definiert, was unter Bildung zu verstehen ist. Würde man an dieser Stelle Bildung als „Entfaltungslernen" (Erler 2010, 10-2) definieren, wo es um Stärkung und Selbstentfaltung des Subjekts geht, bekäme der Begriff „Bildungsferne" eine völlig andere Bedeutung. Dann dürften nicht nur jene Personen als „bildungsfern" bezeichnet werden, die aufgrund eines niedrigen Schulabschlusses und unzureichender Basisbildung am Arbeitsmarkt als nur eingeschränkt einsetzbar gesehen werden. Und „es würde offensichtlich, dass Bildungsferne ein Massenphänomen ist, das einen bestimmten Faktor der gegenwärtigen Gesellschaftsform darstellt und von dieser systematisch produziert wird", wie das der Bildungsexperte Erich Ribolits (2008, 16) formuliert.

Nachdem wir aber in einer Gesellschaft leben, in der Wissen zum wichtigsten Produktionsfaktor geworden ist, wird Bildung somit zu einem entscheidenden Wettbewerbsfaktor. „[...] Bildung und lebenslanges Lernen ist damit nicht mehr Option, sondern Bedingung für berufliches Fortkommen oder gar überhaupt nur Aufrechterhaltung der Beschäftigungsfähigkeit. Wer diesen Anforderungen nicht gerecht werden kann oder will, gilt als bildungsfern und wird aus arbeitsmarktpolitischer Sicht zum Problem." (Ausschreibungstext zur Tagung „Oida, bist du bildungsfern?" am 19.10.2011, abif, Wien)

Somit wird auch klar, dass die „marktüblichsten" Definitionen von Bildungsferne mit dem „Erwerb von formaler Bildung" und dem Erreichen höherer Bildungsabschlüsse oder mit der „Abwesenheit zentraler Fähigkeiten" gleichgesetzt werden (vgl. Obermayr o.J.). Man spricht hier von Niedrigqualifizierten mit dem Pflichtschulabschluss als höchstem Bildungsabschluss bzw. von Personen mit geringen formalen Qualifikationen, wobei das non-formale und informelle Lernen ausgeblendet werden. Ein Beispiel für fehlende „Skills" als weiteres Definitionsmerkmal für Bildungsferne sind etwa Schwierigkeiten in Basiskompetenzen wie Lesen, Schreiben, Rechnen und in der Kommunikation (Problemlage des sekundären bzw. funktionalen Analphabetismus). Aber auch die Nutzung von Computer und Internet sowie grundlegende Englischkenntnisse werden zunehmend zu Basis-Kulturtechniken gezählt.

Eine weitere Definitionslinie orientiert sich an der Zugehörigkeit zu gewissen Personengruppen (vgl. Obermayr o.J.). Bestimmte soziografische Variablen (wie etwa Geschlecht, sozialer Status, ethnische und regionale Herkunft) haben einen starken Einfluss auf die Möglichkeit zum Konsum von Bildungsleistungen und somit auf das erreichte (formale) Bildungsniveau. In diesem Zusammenhang spricht man in der Regel von „Bildungsbenachteiligten".

Bildungsbenachteiligung und Bildungsbarrieren

Zwischen den offiziellen Proklamationen des Lernens und den faktischen Teilhabemöglichkeiten besteht eine ziemliche Kluft. Institutionen und soziale Strukturen erzeugen Lernschranken und Lernhemmnisse. Gerade bildungsbenachteiligte Personen stehen vielfach vor fast unüberwindlichen Hürden und Bildungsbarrieren, die die Weiterbildungsteilnahme verhindern (vgl. Faulstich 2006).

Vor allem ökonomische, soziale und kulturelle Barrieren bedingen sich oft gegenseitig. So prägen etwa ethnische Herkunft sowie Schicht- bzw. Milieuzugehörigkeit bestimmte Werthaltungen gegenüber Lernen und Bildung, die vielleicht nicht dem bürgerlichen Bildungsideal entsprechen und Bildungsmotivation hemmen (vgl. Wagner/Steiner 2011, 4f).

Frau G. erzählt hier, dass ihre Eltern für ihre Bildungsambitionen keinerlei Verständnis hatten, da gemäß ihren Wertmaßstäben nur körperliche Arbeit zählte: „Von meinen Eltern ist nie, nie was gekommen. ... Da ist nie ein Lob gewesen, ... das ist in meiner Familie nicht so. Da war immer nur: arbeiten, arbeiten, arbeiten, das war das Höchste. Arbeiten." (Jankowitsch 2010, 20)

Soziale Herkunft bestimmt also in einem hohen Ausmaß die Ausbildung und es gibt einen starken Zusammenhang zwischen dem Bildungsabschluss der Eltern und den Bildungschancen ihrer Kinder, der sich im österreichischen Bildungssystem besonders stark auswirkt (vgl. Statistik Austria 2011, 86).

Zugleich haben bildungsbenachteiligte Gruppen vielfach auch ein geringes Einkommen oder eine bestimmte berufliche bzw. familiäre Situation (zum Beispiel Schichtarbeit, pendeln, Betreuungspflichten etc.), die Investitionen in die Weiterbildung kaum ermöglichen.

Neben diesen strukturellen Faktoren beeinflussen auch individuelle Wahrnehmungen und Deutungen die Entscheidung für eine Weiterbildung. „Bildungsbenachteiligte Personen nehmen sich oft nicht als lernendes Individuum wahr und erkennen nicht die Möglichkeiten, mit neu gelernten Fähigkeiten etwas bewirken zu können." (Wagner/Steiner 2011, 4)

Entscheidet sich also eine Person gegen eine Bildungspartizipation, begründet sich dies vielfach mit fehlender Zeit, fehlendem Geld (Belastungssyndrom) oder fehlenden positiven Erwartungen, dass sich die Arbeits- oder Lebensbedingungen nach der „Lernanstrengung" verbessern (Sinnlosigkeitssyndrom) (vgl. Faulstich 2006).

Ein Beispiel dafür ist Aussage von Frau H., einer 45-jährigen Burgenländerin, die nach einer Zeit der Kinderbetreuung überlegte, eine Ausbildungsmaßnahme zu absolvieren, um so ihre Chancen für einen beruflichen Wiedereinstieg zu erhöhen. „Dann bin ich mal d'ran gegangen, mich zu erkundigen, wo es die Ausbildung gibt, was das kostet, natürlich war sie sehr teuer. Da kommen dann auch Überlegungen wie: Soll ich mir das leisten, kann ich mir das leisten? Und wenn ich sie dann hab' die Ausbildung, was mach' ich dann damit?" (Jankowitsch 2010, 35)

Dazu kommen unter Umständen auch noch negative Schulerfahrungen und Versagensängste, die den Aufbau eines positiven Verständnisses von Lernen erschweren.

So erinnert sich Herr J., der in der Schule nie richtig Lesen und Schreiben erlernte und sich erst mit 60 Jahren entschloss einen Alphabetisierungskurs bei den Burgenländischen Volkshochschulen zu besuchen, an eine demütigende Situation in seiner Schulzeit: „Die Lehrerin holte einen viel Jüngeren in die Klasse, damit er mir vorliest. Das vergesse ich nie." (Kery-Erdély 2009, 17)

Regionale Benachteiligung als Bildungsbarriere

Neben den sozioökonomischen und kulturellen Faktoren wirkt sich auch der Wohnort nach wie vor deutlich auf die individuellen Bildungschancen aus. Wenn man von regionaler Benachteiligung in einer ländlichen, peripheren Region spricht, muss man auch vom regionalen Brain Drain sprechen. Während früher ein stärkeres Stadt-Land-Gefälle hinsichtlich der formalen Qualifikation sichtbar war, lässt sich heute diese Form der Bildungsbenachteiligung nicht mehr primär nach Stadt/Land differenzieren, sondern eher nach Milieus und sozialen Lagen (vgl. Steiner et al. 2010, 71). Das insgesamt niedrigere durchschnittliche Bildungsniveau in benachteiligten Regionen kommt vor allem dadurch zustande, dass Menschen mit formal höheren Abschlüssen vielfach in Ballungsräume ziehen, weil es da auch entsprechende Beschäftigungsmöglichkeiten gibt. Nachdem mit steigendem formalen Bildungsniveau die Teilnahme an Weiterbildung ebenfalls steigt, erklärt das auch die Dynamik der geringeren Beteiligung an Weiterbildung von Menschen aus peripheren Regionen (vgl. Steiner et al. 2010, 71 und Wagner/Steiner 2011, 6).

Das zeigt sich besonders im Burgenland, das im Besuch von Aus- und Weiterbildungseinrichtungen nicht nur im Vergleich zu den städtischen Regionen, sondern mit einer Weiterbildungsbeteiligung von 10,3 Prozent auch im Bundesländervergleich (Österreich-Durchschnitt 13,8 Prozent) am schlechtesten abschneidet. Die erwachsenen Burgenländer/innen besuchen also weniger häufig Angebote der Aus- und Weiterbildung als Personen in den anderen Bundesländern (vgl. Statistik Austria 2011, 116).

Eine individuelle Benachteiligung aufgrund der regionalen Gegebenheiten entsteht natürlich auch dadurch, dass für die Teilnahme an bestimmten (Weiter-)Bildungsangeboten auch geografische Distanzen überwunden werden müssen. Das bedeutet, dass aufgrund eines mangelnden öffentlichen Verkehrsnetzes auch PKW und Führerschein vorhanden sein müssen, vor allem für manche Frauen eine fast unüberwindbare Bildungsbarriere.

In einer Studie für das Bundesministerium für Unterricht, Kunst und Kultur werden die Faktoren für Bildungsbarrieren in Bezug auf regionale Benachteiligung, die sich in Wechselwirkung verstärken, wie folgt zusammengefasst: „Eine Person wäre nicht aufgrund ihres Wohnortes benachteiligt, sondern weil sie in einer peripheren Region wohnt *und* kein geeignetes öffentliches Verkehrsnetz vorhanden ist *und* sie auf öffentliche Verkehrsmittel angewiesen wäre *und* sich Bildungsanbieter aus der Region zurückziehen, *weil* die Nachfrage zu gering ist. *Dadurch* wird die geographische Distanz hin zum nächsten Angebot wieder größer […].“ (Steiner et al. 2010, 73)

Chancengleichheit – eine Illusion?

Dass Bildung nützt, ist evident. Wem und wie viel, hängt allerdings von mehreren Bedingungen ab. Nachdem jetzt das österreichische Bildungssystem die Lebenschancen bereits sehr frühzeitig reguliert, „müssten die Gegenmaßnahmen um ein möglichst hohes Maß an Chancengleichheit im Weiterbildungssystem herstellen zu können, finanzstark und großflächig sein“ (vgl. Egger 2006, 10).

Gerade bildungsbenachteiligte Personen bräuchten in einem hohen Ausmaß flankierende Angebote und Unterstützungsstrukturen, wobei auch Unterprivilegierte Zugang zu privilegiertem Lernen bekommen müssten. Das bedeutet, ihnen sollte ermöglicht werden, auch (lange) zweckfrei lernen zu können.

Wenn auch ein Großteil der Motive zur Teilnahme an der Weiterbildung darin liegen, einen Job zu finden, aufrechtzuerhalten oder die berufliche Position zu verbessern, darf das nämlich nicht zur Folge haben, dass bloß beruflich verwertbare Bildung angeboten werden soll. Bildung wirkt jenseits von Beruf und Karriere auch positiv auf Persönlichkeit und Gesellschaft (vgl. Wagner/Steiner 2011, 10).

Um die Bildungsbeteiligung zu erhöhen, bedarf es daher eines vielfältigen, kontinuierlichen und regional nahen, kostengünstigen Grundangebotes. Darüber hinaus sind zielgruppenspezifische Schwerpunktprogramme mit einer entsprechenden Öffentlichkeits- und Sensibilisierungsarbeit, die zur Teilnahme motivieren, indem auch der Nutzen und Wert der Teilnahme individuell erkennbar wird, anzubieten (vgl. Wagner/Steiner 2011, 4).

Methodisch sind die Entwicklung und Umsetzung von innovativen und niederschwelligen Lernangeboten und Lernformen zur Gewinnung bildungsferner bzw. bildungsbenachteiligter Zielgruppen, die bislang in den Bildungsangeboten unterrepräsentiert sind, zu forcieren, wobei auch zu berücksichtigen ist, dass individuelle Lernprozesse nicht nur im formalen Bildungssystem stattfinden.

Dazu sind allerdings entsprechende bildungspolitische Rahmenbedingungen notwendig, wo die öffentliche Hand eine regionale Bildungsarbeit zum Abbau der geografischen und sozialen Barrieren beim Zugang zu Bildungsangeboten fördert und finanziell absichert. Wie eine aktuelle Studie zum „Lebensbegleitenden Lernen in den Regionen verankern" feststellt, wäre dabei auf der strukturellen Ebene vor allem zu bedenken, „dass Bildungsanbieter in peripheren Regionen höhere Aufwände zu bewältigen haben, woraus sich ein höherer Bedarf ergeben kann" (Wagner/Steiner 2011, 49).

Bildung ist ein Menschenrecht, wobei nicht übersehen werden darf, dass Bildung nicht alle Defizite einer Gesellschaft ausgleichen und auch soziale Benachteiligung nicht in dem Maße aufheben kann, dass durch gleiche Bildungsstartchancen automatisch eine Verteilungsgerechtigkeit hergestellt wird. „Eine zentrale Aufgabenstellung gerechtigkeitsorientierter Bildungspolitik ist also die Herstellung einer gerechten Teilhabe an Bildungschancen und deren Verwendung. Bildungspolitik ist in beiden Fällen Gesellschaftspolitik." (Egger 2006, 5)

Literatur

Egger, Rudolf (2006). Gesellschaft mit beschränkter Bildung. Die gefährliche Illusion der Chancengleichheit in der Weiterbildungsgesellschaft. BuKEB-Tagung vom 26. April 2006. Unveröffentlichtes Manuskript.

Erler, Ingolf (2010). Der Bildung ferne bleiben: Was meint „Bildungsferne"?, in: Magazin erwachsenenbildung.at: Zielgruppen in der Erwachsenenbildung. Objekte der Begierde?, 10/2010, 10-2–10-10, abrufbar unter: http://erwachsenenbildung.at/magazin/10-10/meb10-10_10_erler.pdf (23. 10. 2011).

Faulstich, Peter (2006). Lernen und Widerstände, in: Netzwerk Weiterbildung: Grundsätzliches zur Weiterbildung, 11. 7. 2006, abrufbar unter: http://www.netzwerk-weiterbildung.info/meldung_volltext.php?si=1&id=43d8b60e5a383&view=&lang=1&akt=grundsaetzliches (23. 10. 2011).

Jankowitsch, Judith (2010). Bildungsbiografien burgenländischer Frauen, bfg:studies, Band 8, Eisenstadt.

Kery-Erdély, Viktória (2009). Analphabetismus. Angst vor jedem Schriftstück, in: Burgenland Kurier, 11. 4. 2009, 17.

Obermayr, Bernhard (o.J.). Bildungsferne Gruppen, abrufbar unter: http://tu-was.com/tuwas/bildungtirol/recherchen_zukunftszentrum/bildungsferne.pdf (23.10.2011).

Ribolits, Erich (2008). Wer bitte sind hier die Bildungsfernen?, in: schriftlos = sprachlos? Alphabetisierung und Basisbildung in der marktorientierten Gesellschaft, schulheft 131, Wien, 113–121.

Schneeberger, Arthur (o.J.). Grundbildungsdefizite in Österreich: Befunde und Schlussfolgerungen, abrufbar unter: http://www.pfiffikus.at/eb/enquete/basisbildung/Dr.%20Schneeberger%20Vortrag%20Grundbildungsdefizite.pdf (23.10.2011).

Statistik Austria (2011). Bildung in Zahlen 2009/2010. Schlüsselindikatoren und Analysen, Wien.

Steiner, Mario/Pessl, Gabriele/Wagner, Elfriede/Plate, Marc (2010). Evaluierung ESF „Beschäftigung" im Bereich Erwachsenenbildung, IHS, Wien.

Wagner, Elfriede/Steiner, Mario (2011). Lebensbegleitendes Lernen in den Regionen verankern, Projektbericht, IHS, Wien.

Abschnitt VII

Wahlen

Klaus Schermann

Manfred Dreiszker

82 Volksentscheidungen in 90 Jahren Landesgeschichte

Die Wahlen im Burgenland von 1921 bis 2010

In der 90-jährigen Geschichte des Burgenlandes haben insgesamt 82 Wahlen stattgefunden. Dreimal wurde der Bundespräsident von der Bundesversammlung gewählt, siebenmal (1923 bis 1956) wurde die Landtagswahl gemeinsam mit der Nationalratswahl durchgeführt und viermal hat die Bürgermeisterwahl parallel zur Gemeinderatswahl stattgefunden. Somit wurden also die Burgenländer/innen 68 Mal zur Wahlurne gebeten, um ihre politischen Repräsentanten zu wählen. 40 Mal wurde regional gewählt (Landtags-, Gemeinderats- bzw. Bürgermeisterwahlen). Überregional fanden 42 Wahlen statt (Nationalrats-, Bundespräsidenten- und EU- Wahlen) (siehe Grafik 1).

20 Landtagswahlen wurden seit 1922 durchgeführt, vier in der Ersten und 16 in der Zweiten Republik. Der Landtag wird seit der Landtagswahl 1968 für fünf Jahre gewählt, davor waren es vier Jahre. 16 Gemeinderatswahlen, die in der Regel alle fünf Jahre stattfinden, wurden seit 1923 durchgeführt, drei in der Ersten und 13 in der Zweiten Republik. Neu ab 1992 ist die Bürgermeisterdirektwahl, die es bereits viermal parallel zur Gemeinderatswahl gegeben hat, bis dahin wurde der Bürgermeister bzw. die Bürgermeisterin vom Gemeinderat gewählt.

23 Nationalratswahlen, die ab 2008 grundsätzlich alle fünf Jahre stattfinden (davor vier Jahre), wurden seit 1923 durchgeführt, drei in der Ersten und 20 in der Zweiten Republik. Die Bundespräsidenten der Jahre 1924, 1928 und 1945 wurden von der Bundesversammlung gewählt, erst ab 1951 wurde der Bundespräsident direkt vom Volk gewählt, zwölfmal war dies in der Zweiten Republik der Fall. Die erste von vier Europawahlen hat im Jahr 1996 stattgefunden.

Grafik 1: Chronologie aller Wahlen im Burgenland seit 1922

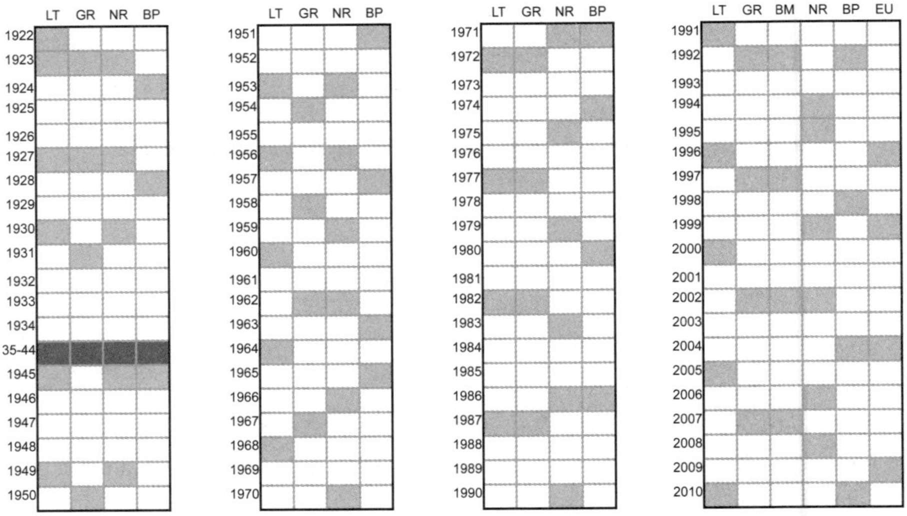

LT Landtagswahl GR Gemeinderatswahl BM Bürgermeisterwahl NR Nationalratswahl BP Bundespräsidentenwahl EU Europawahl

Quelle: Statistik Burgenland.

Bevölkerung, Wahlberechtigte und Wahlbeteiligte

Die Wohnbevölkerung Österreichs ist in den letzten 90 Jahren von 6,5 Millionen auf 8,4 Millionen um fast 30 Prozent gewachsen, die Bevölkerung des Burgenlandes ist in diesem Zeitraum praktisch gleich groß geblieben. 1925 zählte man im Burgenland 285 700 Einwohner/innen, am 1. Jänner 2011 waren es 284 900. Bis 1981 war die Einwohner/innenzahl rückläufig, danach wieder wachsend, 1981 wurde mit 269 800 die geringste Bevölkerungszahl ausgewiesen. Viele historische und strukturelle Ereignisse haben den anfänglichen Bevölkerungsrückgang (Zweiter Weltkrieg, Strukturwandel Landwirtschaft, Auswanderung, Pendler/innen etc.) und das Bevölkerungswachstum der letzten Jahrzehnte (Jugoslawienkrise, Ostöffnung, EU-Beitritt, Osterweiterung etc.) geprägt. Die Prognosen zeigen aus heutiger Sicht ein weiteres Ansteigen der Bevölkerung sowohl für Österreich als auch für das Burgenland. Österreich wird voraussichtlich im Jahr 2031 die 9-Millionen-Grenze überschreiten, Burgenland wird 2026 erstmals 300 000 Einwohner/innen zählen. Ergänzend sei noch erwähnt, dass die Zuwanderungen in das Burgenland nicht nur mit den historischen Ereignis-

Grafik 2: Wahlbeteiligung im Burgenland 1945–2010

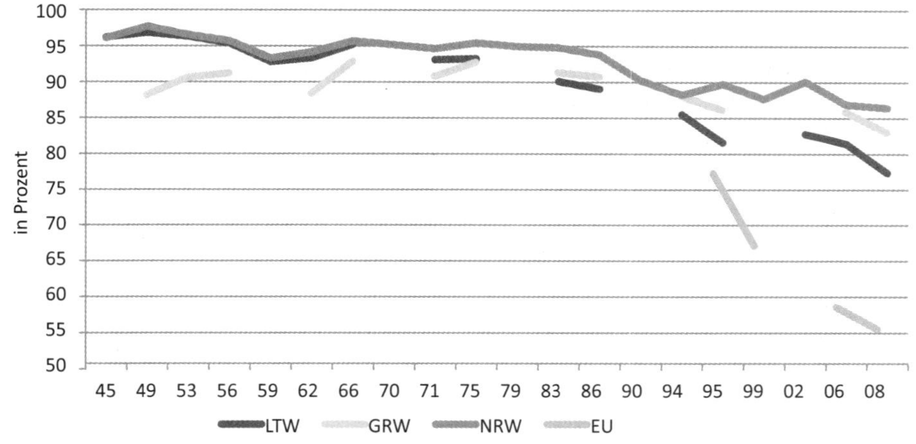

Quelle: Statistik Burgenland.

sen und Zuwanderungen aus dem Ausland zu tun haben, sondern dass fast zwei Drittel der Zuwanderungen aus den anderen Bundesländern erfolgten.

Obwohl die Zahl der Bevölkerung des Burgenlandes in den letzten 90 Jahren in etwa gleich hoch geblieben ist, hat sich die Zahl der Wahlberechtigten relativ stark erhöht. Dies zum einen wegen der Alterung der Gesellschaft, aber auch insbesondere deshalb, weil das Wahlalter immer wieder gesenkt wurde. Bei einigen Wahlen kommen noch andere Personenkreise dazu (Zweitwohnsitzer/innen bei Gemeinderatswahl, EU-Bürger/innen bei EU-Wahlen).

So lebten zum Beispiel 1934 ca. 195 000 Personen (65 Prozent) im Alter von 18 und mehr Jahren im Burgenland, 1961 waren es rund 191 500 Personen (73 Prozent), 2011 waren es bereits 237 000 (86 Prozent). Die Wähler/innen werden also immer älter. Ein anderes Beispiel: 1934 lebten im Burgenland 36 000 Personen, die älter als 60 Jahre waren, 1961 waren es 44 000, heute sind es bereits 74 000 und laut aktuellster Prognose überschreitet das Burgenland in 15 Jahren die 100 000er-Marke. Die Herabsetzung des Wahlalters erhöhte die Wahlberechtigten um die jeweiligen Geburtsjahrgänge, insgesamt brachte das Herabsetzen von 20 auf 16 Jahre zusätzlich ca. 15 000 Wahlberechtigte. Österreicher/innen im Ausland und EU-Bürger/innen im Burgenland erhöhen die Wahlberechtigten hingegen nur geringfügig um rund 2000 Personen (EU-Wahl 2009). Die zusätzlichen Wähler/innen mit sonstigem Wohnsitz haben wiederum mit 18 000 Personen (LTW 2010) eine größere Bedeutung. Die Bandbreite der Wahlberechtigten erstreckt sich daher zurzeit von 230 000 (NRW 2008) über 231 500 (EU 2009) und 248 000 (LTW 2010) auf 252 500 (GRW 2007).

Die Wahlbeteiligung muss daher auch immer im Zusammenhang mit den Wahlberechtigten gesehen werden, gewisse Gruppen haben ein anderes Wahlverhalten (EU-Bürger/innen, Zweitwohnsitzer/innen) – siehe Grafik 2 (Jahreszahlen beziehen sich auf NRW, andere Wahlen nur angenähert an Jahre). Hier lässt sich erkennen, dass die Nationalratswahl immer eine etwas höhere Wahlbeteiligung hatte als die regionalen Wahlen. Der starke Rückgang bei den EU-Wahlen ist ebenfalls bemerkenswert.

Die weiteren Auswertungen zu den einzelnen Wahlen werden nur noch ab 1945 gemacht, da die Parteienlandschaft vor und nach dem Zweiten Weltkrieg sehr unterschiedlich war und die Ergebnisse fast nicht vergleichbar sind.

Die Landtagswahlen

Zwei Parteien prägten in der Zweiten Republik das politische Geschehen im Burgenland – die Österreichische Volkspartei (ÖVP) gewann nach dem Krieg die ersten fünf und die Sozialdemokratische Partei (SPÖ) die nächsten elf Landtagswahlen. Neben diesen beiden Parteien sind seit 1949 die Freiheitliche Partei Österreichs (FPÖ), seit dem Jahr 2000 die Grünen – Die Grüne Alternative (Grüne) und seit 2010 die Liste Burgenland (LBL) im Landtag vertreten.

Die Gesetzgebungsperiode des Landtages dauerte bis 1968 vier Jahre. Ab der Landtagswahl 1968 wurde die Gesetzgebungsperiode auf fünf Jahre erhöht.

Wahlberechtigt waren 2010 alle Männer und Frauen, die am Stichtag die österreichische Staatsbürgerschaft besaßen, am Wahltag das 16. Lebensjahr vollendet hatten und in einer Gemeinde des Burgenlandes ihren Wohnsitz im Sinne der Landtagswahlordnung hatten.

Im Jahr 2005 wurde das Wahlalter auf 16 Jahre gesenkt, 1996 auf 18 Jahre, 1972 auf 19 Jahre, davor waren es 20 Jahre. Durch die Senkung des Wahlalters waren insgesamt ca. 15 000 junge Menschen zusätzlich wahlberechtigt. Warum bei der LTW 2010 mit fast 250 000 Wahlberechtigten um beinahe 100 000 Wähler/innen mehr als noch in der Zwischenkriegszeit registriert waren, lässt sich damit aber nicht begründen. Auch die Ausweitung auf Zweitwohnsitzer/innen war lediglich für rund 18 000 zusätzliche Wähler/innen verantwortlich. Der größte Teil des Zuwachses an Wahlbeteiligten begründet sich in der „normalen" Alterung unserer Gesellschaft. Während zum Beispiel der durchschnittliche Wahlberechtigte in den 1960er-Jahren 46,6 Jahre alt war, lag das Durchschnittsalter 2010 bei 49,6 Jahren. Zu bedenken ist, dass man in den 1960er-Jahren erst ab 20 Jah-

Grafik 3: Landtagswahlen 1945–2010. Parteienanteile ausgewählter Parteien

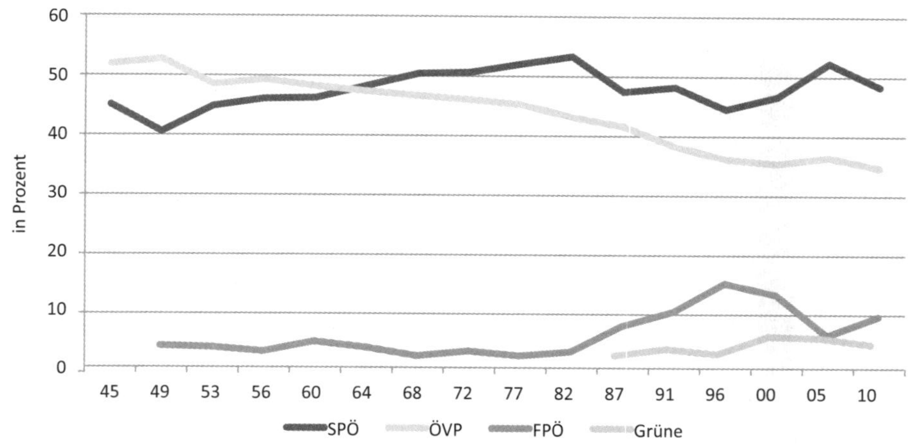

Quelle: Statistik Burgenland.

ren, 2010 bereits ab 16 Jahren wählen durfte (das Durchschnittsalter im Burgenland insgesamt hat sich in dieser Zeit von 34,7 auf 43,6 doch wesentlich stärker erhöht).

Die abgegebenen Stimmen haben sich ebenfalls stark erhöht, von rund 165 000 nach dem Zweiten Weltkrieg auf über 190 000 bei der Wahl 2010. Die SPÖ konnte die Zahl der Wähler/innen in der Zweiten Republik erhöhen, von rund 70 000 in den 1950er-Jahren auf 90 000 bis 100 000 aktuell. Die ÖVP hingegen hatte nach dem Zweiten Weltkrieg ein Wählerpotential von rund 80 000, seither sind die Wähler/innen schrittweise auf derzeit 60 000 bis 70 000 zurückgegangen.

Relativ betrachtet bedeutet dies (siehe Grafik 3), dass SPÖ und ÖVP bis in die 1980er-Jahre stets mehr als 90 Prozent der Wählerstimmen gewinnen konnten. Erst mit dem Aufschwung der FPÖ (25 000 Stimmen 1996) und der Etablierung der Grünen (10 000 Wähler/innen in den Jahren 2000 und 2005) sanken die Anteile der beiden Großparteien auf unter 90 Prozent. Zweimal konnte die ÖVP die absolute Mehrheit erringen, fünfmal die SPÖ.

Wahlberechtigte, die sich am Wahltag nicht in ihrer Gemeinde aufhalten, können die Ausstellung einer Wahlkarte beantragen. Neu ab der Wahl 2010 ist die Möglichkeit der Briefwahl. Während in den letzten Jahren lediglich 800 bis 1000 Wahlberechtigte mit einer Wahlkarte gewählt haben, waren es 2010 mit der Einführung der Briefwahl immerhin mehr als 16 000.

Grafik 4: Landeshauptmänner Burgenland

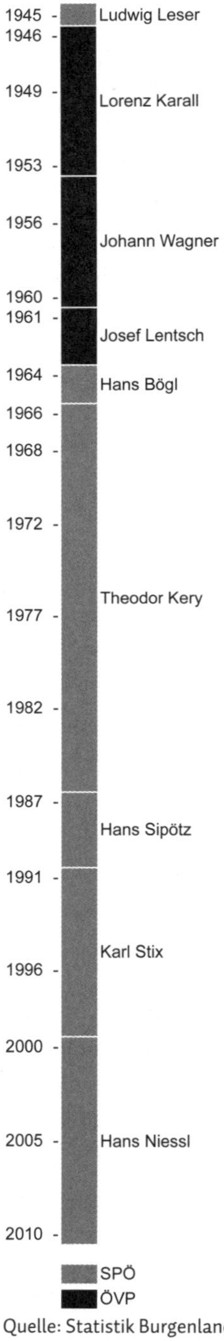

Quelle: Statistik Burgenland.

Im Burgenland sind ab der letzten Landtagswahl 2010 nur mehr vier Prozent der gültig abgegebenen Stimmen für die Teilnahme an der Mandatsverteilung erforderlich, vorher war das Überschreiten einer Fünf-Prozent-Hürde notwendig.

Der Landtag besteht aus 36 Abgeordneten, vor der Landtagswahl 1977 gab es 32. Mit der Landtagswahl 2010 stellt die SPÖ 18 Abgeordnete, die ÖVP 13, die FPÖ drei, die Grünen und die LBL jeweils einen Mandatar.

Neun Landeshauptmänner standen seit 1945 an der Spitze des Burgenlandes, drei von der ÖVP, sechs von der SPÖ (siehe Grafik 4). Nach dem ersten, ohne Wahlen ernannten Landeshauptmann (SPÖ) wurden in den ersten beiden Nachkriegsjahrzehnten ÖVP-Politiker vom Landtag zum Landeshauptmann gewählt, seit 1964 leiten Sozialdemokraten die Geschicke des Landes.

Die Burgenländische Landesregierung besteht aus sieben Mitgliedern, seit der Landtagswahl 2000 stellt die SPÖ vier, die ÖVP drei Regierungsmitglieder.

Bei der Landtagswahl 2010 hatte die SPÖ in 128 Gemeinden (75 Prozent) die Mehrheit (83 absolut, 45 relativ). In 42 Gemeinden hatte die ÖVP die Nase vorne (20 absolut, 22 relativ). Lediglich in Bad Sauerbrunn konnten weder SPÖ noch ÖVP die Mehrheit erlangen, die Liste Burgenland (LBL) hat hier mit 37,6 Prozent die meisten Stimmen gewonnen.

Gemeinderats- und Bürgermeisterwahlen

Die Gemeinderatswahlen finden in der Regel alle fünf Jahre statt, drei Wahlen fanden in der Ersten und 13 in der Zweiten Republik statt. Neu ab 1992 ist die Bürgermeisterdirektwahl, die es bereits viermal parallel zur Gemeinderatswahl gegeben hat, bis dahin wurde der Bürgermeister bzw. die Bürgermeisterin vom Gemeinderat gewählt.

Bezüglich der Wahlberechtigten gilt Ähnliches wie bei den Landtagswahlen: Das aktive Wahlrecht wurde herabgesetzt auf 16 Jahre, das passive Wahlrecht auf 18 Jahre. Der bzw. die Wahlberechtige muss seinen bzw. ihren Hauptwohnsitz oder Nebenwohnsitz im Burgenland haben. Unionsbürger/innen besitzen das aktive und passive Wahlrecht zum Gemeinderat und das aktive, aber nicht das passive zur Bürgermeisterwahl, das heißt, Unionsbürger/innen können nicht für die Wahl zum Bürgermeister oder zur Bürgermeisterin kandidieren.

Die Größenordnung der Wahlberechtigten bei den Gemeinderats- und Bürgermeisterwahlen hat sich ähnlich wie bei der Landtagswahl verändert. Gab es rund 170 000 Wahlberechtigte in den 1940er- und 1960er-Jahren, so waren es mehr als 250 000 im Jahr 2007. Während die Wahlbeteiligung nach dem Zwei-

Grafik 5: Landtagswahl 2010. Mehrheiten in den Gemeinden

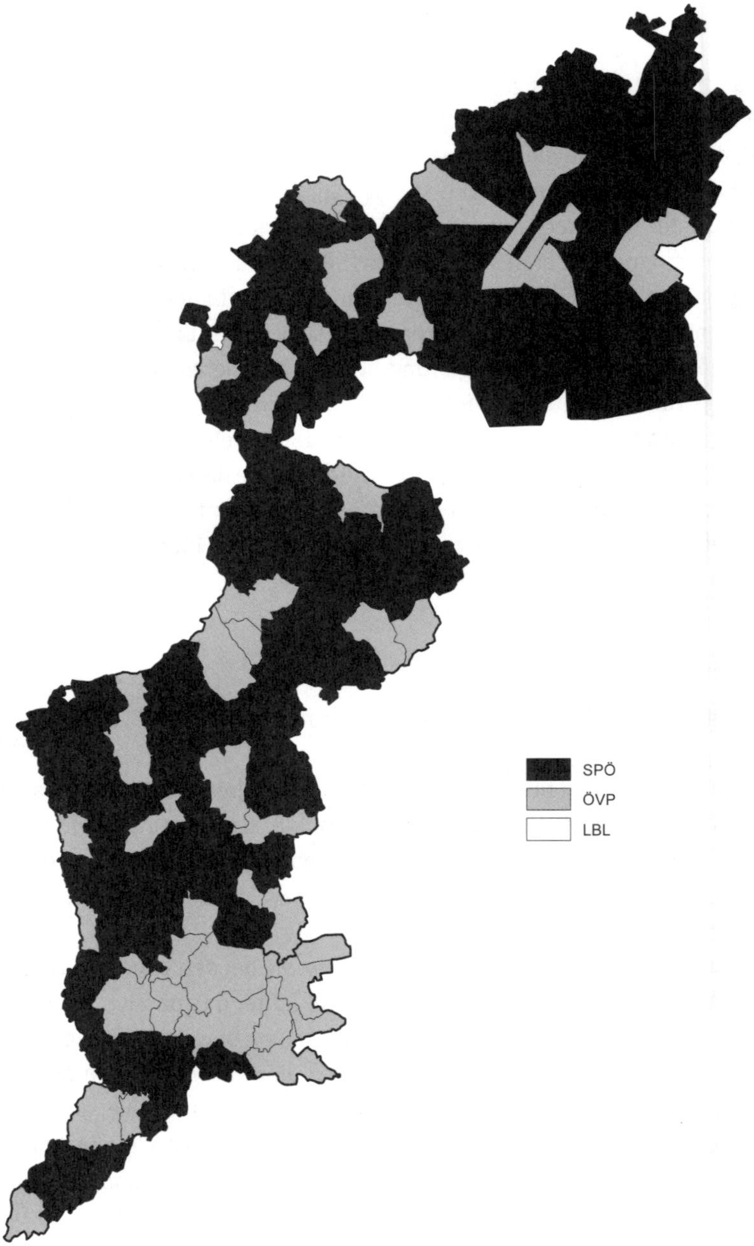

Quelle und Grafik: Statistik Burgenland.

Grafik 6: Gemeinderatswahlen 1950–2007. Parteienanteile

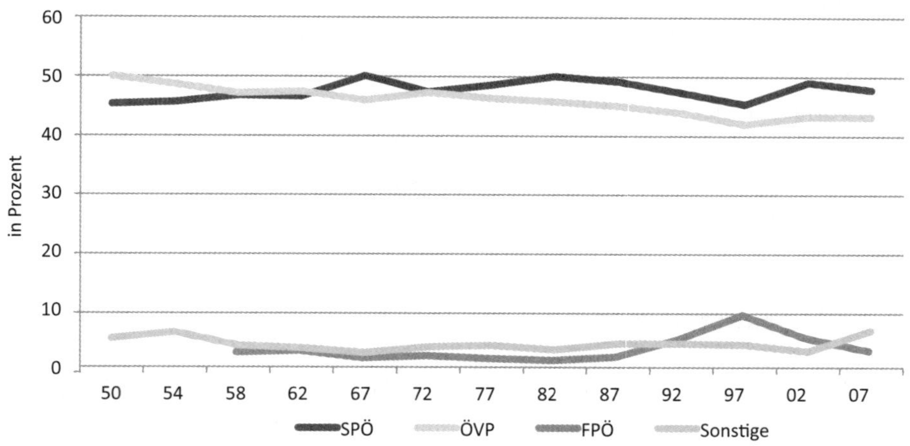

Quelle: Statistik Burgenland.

ten Weltkrieg mit rund 90 Prozent unter jener der Landtagswahlen lag (ca. 95 Prozent), fiel die Wahlbeteiligung bei den letzten Wahlen auf Gemeindeebene mit rund 85% höher als auf Landesebene mit ca. 80 Prozent aus (siehe Grafik 2).

Bei den ersten vier Wahlen nach dem Zweiten Weltkrieg verzeichnete die ÖVP höhere Stimmenanteile als die SPÖ, während in den vergangenen fünf Jahrzehnten von den insgesamt neun durchgeführten Wahlen die SPÖ vor der ÖVP lag (siehe Grafik 6).

Bei der Gemeinderatswahl 2007 erhielten die Großparteien 92 614 (SPÖ) und 83 706 (ÖVP) Stimmen. Insbesondere die ÖVP erhält bei Gemeinderats- und Bürgermeisterwahlen immer mehr Stimmen als bei Landtags- bzw. Nationalratswahlen, da FPÖ und Grüne bei diesen nicht so stark vertreten sind. Bei der Bürgermeisterwahl erhöhen sich die Stimmen der Großparteien nochmals (SPÖ: 99 428, ÖVP: 89 049), da die Bürgermeisterkandidat/inn/en hauptsächlich von SPÖ und ÖVP gestellt werden.

Seit der letzten Bürgermeisterwahl stellt die SPÖ 88, die ÖVP 78, die Freie Bürgerliste (FBL) einen und diverse Namenslisten vier Bürgermeister/innen. 3117 Gemeinderäte bzw. Gemeinderätinnen vertreten die Bürger/innen auf Gemeindeebene, 1546 werden von der SPÖ gestellt, 1377 von der ÖVP.

Eine Sonderauswertung von Statistik Burgenland hat sich mit der Geschlechts-, Alters- und Berufsstruktur der Gemeinderäte und Gemeinderätinnen auseinandergesetzt. Auffallend war ein relativ geringer Frauenanteil (2007 rund 19 Prozent), allerdings ein starker Anteilsgewinn in den letzten zehn Jahren (1997 ca. elf Prozent). Differenziert nach Parteien sieht man die relativ hohen Anteile bei den Grünen und sonstigen Parteien (allerdings bei einer absolut sehr geringen Zahl). Die SPÖ weist mit 21 Prozent gegenüber ÖVP (16 Prozent) einen höheren Frauenanteil bei den Gemeinderätinnen auf, der Anteilsgewinn seit 1997 ist bei der SPÖ höher als bei ÖVP.

Bei den Bürgermeister/innen liegt der Frauenanteil noch niedriger, sechs von 171 Bürgermeister/innen sind weiblich, das sind lediglich 3,5 Prozent.

Nationalratswahlen

230 138 Burgenländer/innen waren bei der Nationalratswahl 2008 wahlberechtigt. In den 1950er-Jahren waren es rund 175 000. Ein Teil dieser Steigerung ist auf das schrittweise Herabsenken des Wahlalters auf 16 Jahre zurückzuführen, der Hauptgrund ist aber die Alterung der Gesellschaft. Die Differenz zu den rund 250 000 Wahlberechtigten der Gemeinderats- und Bürgermeisterwahlen sowie der Landtagswahl ist mit den Zweitwohnsitzer/inne/n und den wahlberechtigten Unionsbürger/inne/n zu begründen. Ähnlich wie bei der Landtagswahl, haben sich durch die Möglichkeit der Briefwahl ab 2010 die Wahlkartenwähler/innen stark erhöht. Während bei den früheren Wahlen rund 5000 bis 6000 mittels Wahlkarte wählten, nutzten 2008 fast 12 000 Personen diese Möglichkeit, wobei mehr als 10 000 die Briefwahl in Anspruch nahmen.

Grundsätzlich betrug die Legislaturperiode vier Jahre, ab 2008 wurde auf fünf Jahre erhöht. Von den 20 Nationalratswahlen in der Zweiten Republik haben acht vorzeitig stattgefunden.

Auch bei den Nationalratswahlen waren die ersten 20 Jahre nach dem Krieg (sieben Wahlen) von der ÖVP geprägt, die nächsten 45 Jahre (13 Wahlen) von der SPÖ (siehe Grafik 7). Die beiden Großparteien schnitten im Burgenland anteilsmäßig meistens besser ab als auf nationaler Ebene, die anderen Parteien demnach schlechter. Insbesondere seit den 1980er-Jahren hat die SPÖ im Burgenland im Schnitt um 7,9 Prozentpunkte besser abgeschnitten als im Bund, aber auch die ÖVP lag im Schnitt mit 2,4 Prozentpunkten über dem Österreichergebnis. Hingegen schnitten FPÖ (–4,1 Prozent) und GRÜNE (–3,4 Prozent) im Burgenland durchschnittlich schlechter ab.

Der Nationalrat setzt sich aus 183 Abgeordneten zusammen. Seit der letzten Wahl im Jahr 2008 ist das Burgenland mit sieben Abgeordneten im Nationalrat vertreten.

Grafik 7: Nationalratswahlen im Burgenland 1945–2008. Parteienanteile ausgewählter Parteien

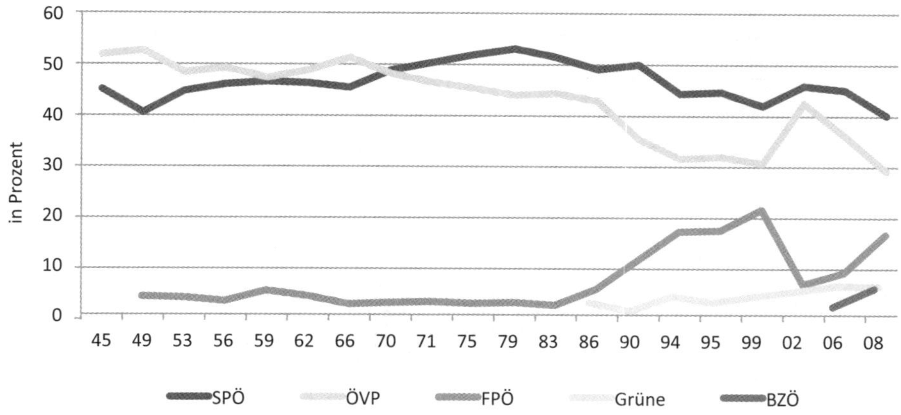

Quelle: Statistik Burgenland.

Bundespräsidentenwahlen

Der Bundespräsident ist das auf sechs Jahre gewählte Staatsoberhaupt der Republik Österreich. Seit 1951 findet die Wahl direkt durch das Bundesvolk statt. Die ersten drei Bundespräsidenten wurden von der österreichischen Bundesversammlung gewählt. Der Bundespräsident kann für die unmittelbar folgende Funktionsperiode nur einmal wiederbestellt werden und in Summe maximal zwölf Jahre ununterbrochen im Amt sein.

Die Definition der Wahlberechtigten ist ähnlich wie bei den Nationalratswahlen. Bis 1982 gab es in Österreich für die Wahl des Bundespräsidenten eine Wahlpflicht.

Die Burgenländer/innen haben fast immer jene Kandidat/inn/en gewählt, die auch österreichweit die meisten Stimmen bekamen. Lediglich bei den Wahlen im Jahr 1951 – die Burgenländer/innen hatten Dr. Gleißner gegenüber Dr. Körner bevorzugt – sowie 1986 – Dr. Steyrer erhielt mehr Stimmen als Dr. Waldheim – wählten sie anders als die Mehrheit.

Tabelle 1: Übersicht der letzten drei Nationalrats-, Landtags-, Gemeinderats- und Bürgermeisterwahlen

Wahl	Wahl-berechtigte	abgegebene Stimmen	%	ungültig	gültig	SPÖ	%	ÖVP	%	FPÖ	%	Sonstige	%
NRW 2002	215 784	194 321	90,1	3027	191 294	87 660	45,8	81 127	42,4	12 163	6,4	10 344	5,3
NRW 2006	222 281	193 047	86,8	4224	188 823	84 953	45,0	68 078	36,1	16 336	8,7	19 456	10,1
NRW 2008	230 138	198 814	86,4	5049	193 765	77 627	40,1	56 304	29,1	31 326	16,2	28 508	14,3
LTW 2000	226 752	187 577	82,7	4303	183 274	85 313	46,5	64 750	35,3	23 154	12,6	10 057	5,4
LTW 2005	242 218	197 127	81,4	4537	192 590	100 497	52,2	70 057	36,4	11 077	5,8	10 959	5,6
LTW 2010	248 694	192 246	77,3	3286	188 960	91 185	48,3	65 411	34,6	16 970	9,0	15 394	8,0
GRW 1997	226 582	194 879	86,0	21 206	173 673	78 575	45,2	72 677	41,8	15 588	9,0	6833	3,5
GRW 2002	241 482	207 092	85,8	16 278	190 814	93 357	48,9	82 349	43,2	9724	5,1	5384	2,6
GRW 2007	252 597	209 423	82,9	15 144	194 279	92 614	47,7	83 706	43,1	5685	2,9	12 274	5,9
BMW 1997	226 582	194 879	86,0	9234	185 645	85 940	46,3	81 360	43,8	11 638	6,3	6350	3,3
BMW 2002	241 482	207 092	85,8	7286	199 806	100 685	50,4	86 082	43,1	8124	4,1	3915	1,9
BMW 2007	252 597	209 433	82,9	8811	200 622	99 428	49,6	89 049	44,4	2593	1,3	8911	4,3

Quelle: Statistik Burgenland.

Europawahlen

SPÖ und ÖVP schneiden im Burgenland auch bei den Europawahlen besser ab als im Bundesschnitt, die SPÖ um rund zehn, die ÖVP um ein bis zwei Prozentpunkte. Entsprechend fielen die Anteile der kleineren Parteien geringer aus. Bei der Europawahl werden die 736 Abgeordneten zum Europäischen Parlament gewählt. Bis zum Jahr 2004 stellte Österreich 21 Abgeordnete, 2004 wurde die Zahl auf 18 reduziert, ab 2009 hatte Österreich 17 Abgeordnete. In den Jahren 1999 bis 2009 war mit Christa Prets (SPÖ) eine Burgenländerin im Europaparlament vertreten.

Schlussbemerkung

Zusammenfassend kann man sagen – je regionaler die Wahl, desto mehr Wahlberechtigte und desto mehr Stimmen für die Großparteien. Das Wählerpotential bei der SPÖ liegt zwischen 80 000 und 100 000, jenes der ÖVP zwischen 60 000 und 90 000. Die FPÖ konnte bei der Nationalratswahl 2008 über 30 000 Stimmen erreichen, bei den Regionalwahlen aber nur einige Tausend (GRW 2007: 5700, BMW 2007: 2600).

Literatur

Dreiszker, Manfred (2007). Burgenländische Statistiken. Gemeinderats- und Bürgermeisterwahlen 7. Oktober 2007, Heft 114, Eisenstadt.

Dreiszker, Manfred (2009a). Burgenländische Statistiken. Nationalratswahl 28. September 2009, Heft 115, Eisenstadt.

Dreiszker, Manfred (2009b). Burgenländische Statistiken. Europawahl 7. Juni 2009, Heft 118, Eisenstadt.

Dreiszker, Manfred (2010a). Burgenländische Statistiken. Die Wahl des Bundespräsidenten 25. April 2010, Heft 122, Eisenstadt.

Dreiszker, Manfred (2010b). Burgenländische Statistiken. Landtagswahl 30. Mai 2010, Heft 123, Eisenstadt.

Dreiszker, Manfred (2011). Wahlen im Burgenland 1921 bis 2010, 146, in: Historischer Atlas Burgenland. Wissenschaftliche Arbeiten aus dem Burgenland, Band 141, Eisenstadt.

Anhang

Kurzbiografien der Autor/inn/en

Melani Barlai, Mag. M.A., geb. 1982. Wissenschaftliche Mitarbeiterin für das Netzwerk für Politische Kommunikation (netPOL) an der Andrássy Universität Budapest. 2010 Abschluss Master Europäische Integration an der TU Chemnitz, 2009 Magister Artium – Abschluss Politikwissenschaft, Organisationspsychologie und Soziologie an der TU Chemnitz. Forschungsschwerpunkte: Politischer Extremismus in Ostmitteleuropa, Minderheitenforschung in Ungarn, Wahlforschung, Politische Kultur in Ungarn.

Dietmar Baurecht, geb. 1973. Handelsakademie, studiert Theater-, Film- und Medienwissenschaft an der Universität Wien (war auch Studienassistent tätig), Post-Graduate-Diplom der Universität Wien im Bereich „Kultur & Organisation" (2010), seit 2002 Kulturjournalist, seit 2003 Koordinator des Zentrums für Kreativwirtschaft (Burgenland), Projektmanager, seit 2007 verschiedene Jurytätigkeiten.

Maria Beyrl, Dr., geb. 1973. Studierte Politikwissenschaft, Italienisch und Rechtswissenschaften an der Universität Wien. Wissenschaftliche Mitarbeiterin an der Universität Klagenfurt und der Donau-Universität Krems, seit 2010 am Institut für Strategieanalysen (ISA) in Wien. Arbeitsschwerpunkte sind Politische Partizipation und Wahlen.

Wolfgang Böck, geb. 1953. Hochschule für Musik und darstellende Kunst, Abschluss mit Auszeichnung. Theater für Vorarlberg in Bregenz, Linzer Landestheater, Volkstheater Wien. Seit 1987 freier Schauspieler mit Verpflichtungen im Theater in der Josefstadt, Schauspielhaus Zürich, Volkstheater Wien, Opernhaus Graz, Wiener Ensemble, Salzburger Festspiele, Renaissancetheater Berlin. Verschiedene Film- und Fernsehrollen sowie Musikprogramme. Gründungsmitglied des Wald4tler Hoftheaters. Seit 2003 Intendant der Schloss-Spiele Kobersdorf. Träger zahlreicher Preise und Auszeichnungen (u. a. mehrmaliger Gewinner der „Romy").

Willi Brunner, Mag., geb. 1962, wh. in Jennersdorf, Diakon, Pastoralassistent.

Peter Bußjäger, Dr., geb. 1963. Studium der Rechtswissenschaften in Innsbruck. Direktor des Instituts für Föderalismus, Innsbruck, und Direktor des Vorarlberger Landtages, Bregenz. Außerdem Mitglied des Staatsgerichtshofes des Fürstentums Liechtenstein. Forschungsschwerpunkte Föderalismus und europäisches Mehrebenensystem.

Walter Degendorfer, Mag. Dr., geb. 1954. Rektor der Pädagogischen Hochschule Burgenland. Wirtschaftspädagoge, Organisationsentwickler mit Arbeitsschwerpunkten Führung, Qualitätsmanagement, komplexe Veränderungsprozesse. Mitglied des Schweizer Berufsverbands für Supervision, Organisationsberatung und Coaching. Aufsichtsrat der Österreichischen Austauschdienst-GesmbH (OeAD) des bmwf und des bmukk.

Erwin Deutsch, MAS MSc, geb. 1956. Lehrbefähigung für Hauptschulen (Deutsch/Bewegung und Sport) und Polytechnische Schulen, Studium der Medienpädagogik an der Donau-Universität Krems. Landesschulinspektor für das allgemeinbildende Pflichtschulwesen im Burgenland, Landeskoordinator für Neue Mittelschulen, Landesleiter vom Österreichischen Jugendrotkreuz Burgenland und vom Österreichischen Buchklub der Jugend.

Manfred Dreiszker, Mag., geb. 1962. Studium der Betriebs- und Wirtschaftsinformatik an der Universität Wien. Vortragstätigkeit in der Erwachsenenbildung. Seit 1991 im Amt der Burgenländischen Landesregierung, zunächst „Naturschutz und Statistik", seit 1995 Leiter des Referats „Landesstatistik". Thematische Schwerpunkte: Demografie, Prognosen, Wahlen, Arbeitsmarkt, Wirtschaft, Konjunktur, Bildung, Gesundheit, Verkehr und Umwelt.

Elisabeth Fercsak, Mag., geb. 1986. Studium der Rechtswissenschaften an der Universität Wien sowie wissenschaftliche Assistentin an der Universität Wien, seit 2010 Juristin im Amt der Burgenländischen Landesregierung; Burgenlandkroatin und Mitglied des Folkloreensembles Kolo Slavuj.

Evelyn Fertl, Mag. Dr. M.A., geb. 1972. Studium Theaterwissenschaft/Publizistik (Universität Wien); Studium Klassische Archäologie/Alte Geschichte (Universität Wien, King's College London). Autorin und Lektorin von Fachbüchern und -artikeln. 2004 Lehrbeauftragte am Institut für Theaterwissenschaft der Ludwig-Maximilians-Universität München. Seit 2005 mit der wissenschaftlichen Digitalisierung der Fotosammlung des Burgenländischen Landesarchivs und der BF-Fotosammlung betraut.

Peter Filzmaier, Univ.-Prof. Dr., geb. 1967. Politikwissenschafter, Professor für Politische Kommunikation an der Karl-Franzens-Universität Graz, Leiter der Plattform Politische Kommunikation an der Donau-Universität Krems, geschäftsführender Gesellschafter des Instituts für Strategieanalysen (ISA) in Wien. Arbeitsschwerpunkte sind u. a. Politik- und Wahlanalysen, Politische Bildung und Partizipationsforschung, Politik und Medien bzw. Internet und Demokratie.

Michael Floiger, Mag., geb. 1948. Studium der Geschichte und Geographie in Wien, bis 2009 Lehrer am Gymnasium Mattersburg. Autor und Mitautor von Lehrbüchern, u. a. auch zur burgenländischen Geschichte. Verfasser des Landesparteiprogrammes und einer Geschichte der burgenländischen FPÖ.

Roland Fürst, DSA Mag. FH, Dr., geb. 1969. Betriebsschlosser, Diplomsozialarbeiter, Sozial- und Politikwissenschafter, aktuell Hochschullehrer an der FH Campus Wien.

Michael Gerbavsits, Mag., geb. 1967. Seit 2011 BEWAG-Vorstandsdirektor, Sprecher des Vorstandes. Davor: Matura am BORG Güssing, Studium der Betriebswirtschaftslehre an der WU Wien. Wahlkampfmanager; Kabinettschef und Pressesprecher in Ministerbüros. Vorstand der Burgenland Holding AG, BEWAG-Aufsichtsrat. Landesdirektor Burgenland der UniCredit Bank Austria AG für Privatkunden, Klein- und Mittelbetriebe.

Christina Griessler, Mag. Dr., geb. 1975. Wissenschaftliche Mitarbeiterin für das Netzwerk für Politische Kommunikation (netPOL) an der Andrássy Universität Budapest. 2009 Promotion im Fachbereich der Politikwissenschaft an der Universität Wien. 1999 Abschluss Magister Artium – Politikwissenschaft, Kultur-und Sozialanthropologie an der Universität Wien. Forschungsschwerpunkte: ethnische, nationale Konflikte West- und Ostmitteleuropas, politische Transformationsprozesse.

Bernhard Heinzlmaier, Mag., geb. 1960. Studium der Geschichte, Germanistik, Psychologie, Philosophie. 1988 bis 2000 Geschäftsführer des Österreichischen Instituts für Jugendforschung. 1990 bis 1992 Studienleiter für Markt- und Meinungsforschung bei Consent Wien. Herausgeber, Autor, Vortragstätigkeit und Publikationen in Fachmedien. Seit 2000 Geschäftsführer der tfactory GmbH Deutschland. Forschung zu Produkt- und Werbekonzepten oder Markenimages, qualitative Marktforschung, Jugendmarketingstrategien und Jugendtrendforschung. Seit 2003 Vorstandsvorsitzender des Instituts für Jugendkulturforschung jugendkultur.at in Wien.

Agnes Höld, MMag., geb. 1981. Ökonomin; Bundesministerium für Wirtschaft, Familie und Jugend. Der von ihr verfasste Artikel spiegelt die persönliche Meinung der Autorin wider und nicht die Position des BMWFJ.

Grete Krojer, Maga., geb. 1954. Seit 1977 AHS-Lehrerin am BG, BRG, BORG Eisenstadt für Geschichte, Politische Bildung und Sport, 1989 bis 1995 engagiert in der Bürgerinitiative „Gegen Giftmüll" in Siegendorf, seit 1992 Gemeinderätin der Unabhängigen Dorfliste Wulkaprodersdorf. Seit 1995 bei den Grünen in führender Funktion tätig. Zuerst Landesgeschäftsführerin, von 1998 bis 2008 Landessprecherin der burgenländischen Grünen. 2000 Einzug in den Burgenländischen Landtag, bis 2010 Klubobfrau der Grünen, seit 2010 wieder im Lehrberuf tätig.

Wolfgang Kuzmits, Mag. Dr. MAS, geb. 1967. Universitätslehrgang „Kulturmanagement" am Internationalen Zentrum für Kultur & Management, Salzburg. Diplomstudium der Sozial- und Wirtschaftswissenschaften an der Johannes-Kepler-Universität Linz; Master for Advanced Studies am Internationalen Zentrum für Kultur & Management, Salzburg. Doktoratsstudium der Sozial- und Wirtschaftswissenschaften an der Johannes-Kepler-Universität, Linz. Seit 2005 Doktoratsstudium der Philosophie an der Universität für Musik und darstellende Kunst, Wien. Beruflich zunächst Lehrer an der Musikschule Bruck/Leitha sowie an der Brooklyn Academy of Music/New York. Haydn Festspiele, Eisenstadt; Firmengründung: „Kunstwerk" Kain & Kuzmits OEG. Geschäftsführungstätigkeit in der Schloss Esterházy Management GmbH, Haydn-Haus/Zentrum & Haydn-Kräutergarten, der Orangerie Schlosspark Eisenstadt, der Schloss-Spiele Kobersdorf, der Joseph Haydn Burgenland GmbH. Seit 2010 Geschäftsführer der Kultur Burgenland – Museen|Events|Service GmbH. sowie Landesmuseum Burgenland, Landesgalerie Burgenland, Haydn-Haus & Kräutergarten in Eisenstadt sowie Liszt-Haus Raiding.

Gerald Mader, Dr., geb. 1926. Gymnasium Wiener Neustadt, Universität Wien, Rechtsanwalt, Burgenländischer Landesrat (1971–1984), Präsident vom ÖSFK und European Peace University (EPU), Rektor der EPU – Privatuniversität.

Markus Marterbauer, Dr., geb. 1965. Leitet die Abteilung Wirtschaftswissenschaft und Statistik in der Arbeiterkammer Wien. Jüngst erschien sein Buch „Zahlen bitte! Die Kosten der Krise tragen wir alle", Deuticke Verlag, 2011.

Thomas Lehner, Mag., geb. 1963. Arbeitsrechtsjurist in der Arbeiterkammer Burgenland, seit 1998 Direktor-Stellvertreter. Mitglied der Gemischten Österreichisch-Ungarischen Kommission für das Grenzgängerabkommen.

Alois Luisser, Msgr., geb. 1940, wh. in Jennersdorf, Stadtpfarrer, Kreisdechant.

Josef Pauschenwein, Dr., geb. 1953. Studium an der Pädagogischen Akademie: Bildnerische Erziehung, Deutsch. Danach Studium an der Universität Wien: Philosophie und Völkerkunde. Künstler und Kurator, Präsident des internationalen Kunstvereins DerMeteor.

Harold Pearson, Dr., geb. 1945 in England. Wanderte nach Australien aus und verbrachte anschließend seine Kindheit in Wien, Besuch des Piaristengymnasiums. Studium an der damaligen Hochschule für Welthandel, Publizistikstudium an der Universität Wien, Promotion. Beruflich tätig in der Brauerei Schwechat, verschiedenen Lokalzeitungen und einem Fachverlag. Seit 1979 bei der „Kronen Zeitung". Chef vom Dienst und Leiter der Niederösterreich- und Burgenland-Redaktion.

Georg Pehm, Mag., geb. 1964. Berater im AMS, Chefredakteur der „BF – Die Burgenlandwoche". Pressesprecher in verschiedenen Ministerbüros und Leiter von Regierungsbüros im Burgenland. Geschäftsführer der SPÖ Burgenland. Präsident des Österreichischen Bundesrates, Abgeordneter zum Burgenländischen Landtag. Derzeit Leiter der Stabstelle „Europabüro und Statistik" im Amt der Burgenländischen Landesregierung. Geschäftsführender Gesellschafter von denkteam+partner.

Flooh Perlot, Dr., geb. 1979. Studium der Politikwissenschaft, Zeitgeschichte und Medienkunde an der Universität Innsbruck. Wissenschaftlicher Mitarbeiter an der Universität Klagenfurt und der Donau-Universität Krems, seit 2008 am Institut für Strategieanalysen (ISA) in Wien. Arbeitsschwerpunkte sind Politik und Medien, Wahlforschung sowie Internet und Demokratie.

Peter Plaikner, geb. 1960. Medienberater, Politikanalyst, Publizist; 1981–2004 „Tiroler Tageszeitung" (TT), dort ab 1995 stv. Chefredakteur; seit 2005 selbständig mit plaiknerpublic medienarbeit – Innsbruck | Wien | Klagenfurt, strategische Kommunikationsberatung; Kolumnist u. a. für TT, „Woche" und „Furche"; Lehrgangsmanager für politische Kommunikation an der Donau-Universität Krems, Leiter der Sommerakademie „Journalismus, Redaktion & Medien" am Management Center Innsbruck; zahlreiche Publikationen, Vorträge, Lehraufträge – u. a. Karl-Franzens-Universität Graz, Fachhochschule Kärnten und Kuratorium für Journalistenausbildung Salzburg.

Engelbert Rauchbauer, Dr., geb. 1955. Studium der Rechtswissenschaften an der Universität Wien. Zunächst Referent in der Bezirkshauptmannschaft Eisenstadt und der Burgenländischen Landesregierung. Wissenschaftlicher Mitarbeiter am Verfassungsgericht, Büroleiter bei Landeshauptmännern. Leiter des Verfassungsdienstes. Nunmehr Leiter der Finanzabteilung des Landes Burgenland, Geschäftsführer der Burgenland Holding AG, Aufsichtsrat der BEWAG, Direktor des Burgenländischen Landtages.

Wolfgang Rauter, Dr., geb. 1954. BRG in Eisenstadt; Jusstudium in Wien; seit 1981 Richter am Landesgericht Eisenstadt. 1987 bis 2001 Funktionen als Landtagsabgeordneter, Klubobmann und Landesrat im Burgenland; seit 2007 Obmann der Freien Liste Burgenland bzw. der Liste Burgenland.

Walter Schneeberger, Mag., geb. 1960. Matura: HTBLA Wien I, Studium Publizistik, Politikwissenschaft und Betriebswirtschaft an der Universität Wien und an der WU Wien. Führungskräftelehrgang an der Akademie für Publizistik in Hamburg. Freier Mitarbeiter bei diversen Zeitungen, OGM-Medienberatung. Seit 1991 ORF Burgenland. 1999 bis 2001 Programmchef Radio Burgenland, seit 2001 Chefredakteur ORF Burgenland (Radio + TV + Internet). Trainer für WIFI Medienakademie und in der Fachhochschule Eisenstadt. Als Chefredakteur für die tägliche regionale TV-Sendung „Burgenland heute" verantwortlich. Bis jetzt mehr als 3500 Sendungen.

Erwin Schranz, Mag. DDr., geb. 1950. Richter, Gerichtsvorsteher in Oberwart bis Ende 2010. Von 1982 bis 2005 Landtagsabgeordneter, davon von 1996 bis 2000 1. Landtagspräsident und von 2000 bis 2005 2.Landtagspräsident.

Alfred Schreiner, geb. 1954. Ausbildung zum Schlosser. Ab 1975 Gewerkschaftssekretär. Bürgermeister a.D., Landtagsabgeordneter a.D., seit 2000 Präsident der Arbeiterkammer Burgenland.

Gertrude Spieß, geb. 1947. SPÖ-Gemeinderätin, Stadträtin in Mattersburg, Stadt-und Bezirksfrauenvorsitzende des Bezirkes Mattersburg, Landesfrauenvorsitzende und Bundesfrauenvorsitzendestellvertreterin der SPÖ. Von 1991 bis 2000 Landtagsabgeordnete. Vorsitzende der Sozialdemokratischen Freiheitskämpfer und Opfer des Faschismus Burgenland

Kathrin Stainer-Hämmerle, Mag. phil. Mag. iur. Dr. iur, geb. 1969. Professorin für Politikwissenschaft an der Fachhochschule Kärnten. Lehraufträge an den Universitäten Innsbruck und Klagenfurt sowie an der Pädagogischen Hochschule Kärnten. Forschungsschwerpunkt: Politische Bildung, Demokratie und Partizipation, Verfassungs- und Wahlrecht.

Markus Stefanitsch, MSc, geb. 1974. Matura an der Handelsakademie Mattersburg. Ausbildung zum System-Coach. Studium „Management und Kommunikation" an der Donau-Universität Krems. Nach Tätigkeiten als freier Journalist, im Industrie- und Sportmanagement seit 2000 leitender Redakteur des NÖ Pressehauses. Seit 2003 Gesamtleitung der BVZ und stellvertretender Chefredakteur des NÖ Pressehauses.

Monika Stiglitz, geb. 1974. Berufsreifeprüfung 2000, Diplomstudium der Rechtswissenschaften an der Johannes Kepler Universität Linz seit 2005, Bachelorstudium Wirtschaftsrecht ebenfalls an der JKU Linz seit 2011. Seit 1997 Abteilung 3 – Finanzen und Buchhaltung beim Amt der Burgenländischen Landesregierung; Leiterin des Referats Haushaltswesen (EU-Förderungen).

Christine Teuschler, Dr., geb. 1961. Studium der Politikwissenschaft und Völkerkunde, seit 1991 Geschäftsführerin der Burgenländischen Volkshochschulen, Vorsitzende der Burgenländischen Konferenz der Erwachsenenbildung (BuKEB). Forschungsschwerpunkte, Projektarbeiten und Publikationen zu den Bereichen: Österreichischer Parlamentarismus und Parteien, Frieden, Antifaschismus, regionale und interkulturelle Bildungsarbeit sowie Weiterbildung für bildungsbenachteiligte Personen.

Gabi Tremmel, Mag., geb. 1984. Landesfrauengeschäftsführerin der SPÖ Burgenland und Doktorandin am Institut für Publizistik und Kommunikationswissenschaft der Universität Wien. Davor: Redaktionelle Mitarbeiterin diverser Medien (BF, Pester Lloyd) sowie Sachbearbeiterin der ÖH Uni Wien.

Christian Uchann, Mag., geb. 1960. Einstieg in den Journalismus Anfang der 1980er-Jahre als freier Redakteur bei der „Arbeiter Zeitung" (während des Soziologie- und Politikwissenschaftsstudiums). Nach zweijähriger Tätigkeit als freiberuflicher Wissenschafter mit dem Schwerpunkt Migration, endgültiger Wechsel in den Journalismus („Täglich Alles", „Die Ganze Woche"). Seit 2000 Chefredakteur der „Bezirksblätter Burgenland".

Ägidius J. Zsifkovics, Mag. Dr., geb. 1963. Matura am BG+BRG Mattersburg, Studium der Theologie an der Universität Wien und der Universität Zagreb. 1987 Weihe zum Priester. Bischöflicher Sekretär und Zeremoniär. Von 1988 bis 1992 Studium des kanonischen Rechts an der Päpstlichen Universität Gregoriana in Rom. Ordinariatskanzler, Generalsekretär der Österreichischen Bischofskonferenz. Von 1994 bis 2010 in der Pfarre Wulkaprodersdorf. Seit 2010 Bischof der Diözese Eisenstadt.

Kurzbiografien der Künstler/innen

Monika Gerbavsits, MSc, geb. 1969. Langjährige Tätigkeit als Volksschullehrerin in Wien und im Burgenland sowie als Erwachsenenbildnerin. Lehrerin an der Pädagogischen Hochschule Burgenland und Mitarbeiterin des Bildungsnetzwerkes Burgenland. Seit 2009 Direktorin der Volksschule Güssing. Akademischer Coach und Beraterin. Autodidaktische Künstlerin mit zahlreichen Ausstellungen im Burgenland.

Anton Götz, Mag., geb. 1950. Studium an der Akademie der Bildenden Künste in Wien, Meisterklasse für Malerei bei Prof. Anton Lehmden. Kunsterzieher am BG/BRG Mattersburg. Seit 2004 im Landeschulrat für das Burgenland, Fachinspektor für Bildernische Erziehung und Werkerziehung. Seit 1975 Ausstellungen im In- und Ausland. Arbeiten befinden sich u. a. im Besitz der Nationalbibliothek Österreich, Land Burgenland, Museum des 20. Jahrhunderts in Wien, Stadt Wien u. a. m.

Gerald Koller, geb. 1969. BG+BRG Mattersburg, Ausbildung zum Polizisten. Als Karikaturist Autodidakt – zunächst in schwarz-weiß, seit 1999 zunehmend Farbkarikaturen. Zurzeit Fokus auf Pastellkreiden und Buntstiftmischtechniken.

Karl Heinz Pieler, geb. 1961. Erlernter Beruf Betriebsschlosser. Als Künstler weitgehend Autodidakt.

Doris Schamp, MMag., geb. 1983. Studium von Produktdesign an der Kingston University St. Pölten. Studium der Kunstpädagogik an der Universität für Angewandte Kunst in Wien. Leistungsstipendien, Preisträgerin, Ausstellungen im In- und Ausland, Veröffentlichungen in verschiedenen Zeitungen.

Klaus Schermann, Mag., geb. 1967. Ausbildung zum Lehrer für Bildnerische Erziehung. Kunsterzieher. Studium der Pädagogik und Soziologie. Wiederum Kunsterzieher. Lehrbeauftragter an der Wiener Kunstschule. Seit 2004 Leiter an der Europäischen Mittelschule Oberwart. Zahlreiche Ausstellungen. Projekt w#20 (Galerie) – Ausbaustufe 2.

Sigi Strobl, geb. 1962. Gymnasium, Malerschule Baden. Lehrgang für Werbegestaltung in Baden. Mehrjähriger Auslandsaufenthalt (USA, Kanada, Neuseeland, Australien, Südostasien, Malaysien, Thailand, Indonesien, Singapur, Hongkong und Philippinen). Seit 1988 selbständig als Zeichner und Maler. Nach wie vor Globetrotter.